视觉设计与制作

周忆　刘麦琪　何成龙 ■ 主编

中国海洋大学出版社
·青岛·

图书在版编目（CIP）数据
视觉设计与制作 / 周忆，刘麦琪，何成龙主编.
青岛 : 中国海洋大学出版社，2024. 12. -- ISBN 978-7-5670-4004-5
Ⅰ. F713.361.2
中国国家版本馆CIP数据核字第2024792S0E号

SHIJUE SHEJI YU ZHIZUO
视觉设计与制作

出版发行	中国海洋大学出版社		
社　　址	青岛市香港东路 23 号	邮政编码	266071
出 版 人	刘文菁		
网　　址	http://pub.ouc.edu.cn		
电子信箱	1193406329@qq.com		
订购电话	0532-82032573（传真）		
责任编辑	孙宇菲	电　　话	0532-85902349
装帧设计	叶子工作室		
印　　制	青岛国彩印刷股份有限公司		
版　　次	2024 年 12 月第 1 版		
印　　次	2024 年 12 月第 1 次印刷		
成品尺寸	210 mm × 285 mm		
印　　张	18		
字　　数	425 千		
印　　数	1—1800		
定　　价	60.00 元		

前言

随着科技的创新，网络技术的不断发展，越来越多的人和企业投入电商的浪潮中。在各大电商平台的卖家数量持续增长的同时，消费者的选择也越来越多，这意味着消费者对于店铺的体验要求越来越苛刻。要让店铺脱颖而出，视觉的冲击和设计至关重要。本书是依据全国中等职业教育改革的要求，针对电子商务相关专业的学生，将网店美工、视觉营销等课程的内容进行充分整合后编写而成的。

本书以特色农产品、数码产品、美妆产品三个品类的店铺视觉设计与制作为载体，着重体现数商兴农、科技兴国和文化自信等思政元素。本书由六个项目组成。项目一介绍了网店视觉设计的概念、作用，让学生初识视觉设计。项目二介绍了运用软件对产品图片进行处理的方法和步骤。项目三、四、五、六系统地介绍了产品主图、海报、店铺首页、详情页的设计原则和具体的操作步骤。

本书编写特点如下。

（1）情景创设，案例主导：本书涵盖了图片处理、轮播海报、首页、主图、商品详情页等区域视觉设计实操案例，并给出了详细的设计思路和操作步骤。按照农产品、数码、美妆三大品类，通过“设计理念”“操作要点”“实操演练”等环节对案例进行了专业的解析。

（2）完整的工作过程为导向：每一种品类店铺设计的介绍，都基于美工岗位的工作过程。实操从首页、轮播图到详情页都形成了完整的设计流程，让学生深刻地认识到岗位的具体要求和综合素养。

（3）科学性和专业性：本书结构完整，内容组织科学。专门针对店铺视觉设计组织教学内容，体现课程专业性要求。

本书由周忆、刘麦琪、何成龙担任主编，王曦、胡亚京、刘畅、李东方、王春晓担任副主编，余靓、郭高星、谢嵘、惠熠、李业强、吴晓雪参加编写。在编写的过程中，本书根据全国中等职业学校教学改革的成果，总结多年教学实践经验，参考有关著作、文献，注意学科的前瞻性、系统性等特征，注重理论联系实际，力求文字简练、通俗易懂、图文并茂。

由于编者水平有限，书中难免会存在不足之处，敬请读者批评指正，多提宝贵意见，以便今后进一步修订和提高。

课程介绍

随着电商竞争的日益加剧，网店视觉设计与制作已经成为提高客流量与转化率的重要着力点。本书结合职业教育的特点和电子商务专业相关岗位能力要求，以工作过程为导向，按照项目驱动模式编写，每个任务都展示了具体的操作步骤及技能提示，每个项目配有同步训练，以满足不同使用者的学习需求。具体包括初识电商网店视觉设计、产品图片处理、产品主图视觉设计与制作、产品海报视觉设计与制作、店铺首页视觉设计与制作、详情页视觉设计与制作六个章节。

本书按照电子商务行业知识层次安排，符合学生认知规律，将知识目标、技能目标和素养目标充分结合，内容新颖，通俗生动，突出系统化知识的提炼与总结，强调实践能力的培养。适合作为职业学校电子商务专业教材，也可作为网络创业者和电子商务从业人员参考用书。

目　录

项目一 初识电商网店视觉设计

本项目重点和难点

在电商主导消费习惯的时代，消费者在浏览成百上千种商品时，首次接触到的视觉信息往往会引起他们更多的关注。那么，如何才能在如此短的时间内吸引消费者的注意，并激发他们的购买欲望呢？电商网店的视觉设计是其中至关重要的因素。

近年来电商网店视觉设计在我国逐渐获得了大型企业和知名品牌的高度认可，淘宝、京东、抖音等头部电商平台都有各自的视觉设计理念。我们学习电商网店视觉设计时，首先需要了解一些基础知识，包括视觉设计的概念、前期准备工作、构图方法等。当前，电商网店视觉设计正向着个性化、智能化的方向发展，运用先进的 AI 技术，可以根据消费者的行为和偏好，自动调整产品展示的视觉元素，从而提升产品的吸引力。同时，视觉设计师们也在不断尝试打破传统的模板化设计，寻求更有创意和个性的视觉设计元素，以此来打造独特的店铺风格。

总而言之，电商网店视觉设计是一项挑战和机遇并存的工作，我们需要在理解和掌握基础知识的同时，紧跟前沿的设计理念和技术，以创新为目标，不断提升自己的设计能力，从而在激烈的电商市场竞争中脱颖而出。

项目导图

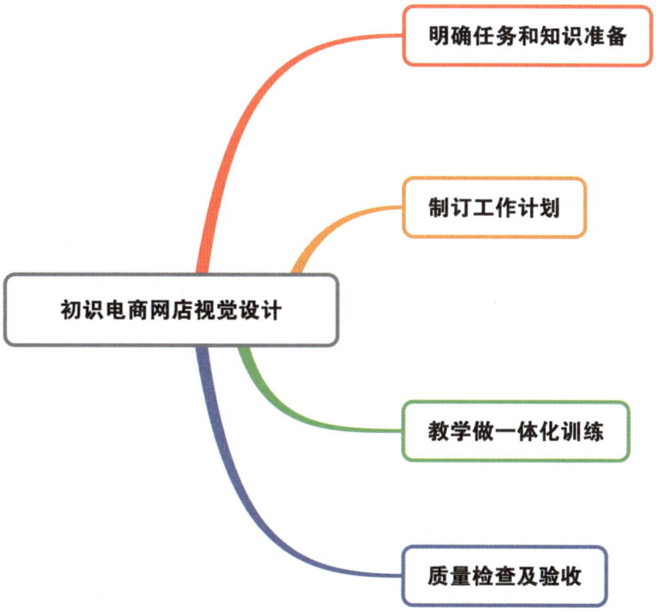

引例

农村电商作为一种新兴的商业模式，已经渗透到农村产业链全过程，农村电商被业内视为电商的最后一片蓝海。李经理是秭归某乡镇企业的负责人，为打开当地秭归脐橙的销路，准备开一家经营水果的网店。在网店建设初期，他会面临几个问题：如何布局网店首页从而提高页面可读性？整体设计如何遵循消费者购买心理？如何凸显视觉设计理念，形成自己店铺的特色？

任务 1.1　走进网店视觉设计

学习目标

【知识目标】

（1）了解视觉设计的相关概念。

（2）了解网店视觉设计原则与意义。

（3）熟悉网店视觉定位与规范。

【技能目标】

（1）通过观察电商网店视觉设计，了解网店页面文字、色彩搭配，领悟页面元素与产品特性、诉求的关系。

（2）通过鉴赏网店产品图片设计，深入理解文字与图片背景混合排版对提高产品辨识度、刺激消费的作用。

【素养目标】

（1）通过一体化训练，锻炼学生对网店经营相关问题的分析能力，培养学生洞察电商网店视觉设计前沿资讯的良好习惯。

（2）在同步实训的过程中，通过团队合作的方式，增强学生团队意识和合作精神，提升团队协作的效率。在解决问题过程中，能从多维度思考问题，找到最佳解决方案。

【思政目标】

（1）通过观察各品类的电商店铺，提高学生对网店视觉设计的艺术鉴赏能力。

（2）通过了解国产品牌文化，增强学生的民族文化自信。

工作情景描述

小王是一名刚毕业的电子商务专业学生，他带着积极的心态，准备回到乡下，为家乡的发展作出贡献。他去秭归县某乡镇企业应聘网店美工的职位。由于正值当地的脐橙丰收，该企业希望通过网店扩大销路，因此面试官要求小王以“脐橙热卖”为主题，设计一个在视觉呈现上，具有高度吸引力，能够快速捕获客户目光的农产品网店。

小王经过考察和调研，决定将“秭归脐橙”“有机健康”作为设计主题，将秭归脐橙的图像作为网店的标志，以便消费者能够快速识别。在视觉设计上，他打算使用鲜艳的色彩和清晰的图片，突出脐橙的新鲜和可口。在网店的布局上，他会使用简洁的设计，让消费者一目了然。他还会添加一些有关农产品生产过程的介绍，以此来增强消费者的信任感。

工作流程与活动

（1）明确任务和知识准备。

（2）制订工作计划。

（3）教学做一体化训练。

（4）质量检查及验收。

1.1.1 明确任务和知识准备

（1）明晰视觉设计相关概念。

视觉设计是针对眼睛功能的表现手段，通俗地说，就是指通过一些设计让产品的视觉效果更加出彩。因为这些设计是针对我们眼睛的特点进行的，所以又被称为视觉设计。视觉设计大体上可分为视觉识别设计和视觉传达设计，下面将分别对其进行介绍。

①视觉识别设计。

视觉识别设计来源于企业形象识别系统（Corporate Identity System， CIS）。现代科学实践表明，视觉是人们获取信息的主要渠道。企业视觉识别系统是企业理念的视觉化，通过企业形象广告、标识、商标、品牌、产品包装等媒体和其他方式向大众表现、传达企业理念，使消费者对企业产生一致的认同感与价值观。视觉识别系统既可以形成独特的企业形象，又成为企业无形资产的重要组成部分。

以华为技术公司品牌 logo 为例，logo 的视觉识别系统极具特色，红色菊花怒放，犹如光芒四射的红色太阳；8 个花瓣从四面八方向中心合拢，寓意拥抱、凝聚、团结，整个 logo 寓意万众一心、向阳而生的企业精神（图 1–1）。每当人们看到这个标志，就会立即联想到该技术公司和它的产品。再比如比亚迪旗下汽车品牌仰望的 logo 是从甲骨文书法中寻找到的灵感，使用了甲骨文的“电”字作为设计元素，进行简化和变形，做成了类似中心对称的图形，整体变幻成流畅而简洁的线条，展现了传统与现代的碰撞，凸显了传承与创新相融合的品牌文化（图 1–2）。

HUAWEI

图 1–1 华为技术公司品牌 logo

图 1-2　比亚迪旗下汽车品牌仰望 logo 与甲骨文“电”

②视觉传达设计。

视觉传达设计是利用文字、图形、色彩、动画和视频等视觉符号，将可视化信息传达给受众并对受众产生影响的过程。其目的是让信息在人与人之间通过视觉语言进行表达和传播。

对于企业来说，良好的视觉形象设计不仅可以呈现出品牌的内涵和担当，还会给消费者留下深刻的印象。以李宁运动服装品牌为例，它的“一切皆有可能”品牌系列视觉传播设计非常成功，传递出来的信息积极向上、鼓舞人心，通过强烈的视觉冲击力使该品牌在全球范围内广为人知（图 1-3）。

图 1-3　李宁运动服装品牌 logo

再比如鸿星尔克运动品牌的商标，用运动流线组成了一个大鹏鸟展翅的剪影，取“君子不器，当立鸿鹄之志”的寓意，让人能感觉到它的大气和霸气，彰显企业不断拼搏奋进、追求卓越的精神（图 1-4）。每当消费者的目光触及其商标和 logo，就会唤醒他们心中对于积极向上、勇于探索等价值观的共鸣，从而对该品牌产生更深刻的认同感。

图 1-4　鸿星尔克运动品牌 logo

（2）走进网店视觉设计。

①视觉设计对网店的意义。

“即便是日常所见的水果蔬菜，也应当如同静物写生画般精心排列，因为产品的视觉美感能显著地激发消费者的购买欲望。”这一观点深刻揭示了视觉艺术在商品展示中的核心作用。对于电商网店而言，视觉设计更是至关重要，它不仅通过独特的形式吸引消费者的目光，更是提升商品销量、增强品牌影响力的关键所在。

电商网店视觉设计离不开营销。视觉营销即利用色彩、图像、文字、动画和视频等元素造成的冲击力吸引潜在消费者注意，提升网店的流量，刺激消费者的购买欲望，促其下单，甚至成为店铺的忠实粉丝。

②网店视觉设计的原则。

目的性。网店是虚拟店铺，所以需要用视觉冲击吸引消费者目光，并促其产生购买的欲望和行为。网店售货，可以通过色彩、图像、文字、动画和视频等来传达信息。一家店铺无论多么复杂它都是由一张张图片、一段段文字和一组组代码组合起来的，体现了视觉营销的基础要素：图片、文字和产品。文字尽量简短精辟，富有吸引力，符合消费者年龄段和需求；图片不仅要精致美观，更要考虑区别于同类产品的店铺，形成自己的风格，抓住消费者的眼球；产品尽量展示创新点和优势，使消费者产生点击和购买的冲动。

灵活性。设计要始终注重消费者的视觉感受，偶有一次活动视觉效果好，产生了不错的销量，并不是可以持续使用这张设计稿，不再调整，因为一成不变的设计久而久之会给消费者造成审美疲劳。可以在好的效果中吸取经验，继续挖掘好的点，更换店铺设计，营造良好的购物环境，更容易形成消费者购买的良性循环。

实用性。实用性主要关系到消费者的体验感，商家可以巧妙地利用文字和图片说明，让消费者轻松了解店铺和产品的结构与特色。如果店铺与产品线是紧密结合的，就一定要注意到环环相扣的实用性，不能让产品摆放杂乱无章。

实用性是指做到服务好消费者的需求，权衡可操作性。为此细节上还须注意以下几个问题：店铺中的海报以及关联营销等是否链接到了对应的产品页面；不同的产品页面是否帮助消费者考虑到最合适的搭配套餐；产品页中的关联营销是否都是有必要的，尽量去除相似的关联广告。

传达性。在互联网时代，再优质的产品也需要引起消费者的关注才能形成交易。一个虚拟店铺，图片直接的视觉冲击是最快速吸引消费者的方式。例如，要利用店招让消费者对商家形成记忆、记住品牌。

（3）网店视觉设计的定位与要求。

网店的视觉设计主要是为了吸引和保持消费者的注意力，同时也是提供信息、引导消费者行为、增强品牌认知和影响消费者情感的重要手段。其定位通常取决于品牌的市场定位和目标消费者群体。比如，针对年轻人的时尚品牌，其视觉设计可能会比较鲜艳、活跃、富有创意；针对中老年人的保健品牌，其视觉设计可能会更偏向稳重、专业和信任感。

在具体要求上，首先视觉设计应该保持一致，这有助于强化品牌形象和提升用户体验；其次设计应该简洁明了，避免过于复杂的设计使消费者感到困扰；再次设计需要注重细节，无论是字体、颜色、图像还是布局，都要精心选择和搭配，以创造出优雅、有吸引力的页面；最后，视觉设计应注重可用性，确保消费者能够轻松地找到他们需要的信息和功能。

总的来说，视觉设计是网店成功的关键因素之一，需要设计师具有良好的审美观和用户理解，才能创造出既美观又实用的网店页面。

①什么是视觉定位。

不同的产品对应不同的视觉定位，不同的消费者群体有着不同的视觉偏好，关键是要将产品的定位和消费群体的视觉偏好进行整合，在风格上能够呈现出一种整体的效果。营销型网店的视觉定位原则在于营造促销氛围，主要体现在通过对比强烈的显示打折、包邮、买送等优惠活动的字眼。为了打造视觉焦点，主推产品的价格使用加粗、加大的字体。

另外，营销型网店也会制作一系列的促销活动海报，并将它们排列到一起，让人感受到优惠的氛围。在文案方面，网店商家在强调消费者价格利益的同时，还会利用限量、限时等字眼营造抢购的气氛。

②电商网店视觉设计的要求与规范。

遵循消费者购买行为周期与心理。购买行为周期是指消费者从选择产品到购买产品时经过的一系列阶段，各个阶段之间的门槛是让消费者进入一下阶段时要面临的挑战，网店视觉设计须分析和发现消费者所处的不同购买行为周期阶段，并能针对性地做出对应决策。

同样的产品，在网店中的销量天差地别，这就需要商家必须关注消费者在购物行为过程中的心理变化。消费者不同阶段的购物心理对网店页面的视觉感受有不同诉求。依据消费心理学理论，我们可将消费者购物过程的心理变动分为五个阶段：引发关注、产生兴趣、培养欲望、形成记忆、购买行动。在这五个阶段中，网店视觉设计要把握阶段性的差异，充分挑战各种视觉表现，以有效的页面表现促使消费者下单购买，如表 1-1 所示。

表 1-1　消费心理与视觉设计的关系

消费者购物心理	各阶段心理语言	视觉设计重心
引发关注	漠不关心	制造视觉冲击
产生兴趣	可以瞧瞧	展现产品实力
培养欲望	好像不错	实现文案共情
形成记忆	感觉良好	抒写情感塑造
购买行动	可以试试	显露高性价比

可读性强。一个可读性强的网页可以使用户更快、更轻松地获取和理解信息，从而提高用户的满意度和忠诚度。页面的可读性强主要体现在页面文字的大小、色彩布局搭配、页面产品图片的产品信息可获性、页面设计效果必须符合法律法规及相关电商平台规则等方面。

首先，关于文字，需要选择清晰易读的字体和适合阅读的字体大小，避免使用过于花哨或者大小不一的字体，文字颜色应与背景色形成良好的对比，以便用户在任何条件下都能清晰地看到文字。其次，在布局和组织方式方面，信息应以清晰、有逻辑的方式展示，避免页面过于混乱或者信息过于拥挤。一般来说，信息的重要性应该决定其在页面上的位置，最重要的信息应该放在最显眼的位置。再者，应该使用和谐的色彩，避免过于刺眼或者混乱的色彩组合。最后，考虑到用户的多样性，可以提供多种浏览模式，让用户可以根据自己的偏好和需求来选择。

页面导航顺畅。由于各种促销活动设计或品类规划等原因，网店的页面往往会形成长图或多个页面组合的情况，这就需要在页面中植入相关的导航及搜索功能，如导航条、站内搜索，以确保消费者在浏览页面时“不迷路”，且能快速找到感兴趣的产品，增加消费者浏览体验。

通常消费者对页面的浏览习惯是从左到右、从上到下，所以在页面设计中，导航要明确、导向要清晰，使消费者浏览页面时更顺畅，有效提高消费者的页面浏览体验。图 1-5 是天猫店铺的首页导航栏和信息搜索框。

图 1-5　导航栏和信息搜索框

风格布局统一。店铺页面设计布局风格统一能够增强消费者舒适的第一既视感。这种一致性主要体现在页面布局中的背景、文字、图片、排版、色彩等多维度的和谐统一，即网店中每个页面版块的主体文本、字体、字号、排版、色彩、超级链接等都应保持一致性。这种一致性，一方面能强化店铺的对外展示风格，另一方面也能促成消费者的页面浏览良好评价——店铺设计的专业性和严谨性，增强视觉感。

1.1.2　制订工作计划

本任务要求从网店页面的可读性、网店页面是否遵循消费者购买心理等方面鉴赏某地方农产品的网站。在教学做一体化训练中，通过相应的工作流程、操作步骤，更好地掌握网店视觉设计的基本要求，熟悉网店视觉设计的规范。

本任务完成过程中注意事项如下。

（1）页面文字大小与页面结构、诉求的关系。

（2）页面色彩搭配是否充分考虑产品和主要目标客户的特性。

（3）页面产品图片与消费者浏览习惯的贴合度。

（4）网店页面背景、文字、图片、排版、色彩的协调性。

（5）网店页面导航条、站内搜索、分类设计的合理性。

（6）网店活动的主题氛围。

在鉴赏各网店视觉设计的过程中，构图设计尤为重要。首先要求填写农产品首页的视觉设计任务计划表，明确需要用到哪些素材和各环节的设计制作要点，见表 1-2 。

表 1-2　鉴赏农产品电商网店视觉设计任务计划表

序号	项目	项目记录	备注
1	页面文字大小		（1）文字的大、小、多、少与整体页面的关系； （2）文字的字体、字号、颜色的统一性
2	页面色彩布局		色彩布局与消费者视觉感受的契合度
3	页面产品图片		（1）图片能否传递产品信息给消费者； （2）产品图片的设计能否激起消费者购买欲望
4	页面设计风格		（1）页面中背景、文字、图片、排版、色彩的协调性； （2）每个页面板块的主体文本、字体、字号、排版、色彩超链接的展示风格是否一致
5	页面导航条、站内搜索、分类功能		（1）是否确保消费者在浏览页面时“不迷路”且能快速找到感兴趣的产品； （2）导航是否明确、导向是否清晰，消费者浏览是否顺畅
6	网店活动主题氛围		店铺的配色和装帧是否能烘托店铺的主题氛围
7	任务环境	Photoshop 软件	
8	任务地点	美工工作室	
9	任务时间		
10	任务数量	鉴赏 3 个以上的电商网店	
11	任务人员		
12	注意事项	（1）搜集参照素材时，不访问来历不明网站； （2）规避素材图片、字体的侵权行为	

1.1.3　教学做一体化训练

鉴赏某地农产品电商网站的页面视觉设计，体会网店视觉设计的规范和要求，并填写任务计划表的相应记录。

【具体步骤】

步骤 1：登陆某鉴赏电商网站，点击该网站“价格指数”页面，查看页面中文字的字体、字号、颜色是否统一，产品信息是否完整且能体现商家诉求。

步骤 2：观察页面色彩布局是否考虑了产品的主要特性和消费定位。

步骤 3：观察产品图片是否传递了消费者关注的信息，并起到了诱导购买的效果，产品信息（图片、文字）是否聚焦、有序、有效。

步骤 4：浏览该电商网站整体页面，观察各页面中背景、文字、图片、排版、色彩是否和谐统一，网站各页面的对外展示风格是否一致，导航和搜索功能是否人性化及遵循消费者的浏览习惯。

1.1.4 质量检查及验收

（1）质量检查。

对某农产品电商网站视觉设计的鉴赏结果进行检查校对，并将信息填入质量检查表，见表 1-3。

表 1-3 鉴赏农产品电商网店质量检查表

检查项目：鉴赏农产品电商网店			
检查序号	检查项目	根据完成情况勾选相应选项	改进措施
1	页面文字大小	□合理 □一般 □不合理	
2	页面色彩布局	□合理 □一般 □不合理	
3	页面产品图片	□合理 □一般 □不合理	
4	页面设计风格	□合理 □一般 □不合理	
5	页面导航条、站内搜索、分类功能	□合理 □一般 □不合理	
6	网店活动 主题氛围	□合理 □一般 □不合理	
7	网页设计与消费者购买心理的契合性	□合理 □一般 □不合理	

（2）交接验收。

根据任务工作情境进行解说，展示鉴赏农产品电商网店视觉设计的团队报告。逐项核对任务要求，完成交接验收，并填写验收表，见表 1-4。

表 1-4 鉴赏农产品电商网店验收表

验收内容：鉴赏农产品电商网店				
序号	讨论项目	讨论内容与要求	团队报告	整改措施
1	页面文字大小	（1）文字的大、小、多、少与整体页面的关系； （2）文字的字体、字号、颜色的统一性	□通过 □不通过	
2	页面色彩布局	色彩布局与消费者视觉感受的契合度	□通过 □不通过	
3	页面产品图片	（1）图片能否传递产品信息给消费者； （2）产品图片的设计能否激起消费购买欲望	□通过 □不通过	
4	页面设计风格	（1）页面中背景、文字、图片、排版、色彩的协调性； （2）每个页面板块的主体文本、字体、字号、排版、色彩超链接的展示风格是否一致	□通过 □不通过	
5	页面导航条、站内搜索、分类功能	（1）是否确保消费者在浏览页面时“不迷路”且能快速找到感兴趣的产品； （2）导航是否明确、导向是否清晰，消费者浏览是否顺畅	□通过 □不通过	
6	网店活动、主题氛围	店铺的配色和装帧是否能烘托店铺的主题氛围	□通过 □不通过	
7	网页设计与消费者购买心理的契合性	（1）店铺的主题色调是否与产品特性或目标客户的特性相符合； （2）背景和文字的对比度是否强烈，从而刺激购买	□通过 □不通过	

同步实训

【情景描述】

完成农产品电商网店视觉设计报告后，小组须对国潮化妆品电商网店进行鉴赏，基于电商网店视觉设计原则与意义，结合熟悉网店视觉定位与规范进行分析与提炼，以团队为单位形成国潮化妆品电商网店视觉设计研究报告（图 1-6、图 1-7）。

图 1-6　美妆鉴赏

图 1-7　美妆鉴赏

【实训内容】

表 1-5 某国潮化妆品电商网店视觉设计鉴赏任务计划表

序号	项目	项目记录	备注
1	页面文字大小		（1）文字的大、小、多、少与整体页面的关系； （2）文字的字体、字号、颜色的统一性
2	页面色彩布局		色彩布局与消费者视觉感受的契合度
3	页面产品图片		（1）图片能否传递产品信息给消费者； （2）产品图片的设计能否激起消费者购买欲望
4	页面设计风格		（1）页面中背景、文字、图片、排版、色彩的协调性； （2）每个页面板块的主体文本、字体、字号、排版、色彩超链接的展示风格是否一致
5	页面导航条、站内搜索、分类功能		（1）是否确保消费者在浏览页面时“不迷路”且能快速找到感兴趣的产品； （2）导航是否明确、导向是否清晰，消费者浏览是否顺畅
6	网店活动主题氛围		店铺的配色和装帧是否能烘托店铺的主题氛围
7	任务环境	Photoshop 软件	
8	任务地点	美工工作室	
9	任务时间		
10	任务数量	鉴赏 3 个以上的化妆品类目电商网店	
11	任务人员		
12	注意事项	（1）搜集参照素材时，不访问来历不明网站； （2）规避素材图片、字体的侵权行为	

以团队为单位，分析该国潮化妆品网店的页面设计、导航功能设置、店铺主题氛围以及整体设计与消费者购买心理的契合性。

表 1-6 学生自我总结

<table>
<tr><th colspan="6">任务名称：鉴赏农产品电商网店视觉设计总结</th></tr>
<tr><td colspan="6">团队名称：</td></tr>
<tr><td>姓名</td><td></td><td>学号</td><td></td><td>日期</td><td></td></tr>
<tr><td colspan="6">1. 任务描述
本任务是鉴赏农产品电商网店，在鉴赏过程中，要了解视觉设计的相关概念及电商网店视觉设计原则与意义，熟悉网店视觉定位与规范，领悟如何通过视觉设计提高店铺关注度，刺激消费</td></tr>
<tr><td colspan="6">2. 任务实施过程
请记录鉴赏农产品电商网店的具体过程。
（1）查看页面中文字的字体、字号、颜色是否统一，产品信息是否完整且能体现商家诉求。
（2）观察页面色彩布局是否考虑了产品的主要特性和消费定位。
（3）观察产品图片是否传递了消费者最关注的信息，并起到了诱导购买的效果，产品信息（图片、文字）是否聚焦、有序、有效。
（4）观察各页面中背景、文字、图片、排版、色彩是否和谐统一。
（5）观察网店各页面的对外展示风格是否一致。
（6）观察导航和搜索功能是否人性化及遵循消费者的浏览习惯</td></tr>
<tr><td colspan="6">3. 任务总结
请写出在鉴赏电商网店过程中遇到的困难和解决方法</td></tr>
</table>

项目二 产品图片处理

本项目重点和难点

本项目是以产品图片处理为案例进行介绍。产品图片须结合网店的整体风格、专题活动的要求和活动产品的属性进行创意设计，以提高网店整体的美观度，吸引用户点击，提升页面转化率；运用相关图形图像处理软件进行产品图片的处理，突出网店活动主题或产品卖点。

项目导图

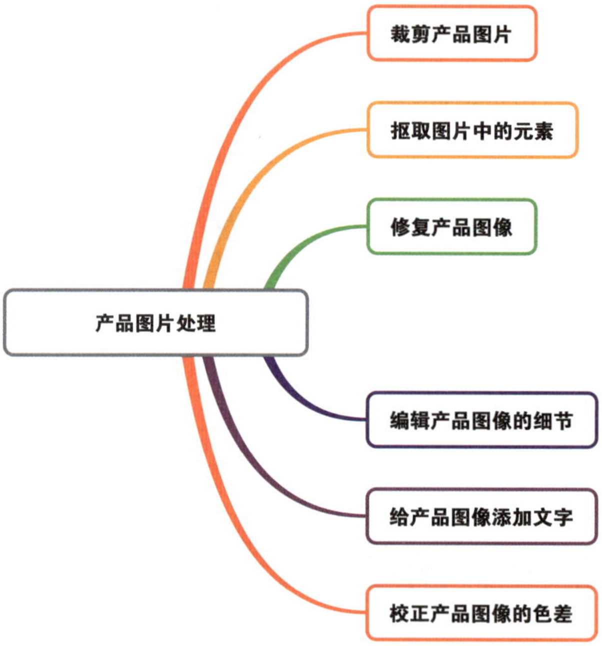

任务 2.1 裁剪产品图片

学习目标

【知识目标】

（1）了解主流电商平台中产品图片的要求。

（2）熟悉裁剪产品图片的基本方法。

【技能目标】

能使用图形图像处理软件调整产品图片大小、定义照片构图。

【素养目标】

（1）培养分析问题、解决问题的能力。

（2）通过同步实训，培养小组团队合作的意识及精神。

【思政目标】

（1）能在图片处理过程中，体现精益求精的工匠精神。

（2）遵守机房管理制度，安全上网，不访问来历不明网站。

工作流程与活动

（1）知识准备。

（2）制订计划。

（3）教学做一体化训练。

2.1.1 知识准备

电商平台宣传产品主要是通过图片，如果消费者在看到图片后，对产品感兴趣的话，就会点击进店进一步查看信息。所以做网店一定要重视产品图片的处理与设计，同时为了保证展示效果，平台对于图片大小也有严格规定，我们来看看具体有哪些要求（图 2-1 ～图 2-5）。

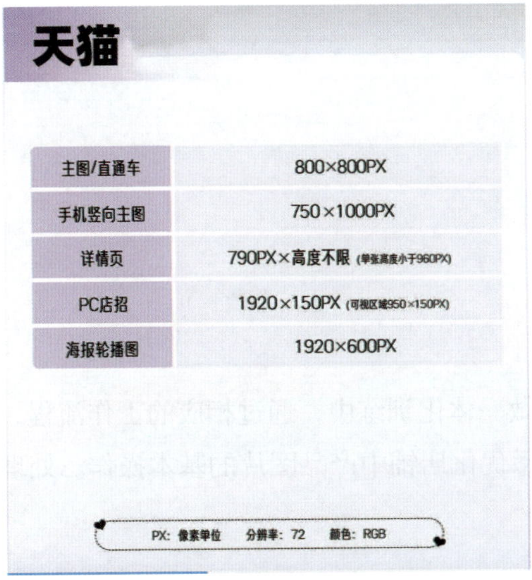

图 2-1 天猫平台尺寸要求

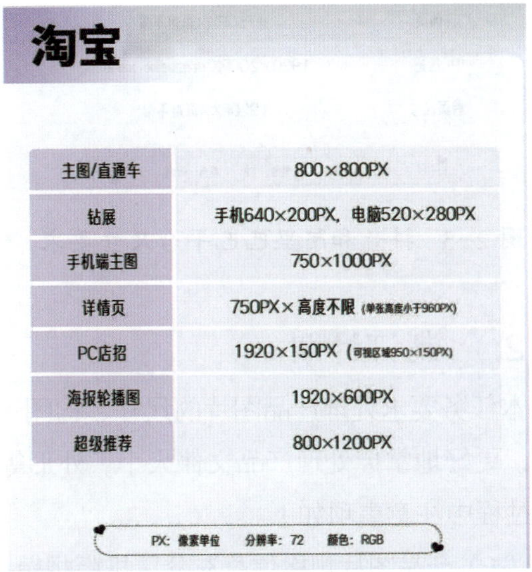

图 2-2 淘宝平台尺寸要求

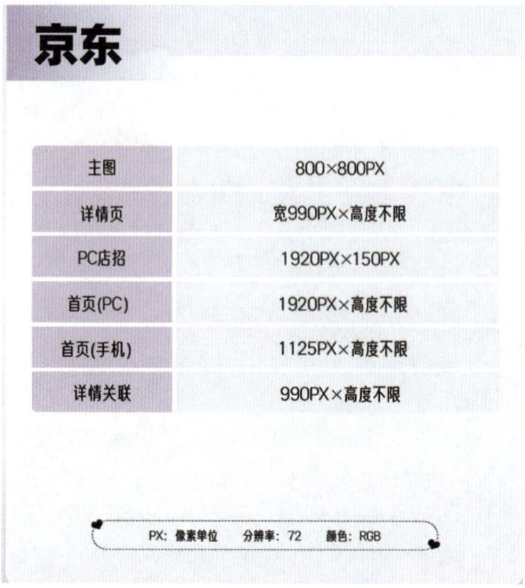

图 2-3　京东平台尺寸要求

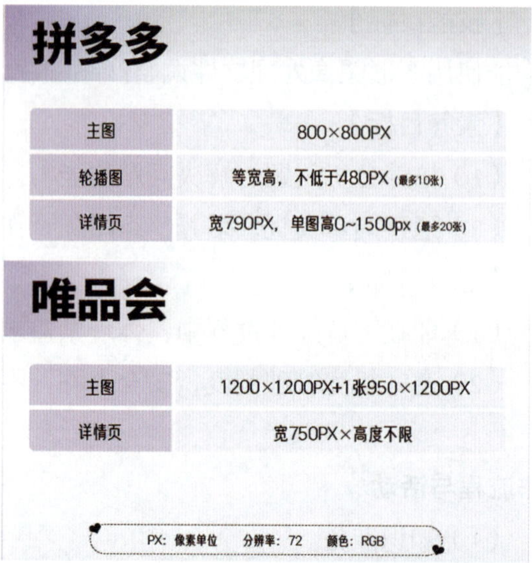

图 2-4　拼多多和唯品会平台尺寸要求

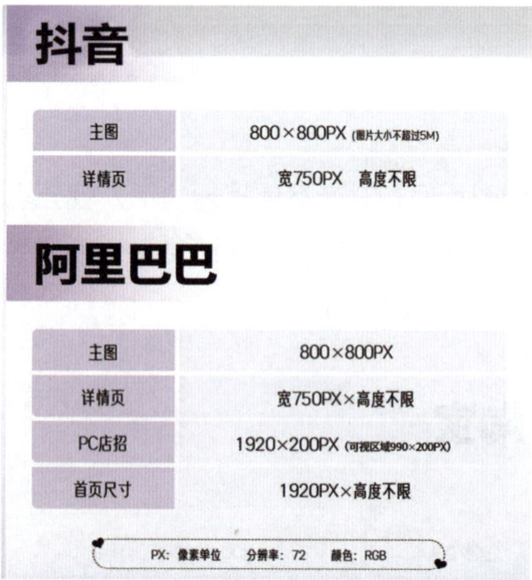

图 2-5　抖音和阿里巴巴平台尺寸要求

2.1.2　制订计划

本任务要求处理产品图片的尺寸、构图等。在教学做一体化训练中，通过相应的工作流程、操作步骤，更好地掌握处理产品文件大小、外形等方法，熟悉优化店铺中产品图片的基本操作。处理产品图片过程中注意事项如下。

（1）产品图片规格信息充分，排版规范。

（2）通常情况下，图片为 jpg 或 png 格式。

在处理产品图片之前，要求填写产品图片处理计划表，见表 2-1。

表 2-1 产品图片处理计划表

序号	项目	项目属性值	备注
1	产品编号		网店内产品的编号
2	产品名称		
3	产品色彩		产品颜色、色调
4	素材文件		（1）整理素材文件； （2）规范文件名
5	细节处理		产品要清晰，不能模糊
6	尺寸		宽　　像素，高　　像素
7	作图环境		
8	作图地点	Photoshop 软件	
9	作图时间	美工工作室	参照格式：2023-01-01
10	作图数量		参照格式：1 张
11	作图人员		
12	使用拍摄素材		拍摄产品素材图片 注明：数量、文件名
13	注意事项	（1）搜集参照素材时，不访问来历不明网站； （2）规避素材图片的侵权行为	

2.1.3 教学做一体化训练

首页图片要符合网店平台的大小限制，结合网络中快速传输和显示的特性，获取产品照片素材后，依据网店平台的要求进行制作，本任务主要讲解如何调整产品图片的大小。

【具体步骤】

步骤 1：通过 Photoshop 打开素材包中的产品照片，单击 “图像”→“图像大小” 命令，弹出“图像大小”对话框，进而设置图像的详细参数（包括宽度、高度、分辨率等）。可以尝试将图像的分辨率从原来的 400 像素调整到 72 像素，再单击“确定”按钮，此时产品照片的大小将发生明显改变，如图 2-6 所示。

图 2-6 调整图像分辨率

步骤 2：在“图像大小”对话框中，单击“尺寸”选项右侧下拉按钮，在弹出列表中选择“像素”，然后按设计要求调整照片宽度和高度均为 360 像素，如图 2-7 所示。

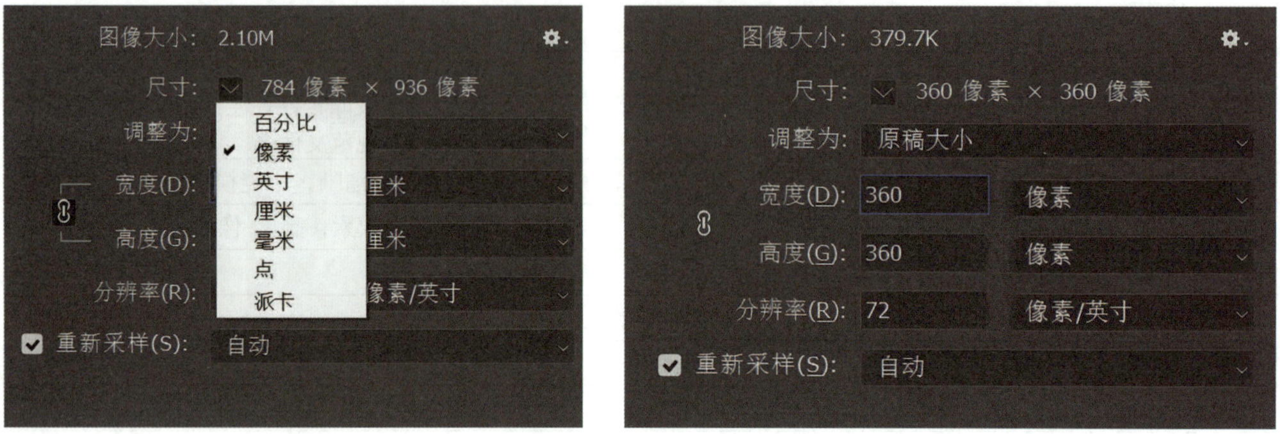

图 2-7 修改照片尺寸

在网店开设过程中，店铺美工人员往往通过拍摄产品的方式采集素材，为了把产品都囊括到画面中，有时可能会忽略照片的构图，或者拍摄了多余的对象元素，此时可以使用 Photoshop 中的裁剪工具或“裁剪”命令，达到照片重新构图的目的。

方法一

步骤：拖动需要裁剪的产品照片到 Photoshop 中，点击工具箱中的裁剪工具时，照片周围出现裁剪框，鼠标单击并拖动裁剪框的边线至左边右侧，按键盘【Enter】键确认操作，如图 2-8 所示。

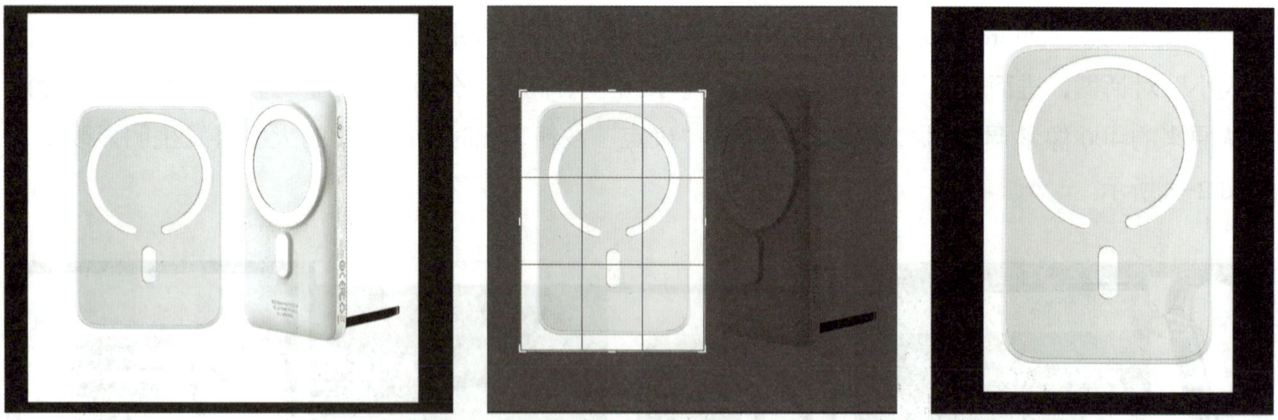

图 2-8 使用裁剪工具裁剪产品照片

方法二

步骤：选择工具箱中的“矩形选框工具”，拖动鼠标至图像上创建选区并框选，然后单击命令“图像”→“裁切”，进而裁剪选区外的图像，如图 2-9 所示。

图 2-9 “裁剪”命令裁剪产品照片

在采集产品图片时，因网店运营人员拍摄角度等可能造成照片中的产品外形出现倾斜，影响买家对于产品外形的判断和理解，这就需要对产品的外形进行校正。例如，下面的产品耳机保护套，因为摄影师不是以平直视角拍摄的，它的外形发生了透视扭曲的情况，此时可以使用透视裁剪工具快速进行校正。

步骤：选择“透视裁剪工具”，鼠标左键依次在产品的四周进行单击，框选裁剪区域，按【Enter】键确定裁剪，如图 2-10 所示。

图 2-10 校正产品照片的透视角度

任务 2.2　抠取图片中的元素

学习目标

【知识目标】

（1）了解主流电商平台中抠取图片的注意事项。

（2）熟悉抠取产品图片的基本方法。

【技能目标】

（1）能使用图形图像处理软件对产品图片进行快速抠取。

（2）能使用工具抠取多边形图像、规则形状的产品图片。

【素养目标】

（1）培养分析问题、解决问题的能力。

（2）通过同步实训，培养小组团队合作的意识及精神。

【思政目标】

（1）能在软件操作过程中，体现精益求精的工匠精神。

（2）遵守机房管理制度，不访问来历不明网站。

工作流程与活动

（1）知识准备。

（2）制订计划。

（3）教学做一体化训练。

2.2.1　知识准备

电商产品抠图需要用到一些专业的软件，如 Photoshop。软件不仅可以帮助我们实现图片的抠图，还可以进行一些后期的处理，使得图片更加完美。

在处理产品图片前，需要准备好一些抠图工具，比如笔刷、橡皮擦。这些工具可以帮助我们更加精准地抠出图片中不需要的部分，使得产品图片更加美观。

我们需要对产品进行分类，因为不同类别的产品抠图方法也不同。比如，对于服装类产品，我们需要将模特的身体与产品分开抠图；而对于电子类产品，我们需要将产品与背景分开抠图。

此外，我们需要进行抠图的预处理，比如调整图片的亮度、对比度、色彩。这样可以使抠出来的图片更加自然，不会出现明显的瑕疵。而当我们遇到精细的抠图作业时，整个过程需要耐心和细心，因为任何一点小错误都会导致整个图片出现瑕疵。我们可以使用画笔工具、橡皮擦等工具，进行精细的抠图，将产品与背景分离开来。

在图片处理的后期，我们需要对图片进行一些处理，比如去除残留的背景、调整图片的尺寸。这样可以使得图片更加的完美，更加符合电商平台的要求。

2.2.2 制订计划

本任务要求学会准确抠取产品图片中的产品。在教学做一体化训练中，通过相应的工作流程、操作步骤，更好地掌握处理产品图片时抠取纯色背景、多边形图像等方法，熟悉优化产品图像中内容的基本操作。

抠取产品图片过程中的注意事项如下。

（1）根据不同的产品图片，采用合适的抠取方法。

（2）产品图片规格信息充分，排版规范。

（3）通常情况下，图片为 jpg 或 png 格式。

在抠取产品图片中的产品之前，要求填写产品图片抠取计划表，见表 2-2。

表 2-2 产品图片抠取计划表

序号	项目	项目属性值	备注
1	产品编号		网店内产品的编号
2	产品名称		
3	产品色彩		产品颜色、色调
4	素材文件		（1）整理素材文件； （2）规范文件名
5	细节处理		产品边缘要清晰、光滑
6	尺寸		宽　　像素，高　　像素
7	抠图方法		根据不同的产品图片，采用合适的抠取方法
8	作图环境	Photoshop 软件	
9	作图地点	美工工作室	
10	作图时间		参照格式：2023-01-01
11	作图数量		参照格式：1 张
12	作图人员		
13	使用拍摄素材		拍摄产品素材图片 注明：数量、文件名
14	注意事项	（1）搜集参照素材时，不访问来历不明网站； （2）规避素材图片的侵权行为	

2.2.3 教学做一体化训练

（1）抠取纯色背景。

当网店中产品照片的背景为纯色，且产品颜色与背景颜色差异很大，我们可以尝试使用 Photoshop 中的快速选择工具和魔棒工具对产品图像进行快速抠取。

①快速选择工具。

步骤：拖动一张纯色背景的产品照片（耳机支架）到 Photoshop 中，点击“快速选择工具”，在图片背景上单击并拖动鼠标，鼠标经过的范围将自动创建选区，直到将耳机支架的图像添加到选区中。按【Ctrl+J】快捷键，使选区的图像复制为新图层，完成抠图操作，如图 2-11 所示。

图 2-11　用快速选择工具抠图

②魔棒工具。

步骤：拖动一张纯色背景的产品照片（耳机支架）到 Photoshop 中，点击工具箱中的魔棒工具，在选项栏中调整“容差”的值为 20，单击  “添加到选区”按钮，接着鼠标在白色背景上单击，选择与其相近的图像直到将除了产品之外的图像全部选中，再单击鼠标右键，点击“选择反向”，完成产品的抠取，如图 2-12 所示。

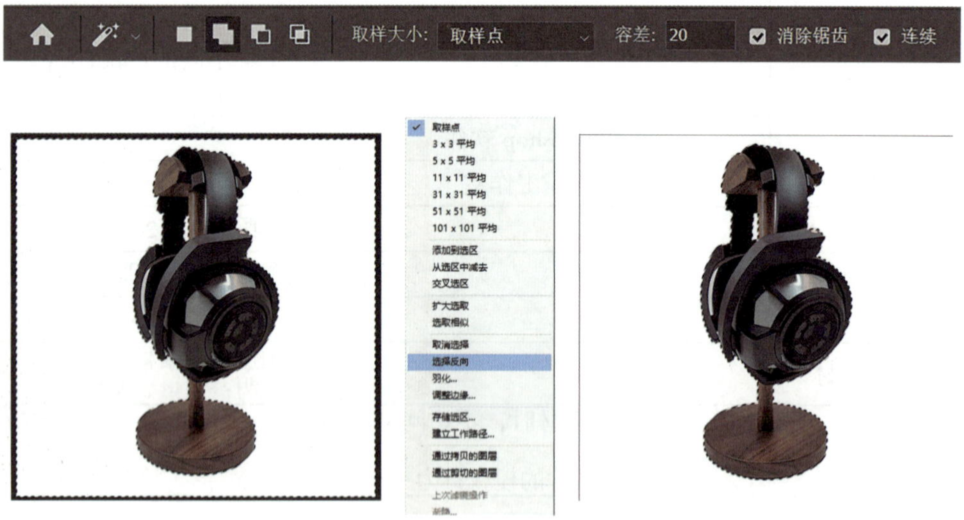

图 2-12　使用魔棒工具抠图

（2）抠取规则形状的产品图片。

对于上架网店中一些外形规则、轮廓清晰的产品，例如圆形或矩形的产品，可采用“矩形选框工具”或“椭圆选框工具”进行快捷选取。

①矩形选框工具。

步骤：拖动一张产品图片（手机）到 Photoshop 中，图中手机外形轮廓近似矩形，可以选择工具箱中的“矩形选框工具”，再从图像中靠近手机左上角顶点位置单击并拖动鼠标绘制矩形选区，当选区完全包围手机外框时松开鼠标，框出手机轮廓，如图 2–13 所示。

图 2–13 矩形选框工具扣图

②椭圆选框工具。

步骤：拖动一张圆形产品图片（表盘）到 Photoshop 中，如图 2–14 所示，选择工具箱中的“椭圆选框工具”，单击图像窗口并拖动鼠标，按住【Shift】键创建正圆形状的选区，进而抠取图像。

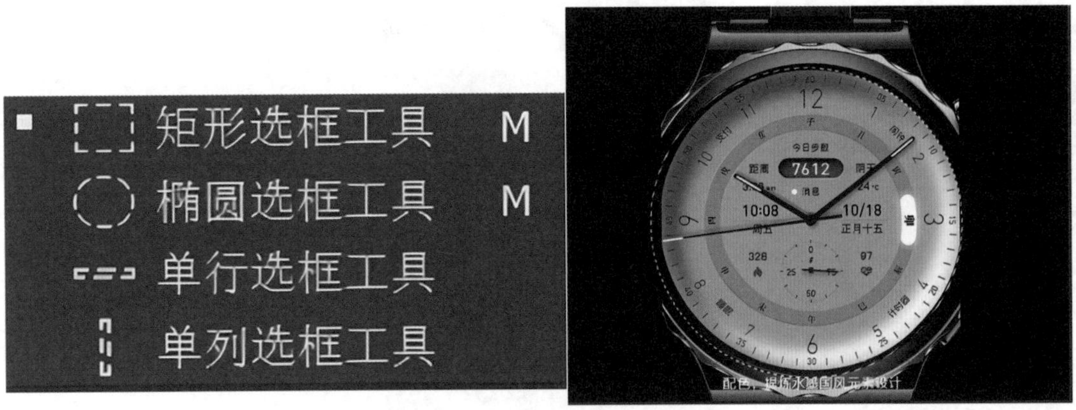

图 2–14 椭圆选框工具扣图

（3）抠取多边形图像。

网店中产品形状通常会有不规则图形。例如，产品的外形是多边形，且棱角比较明显，可以采用多边形套索工具来抠取图像。

步骤：拖动一张无线充电器照片到 Photoshop 中，点击“多边形套索工具”，在无线充电器边缘单击鼠标左键确定选区起点，之后移动指针到产品轮廓转角处，再次单击鼠标左键，即可创建与起点连接的线段；多次单击鼠标左键创建多边形，使得起点和终点重合时单击鼠标创建闭合的多边形选区（鼠标右键选择反向选区，即可改变背景），如图 2–15 所示。

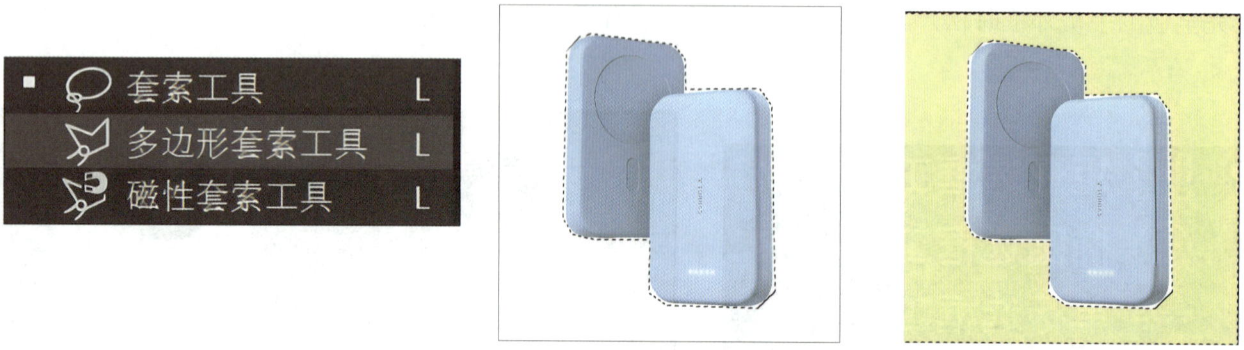

图 2–15 多边形套索工具扣图

（4）抠取轮廓不清晰的图像。

网店中部分产品与背景之间的颜色或明暗上反差不大，一般的抠取方式已经不适用了，对于这种复杂的情况，往往推荐使用磁性套索工具。

步骤：拖动一张产品图片到 Photoshop 中，点击“磁性套索工具”，设置选项栏中频率参数为 91，设置的数值越大，移动鼠标指针时自动生成的锚点越多，图像选区越精准，如图 2–16 所示。

图 2–16 磁性套索工具抠图

（5）钢笔工具抠图。

以上抠图类型主要针对网店中对图像画质或者图像平滑度要求不高的情况，若需要设计篇幅较大的海报或详情页，就不能使用了。对于这些边缘不规整的产品，使用钢笔工具就能抠取更精细的图像。

步骤 1：拖动一张产品图片（散粉）到 Photoshop 中，放大图片比例至 200%，点击“钢笔工具”，在图片中选择合适的地方单击放置第一个路径锚点。沿着散粉的边缘多次单击形成连贯的锚点，遇到转角处按住鼠标左键显示控制杆调整锚点间的曲线，继续绘制后最终形成紧密贴合散粉边缘的闭合路径，如图 2–17 所示。

图 2–17 钢笔工具绘制路径

步骤 2：创建好路径后，鼠标右键弹出菜单选择“建立选区”，设置“羽化半径”为 1，单击确定，窗口中的散粉被框选到选区中，以便进一步抠取图像，如图 2–18 所示。

图 2–18 路径转换成选区

步骤 3：按组合键【Ctrl+J】复制选区内容到新图层中，完成抠图，如图 2–19 所示。

图 2–19 完成抠图

任务 2.3　修复产品图像

学习目标

【知识目标】

（1）了解修复产品图像的要素。

（2）熟悉修复产品图片的常用方法。

【技能目标】

（1）能使用图形图像处理软件对产品图片进行修复。

（2）能使用工具去除图像水印、锐化产品图像。

【素养目标】

（1）培养分析问题、解决问题的能力。

（2）通过同步实训，培养小组团队合作的意识及精神。

【思政目标】

（1）能在软件操作过程中，体现精益求精的工匠精神。

（2）遵守机房管理制度，安全上网，不访问来历不明网站。

工作流程与活动

（1）知识准备。

（2）制订计划。

（3）教学做一体化训练。

2.3.1　知识准备

电商平台中，修复产品图像是不可或缺的环节之一，它的目的是通过修复图片的技术手段，提高产品图片的品质和吸引力，从而增加消费者的购买意愿。修图时需要掌握一定的技巧和技能，下面详细介绍产品精修的五大要素。

（1）关键词：在开始修复产品图像之前，需要先确定产品关键词，以便更好地进行图像处理和优化。关键词的选择应与产品的特点、功能、应用场景等紧密相关，使消费者在搜索时能够快速准确地找到产品。

（2）图像处理：图像处理是至关重要的一步，消除抖动、噪声、不清晰区域等方式，使得产品图片更加清晰、美观，从而提高消费者的购买意愿。

（3）尺寸调整：电商平台上对产品图片的尺寸要求非常严格，因此对产品图片进行尺寸调整是必不可少的。适当的尺寸调整，可以使产品图片更加符合平台的要求，从而避免被压缩或裁剪。

（4）色彩调整：色彩对于产品的视觉效果至关重要，因此色彩调整是修复产品图像中必不可少的一步。适当的色彩调整，可以使得产品图片更加饱和、鲜明、真实，从而提高消费者的购买意愿。

（5）特征处理：在修复产品图像中，特征处理也是非常重要的一步。去除模糊、变形和失真等问题，可以使得产品图片更加清晰、美观，从而提高消费者的购买意愿。

2.3.2 制订计划

本任务要求处理产品图片中的水印以及学习其他优化产品图片的方法。在教学做一体化训练中，通过相应的工作流程、操作步骤，更好地掌握处理产品锐化图像、水印标记等方法，熟悉优化店铺中产品图片的基本操作。

优化产品图片的过程中注意事项如下。

（1）根据不同的产品图片，采用合适的优化产品图片方法。

（2）产品图片规格信息充分，排版规范。

（3）通常情况下，图片为 jpg 或 png 格式。

在优化产品图片中的产品之前，要求填写优化产品图片计划表，见表 2–3。

表 2–3 优化产品图片计划表

序号	项目	项目属性值	备注
1	产品编号		网店内产品的编号
2	产品名称		
3	产品色彩		产品颜色、色调
4	素材文件		（1）整理素材文件； （2）规范文件名
5	细节处理		产品边缘要清晰、光滑
6	尺寸		宽 像素，高 像素
7	优化图片方法		根据不同的产品图片，采用合适的优化产品图片方法
8	作图环境	Photoshop 软件	
9	作图地点	美工工作室	
10	作图时间		参照格式：2023–01–01
11	作图数量		参照格式：1 张
12	作图人员		
13	使用拍摄素材		拍摄产品素材图片 注明：数量、文件名
14	注意事项	（1）搜集参照素材时，不访问来历不明网站； （2）规避素材图片的侵权行为	

2.3.3 教学做一体化训练

（1）去除图像中的水印。

上架店铺前的产品，经过摄影师的拍摄，可能在图片中留有某种标志或文字，影响产品表现，这些标志或文字统称为水印。产品上架前，美工通常会对这些水印进行处理，以提升产品的表现力，给消费者留下专业的印象，进而带动产品的销售。

步骤：拖动一张产品图片（樱桃）到 Photoshop 中，点击“修复画笔工具”，按住【Alt】键的同时在无水印区域单击相似的色彩进行采样，鼠标移至水印区域按住鼠标左键拖动采样内容覆盖水印，如图 2-20 所示。

图 2-20　修复画笔工具去除水印

（2）去除图像中产品外的内容。

产品上架前有时不需要譬如 Logo、价格、促销等信息，或者想使产品图片中的背景更加纯粹，此时可以运用去除局部内容的方法进行调整，例如使用画笔工具。

步骤：拖动一张产品图片（数据线）到 Photoshop 中，点击“画笔工具”，移动鼠标指针到图片中蓝色背景的位置，按住【Alt】键的同时单击鼠标取样颜色作为前景色，再运用画笔工具对需要去除的对象进行涂抹操作，如图 2-21 所示。

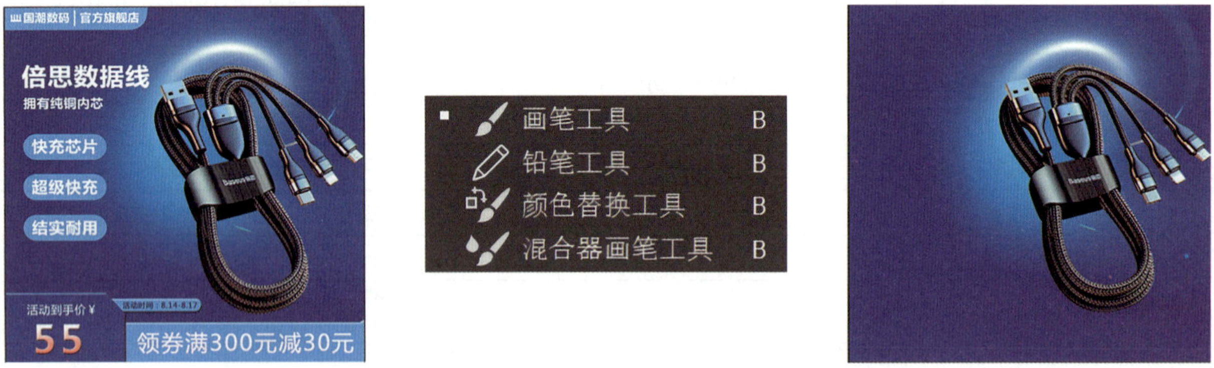

图 2-21　画笔工具去除产品外的内容

（3）锐化产品图像。

从消费者的视觉感受角度而言，产品图像的清晰度是一个很重要的问题。当产品图像足够清晰时，能引导消费者更加深入地了解产品的细节，同时也会影响产品局部的展示效果。下面介绍两种锐化产品图像的方式。

①“USM 锐化”滤镜。

步骤：拖动一张产品图片（长阳春柑）到 Photoshop 中，点击“滤镜”→“锐化”→“USM 锐化”，在弹出的“USM 锐化”对话框中调整参数，直到可以清晰地看到图中果肉的纹理即可。通过调整突显了产品的质量，提升了图像的品质，同时让买家更加清晰地了解产品的卖点，如果 2-22 所示。

图 2-22 “USM 锐化”滤镜锐化产品图像

②“高反差保留”滤镜。

步骤：拖动一张产品图片（粉底液）到 Photoshop 中，先按【Ctrl+J】组合键复制待锐化的图层，点击这个图层，再单击“滤镜”→“其他”→“高反差保留”，通过弹出的对话框，调整“半径”为 3.5 像素，点击“确定”按钮。运用“图层”面板中的设置，将混合模式改为“线性光”，如图 2-23 所示。

图 2-23 “高反差保留”滤镜锐化产品图像

任务 2.4 编辑产品图像的细节

学习目标

【知识目标】

熟悉编辑产品图像细节的方法。

【技能目标】

（1）能使用图形图像处理软件对产品图片进行美化。

（2）能使用工具调整产品图像、制作产品动图等。

【素养目标】

（1）培养分析问题、解决问题的能力。

（2）通过同步实训，培养小组团队合作的意识及精神。

【思政目标】

（1）能在软件操作过程中，体现精益求精的工匠精神。

（2）遵守机房管理制度，安全上网，不访问来历不明网站。

工作流程与活动

（1）制订计划。

（2）教学做一体化训练。

2.4.1 制订计划

本任务要求处理产品图片的内容显示、动态效果等。在教学做一体化训练中，通过相应的工作流程、操作步骤，更好地掌握处理产品时图层蒙版、时间轴等方法，熟悉美化店铺中产品图片的基本操作。

美化产品图片的过程中注意事项如下。

（1）根据不同的产品图片，采用合适的美化产品图片方法。

（2）产品图片规格信息充分，排版规范。

（3）通常情况下，图片为 jpg 或 png 格式。

在优化产品图片中的产品之前，要求填写美化产品图片计划表，见表 2-4。

表 2-4 美化产品图片计划表

序号	项目	项目属性值	备注
1	产品编号		网店内产品的编号
2	产品名称		
3	产品色彩		产品颜色、色调
4	素材文件		（1）整理素材文件； （2）规范文件名
5	细节处理		产品边缘要清晰、光滑
6	尺寸		宽　　像素，高　　像素
7	美化图片方法		根据不同的产品图片，采用合适的美化产品图片方法
8	作图环境	Photoshop 软件	
9	作图地点	美工工作室	
10	作图时间		参照格式：2023-01-01

表 2-4 美化产品图片计划表（续表）

序号	项目	项目属性值	备注
11	作图数量		参照格式：1 张
12	作图人员		
13	使用拍摄素材		拍摄产品素材图片 注明：数量、文件名
14	注意事项	（1）搜集参照素材时，不访问来历不明网站； （2）规避素材图片的侵权行为	

2.4.2 教学做一体化训练

（1）运用图层蒙版调整产品图像。

在 Photoshop 中蒙版用于控制图层。蒙版是在当前图层上面覆盖一层玻璃片，这种玻璃片有透明的、半透明的、完全不透明的。用各种绘图工具在蒙版上（即玻璃片上）涂色（只能涂黑白灰色），涂黑色的地方蒙版变为完全透明的，看不见当前图层的图像；涂白色则使涂色部分变为不透明的，可看到当前图层上的图像；涂灰色使蒙版变为半透明，透明的程度由涂色的灰度深浅决定。正因如此，我们可以在产品图像上做更多的调整，以提升其视觉效果。

步骤：拖动一张产品图片（脐橙）到 Photoshop 中，在“图层”选项卡中，点击“添加矢量蒙版”。单击“画笔”工具将脐橙果肉部分进行涂抹，接着拖动另一张产品图片到 Photoshop 中，在“图层”选项卡里调整其顺序至最下面，通过【Alt+T】键调整新放入图片的大小直至铺满涂抹后的区域，如图 2-24 所示。

图 2-24 运用“图层蒙版”调整产品图像

（2）运用时间轴制作产品动图。

网店为了能够吸引消费者的关注度，往往会采用添加产品动图的方式，进一步展示店铺的产品。下面介绍制作动图的操作方法。

步骤 1：点击“文件”→“脚本”→“将文件载入”，添加图片素材后单击“确定”按钮。在时间轴界面中选择“创建帧动画”选项，如图 2–25 所示。

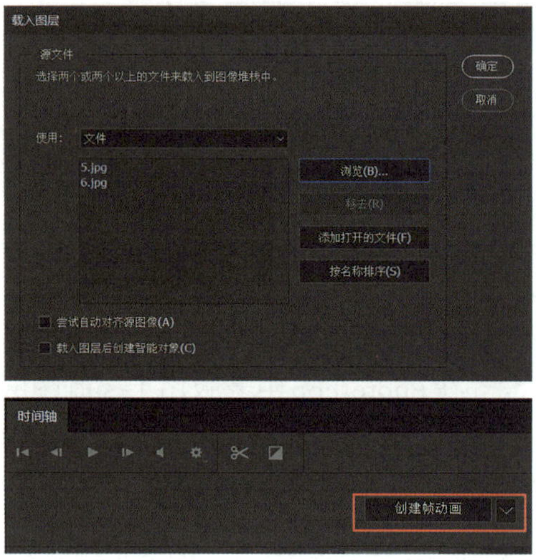

图 2–25　创建帧动画

步骤 2：单击“时间轴”选项卡组中的“从图层建立帧”。在“时间轴”界面中设置“延时”为 1 秒，“循环次数”为永远。最后按【Alt+Shift+Ctrl+S】组合键打开窗口，将文件存储为 Web 所用格式，如图 2–26 所示。

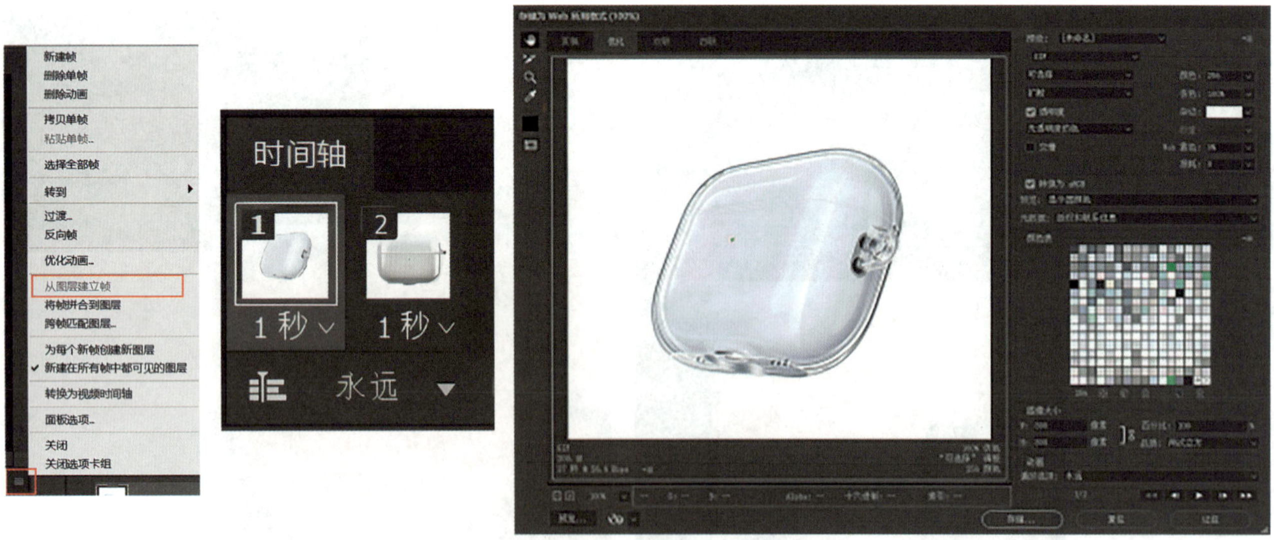

图 2–26　创建时间轴

任务 2.5 给产品图像添加文字

学习目标

【知识目标】

（1）了解给产品图像添加文字的步骤和技巧。

（2）熟悉添加文字的具体方法。

【技能目标】

（1）能使用图形图像处理软件对产品图片添加文字元素。

（2）能使用工具添加文字元素、增加文字艺术效果。

【素养目标】

（1）培养分析问题、解决问题的能力。

（2）通过同步实训，培养小组团队合作的意识及精神。

【思政目标】

（1）能在软件操作过程中，体现精益求精的工匠精神。

（2）遵守机房管理制度，安全上网，不访问来历不明网站。

工作流程与活动

（1）知识准备。

（2）制订计划。

（3）教学做一体化训练。

2.5.1 知识准备

网店中的产品，通过图像中的文字进行视觉传达。为了让买家更全面地了解产品信息，通常需要在页面中适当添加文字。在文字编排的过程中，我们需要遵循一定的步骤和技巧。

【常规步骤】

步骤 1：打开图片。打开 Photoshop 软件，并加载要编辑的图片。可以通过“文件”菜单中的“打开”选项或使用快捷键【Ctrl+O】来选择并加载图像文件。

步骤 2：创建文本图层。在图片上添加文字之前，我们需要创建一个新的文本图层。在工具栏上选择“文本工具（T）”，然后单击图片上想要添加文字的位置。此时，光标会变成垂直的文本输入符号。

步骤 3：输入和格式化文字。在创建的文本图层中输入所需的文字内容。在工具选项栏中，可以选择字体、字号、对齐方式和颜色等文本属性。选择需要的风格和效果的选项，并调整文字的大小和位置。

步骤 4：编辑和调整文字。Photoshop 提供了许多编辑和调整文字的功能。可以使用“文本工具（T）”选中文本，通过工具选项栏中的选项进行编辑。例如，可以更改字体、调整字间距、应用文字效果（如阴影或描边）。

步骤 5：变换和变形文字。如果需要对文字进行变换或变形，可以使用变换工具【Ctrl+T】进行操作。通过选择文本图层并应用变换工具，可以调整文字的大小、旋转角度和倾斜度等。

步骤 6：保存和导出图片。完成文字添加后，可以保存并导出编辑好的图片。通过“文件”菜单中的“保存”选项或使用快捷键【Ctrl+S】，将文件保存为 PSD 格式，以便后续编辑。如果要将图片用于在线共享或打印等用途，可以选择“文件”菜单中的“导出”或“存储为 Web 所用格式”选项，将图片保存为常见的图像格式（如 jpg 或 png）。

【文字编排技巧】

（1）选择易读的字体。在添加文字时，选择易读的字体是很重要的。确保文字清晰可辨，并考虑与图片风格相匹配的字体，避免使用过于花哨或艰难阅读的字体。

（2） 控制文字数量和排列方式。根据图片的尺寸和用途，控制文字的数量和排列方式。避免文字过多导致视觉混乱，保持排版整洁和平衡。

（3）调整文字与背景的对比度。确保文字与背景之间有足够的对比度，使文字更加清晰可见。可以通过更改文字颜色、背景颜色或应用阴影效果来增加对比度。

（4）考虑版权和隐私问题。在添加文字时，要注意版权和隐私问题。确保有权在图片上使用特定的文字，并避免显示个人身份或敏感数据。

（5）使用图层样式和效果。利用图层样式和效果可以增强文字的视觉效果。Photoshop 提供了各种效果选项，如阴影、描边、渐变，可以根据需要进行调整和应用。

（6）保存源文件副本。在编辑和添加文字后，建议保存源文件的副本，以便随时进行修改和调整。这样可以避免不小心破坏原始图片，并方便后续的编辑和再次导出。

2.5.2 制订计划

本任务要求在产品图片上添加文字内容。在教学做一体化训练中，通过相应的工作流程、操作步骤，更好地掌握产品图片添加文字元素、美化文字效果等方法，熟悉优化店铺中产品图片的基本操作。

在产品图片上添加文字内容的过程中注意事项如下。

（1）根据要求，采用合适的添加文字内容方法。

（2）产品图片规格信息充分，排版规范。

（3）通常情况下，图片为 jpg 或 png 格式。

在产品图片上添加文字内容之前，要求填写产品图片添加文字计划表，见表 2-5。

表 2-5 产品图片添加文字计划表

序号	项目	项目属性值	备注
1	产品编号		网店内产品的编号
2	产品名称		
3	产品色彩		产品颜色、色调
4	素材文件		（1）整理素材文件； （2）规范文件名
5	细节处理		产品边缘要清晰、光滑
6	尺寸		宽　　像素，高　　像素
7	添加文字方法		根据不同的产品图片，采用合适的美化产品图片方法
8	作图环境	Photoshop 软件	
9	作图地点	美工工作室	
10	作图时间		参照格式：2023-01-01
11	作图数量		参照格式：1 张
12	作图人员		
13	使用拍摄素材		拍摄产品素材图片 注明：数量、文件名
14	注意事项	（1）搜集参照素材时，不访问来历不明网站； （2）规避素材图片的侵权行为	

2.5.3 教学做一体化训练

（1）添加文字元素。

在产品上架网店之前，通常要对产品图片添加相应的文字内容，同时对文字的字体、字号、字间距和颜色等进行调整，进而有效传达产品的信息。

步骤：拖动一张产品图片（手机充电器）到 Photoshop 中，选择“横排文字工具”，在图像中适当位置单击，输入“20W 快充！”。选择文字区域，点击“窗口”→“字符”命令，在弹出的“字符”面板中设置字体样式为华文仿宋，字体大小为 48 点。通过“移动工具”调整文字位置，如图 2-27 所示。

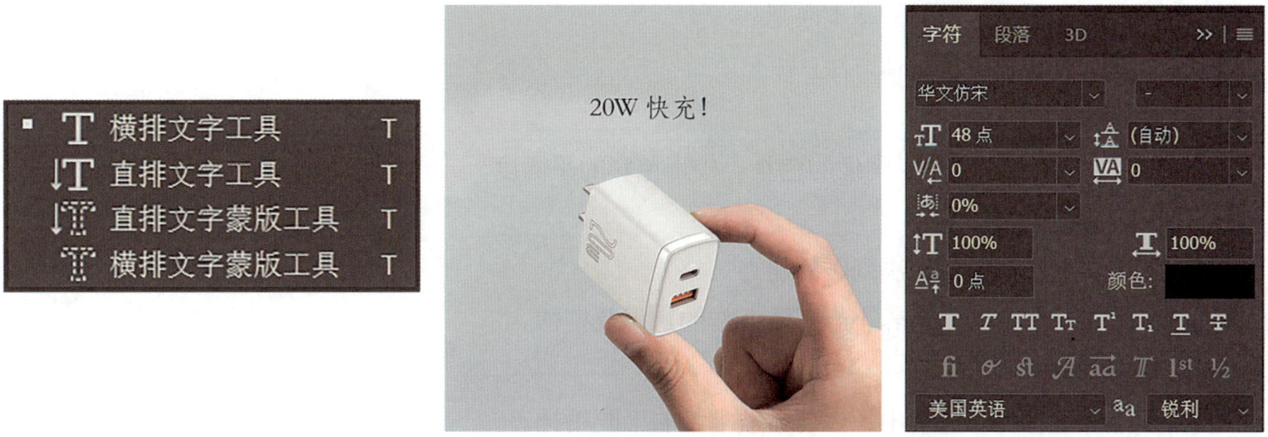

图 2-27 设置文字样式

（2）艺术化文字效果。

网店有时为了营造特定的气氛，在产品上架网店之前，通常要对产品图片添加相应的文字内容，同时对文字的字体、字号、字间距和颜色等进行调整，进而有效传达产品的信息。

步骤 1：拖动一张产品图片（手机充电器）到 Photoshop 中，选择“横排文字工具”，在图像中适当位置单击，输入“MFi 官方认证 快速充电”。双击“图层选项组”的文字图层，在“图层样式”对话框中选择相应效果并设置参数，如图 2-28 所示。

步骤 2：拖动皮革效果的图片到画布中，运用“剪切蒙版”将皮革图片合并到文字图层中，如图 2-28 所示。

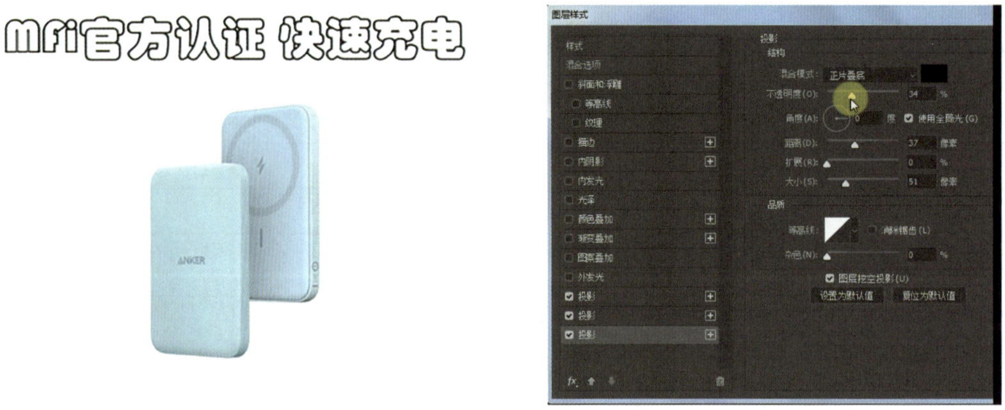

图 2-28 设置文字工具

任务 2.6　校正产品图像的色差

学习目标

【知识目标】

（1）了解图像色彩调整的基本原则。

（2）熟悉图像调色的具体方法。

【技能目标】

能使用图形图像工具修正图像的色差、校正色彩的平衡度。

【素养目标】

（1）培养分析问题、解决问题的能力。

（2）通过同步实训，培养小组团队合作的意识及精神。

【思政目标】

（1）能在软件操作过程中，体现精益求精的工匠精神。

（2）遵守机房管理制度，安全上网，不访问来历不明网站。

工作流程与活动

（1）知识准备。

（2）制订计划。

（3）教学做一体化训练。

2.6.1 知识准备

（1）原色和补色关系 。

如图 2–29 所示，RGB 和 CMY 互补关系按顺序来一一对应（一定要牢记）；也就是说（C）青色是（R）红色的补色，（M）品红色是（G）绿色的补色，（Y）黄色是（B）蓝色的补色。三原色其中的两种叠加生成另一种原色的补色：比如，红 + 绿 = 黄（蓝的补色）；反之，青 + 品红 = 蓝 （黄对应的原色），所以青色和品红色也是蓝色的支持色。那么，要加亮蓝色就有两种方法：我们可以减暗它的补色（黄色），也可以加亮它的支持色（品红色和绿色）。当记住了互补映射关系和叠加生成关系后，就拥有了秘密武器。不用再去想两种颜色叠加究竟生成什么颜色，简单推导一下就出来了。

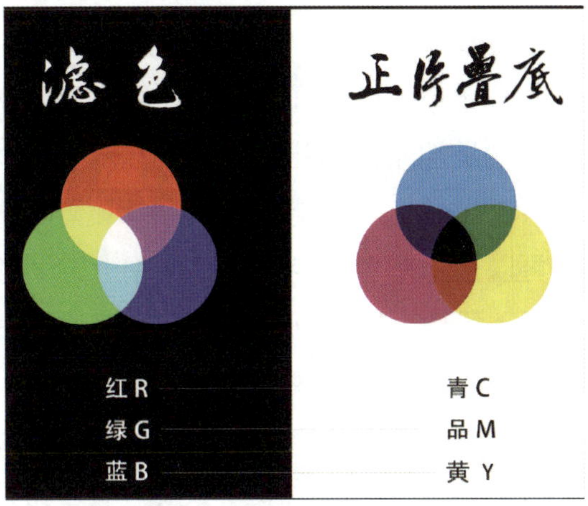

图 2–29 三原色及补色对应关系

其实 Photoshop 中的很多工具都用到了补色原理，比如常用的白平衡调节。

其中的调节滑块就是利用了补色原理：当色调滑块向右走的时候，图 2–30 出现加红减青的状态；向左走的时候，出现加青减红的状态；因为青和红是互补色。对于色温滑块，减色温就偏蓝，加色温就偏黄。但是互补色也会产生混合干扰，相互调和会使色彩纯度降低变成灰色（图 2–31）。

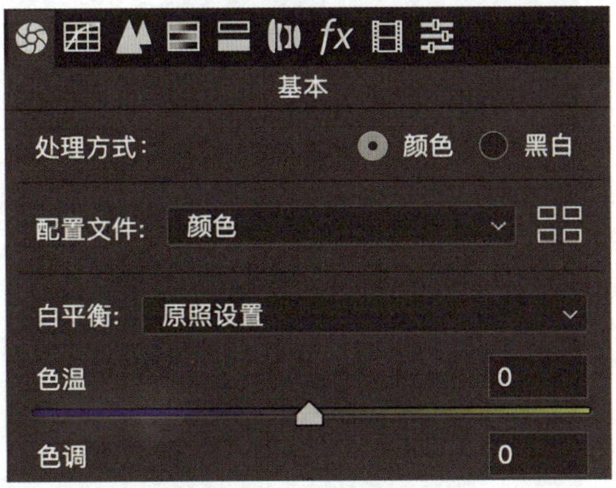

图 2–30 白平衡调节

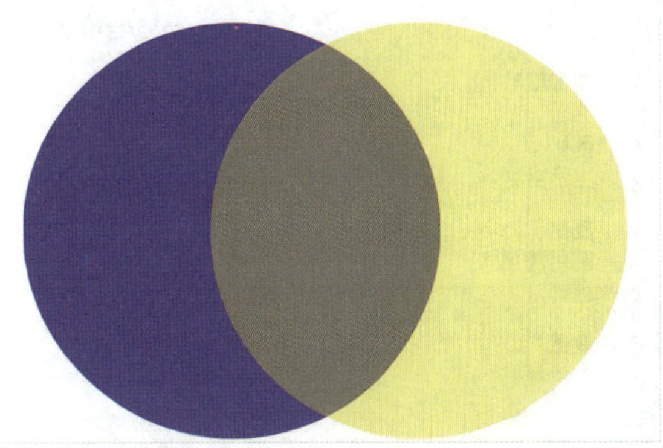

图 2–31 互补色的混合干扰

（2）颜色调整的方法。

了解了原色补色关系后，我们怎么对颜色进行调整呢？一般常用的有两种方法：曲线调整（全局）和可选颜色调整（局部）。通常曲线调整时，我们默认调整 RGB 通道的数值，也可以选择单一颜色通道进行调整，因为在通道下拉框里有三个颜色的单一通道可选择。

选定单一颜色通道后，往左上方调整曲线就是加原色减补色；右下方调整则是减原色加补色。所以想使图片整体更蓝时，就可以选择蓝色通道，然后往左上方调整曲线。另外，还可以根据实际情况选择调整暗部区域还是亮部区域。

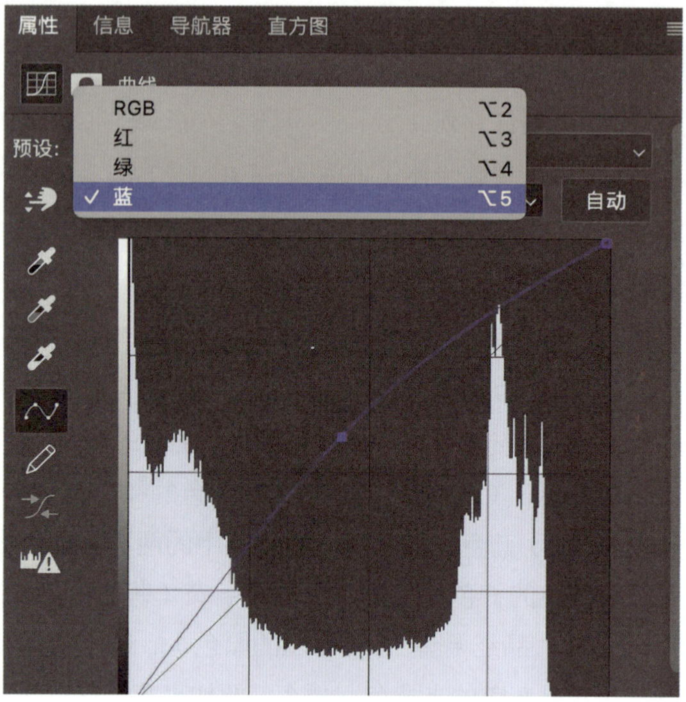

图 2-32　曲线颜色调整

但要注意的是，曲线调整是全局生效，其他不想调节的颜色也会受到影响。如果只想调整某个特定的颜色，而又不想其他颜色受到影响，我们就可以通过“可选颜色”来实现（图 2-32）。

一般有两种方式来调出“可选颜色”：工具栏和图层调版，效果是一样的（图 2-33、图 2-34）。

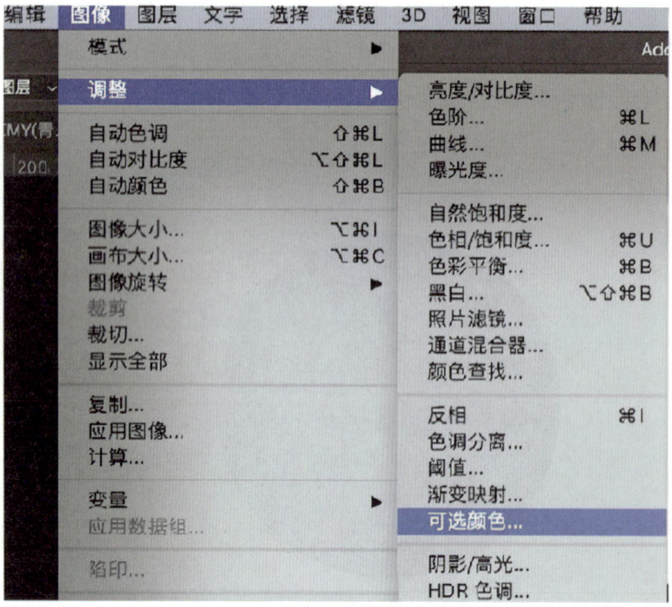

图 2-33　工具栏

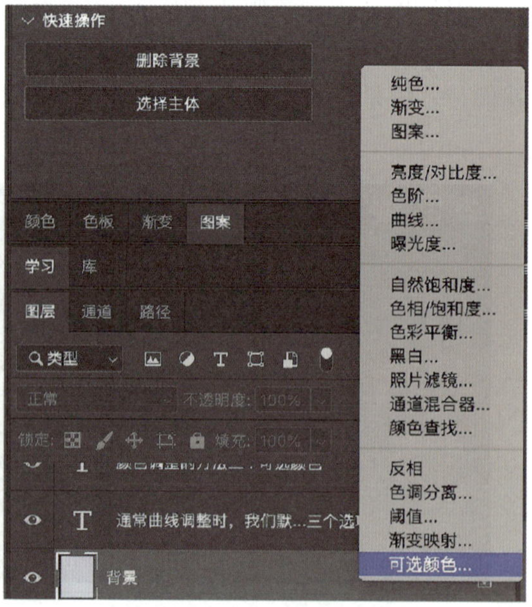

图 2-34　图层调版

调出“可选颜色”工具后，可以看到三大部分（图 2–35）。

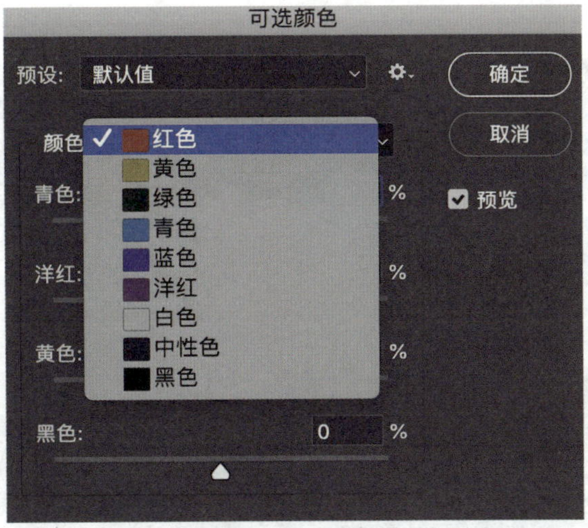

图 2–35　可选颜色

①颜色选择框：主要包括 RGB 和 CMY 颜色。

②颜色调整滑块：主要包括 CMY 颜色，可以利用补色和支持色原理进行调整，遵循右滑加本色减补色原则。另外还有“黑色”，调整的是颜色的明度，也只是对选定颜色局部生效。

③方法：相对 + 绝对。顾名思义，绝对就是调整的绝对值，值的大小比相对来说变化更大，效果也更明显，适合大幅度调整。

怎样可以使天空变蓝，而又不影响其他颜色呢？原图中天空有点灰蒙蒙的，不是很通透。如果直接用曲线加蓝色，草地的黄色和树叶的黄色势必会受到影响，因为曲线调整是全局生效的（图 2–36）。这种情况最适合用“可选颜色”进行局部调整，达到想要的效果。前面已经知道了，黄色是蓝色的补色，青色和品红色是蓝色的支持色。其实就可以在“可选颜色工具”选定蓝色，然后通过减黄色或者加青色、品红色来使蓝天变得更蓝（图 2–37）。

图 2–36　原图

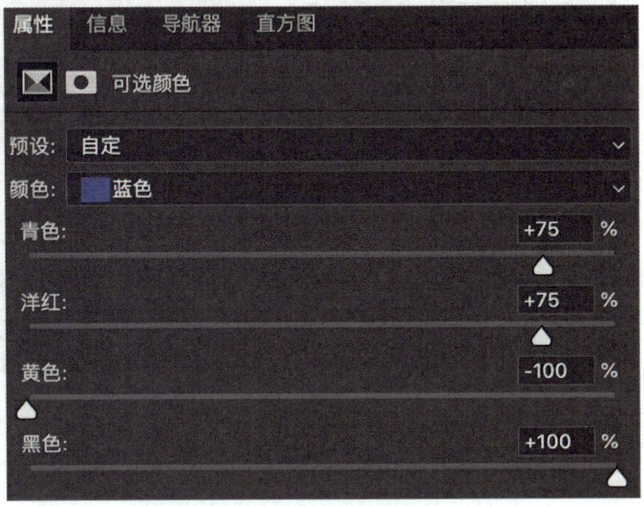

图 2–37　可选颜色调节——蓝色

按上面参数调整后，效果如图 2-38 所示，整个天空蓝得更通透了。

图 2-38　蓝色通道调整效果——蓝天

同样道理，如果想营造出春意盎然的效果，就可以在“可选颜色”对黄色通道进行调整（图 2-39、图 2-40）。

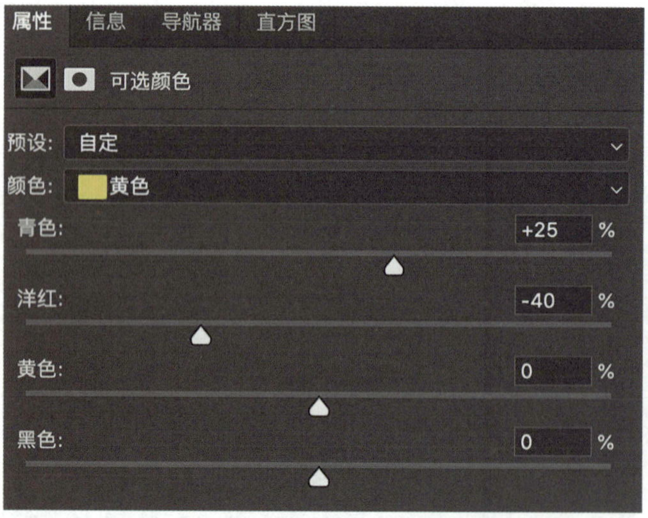

图 2-39　可选颜色调节——黄色

图 2-40　黄色通道调整效果——春意盎然

那怎么打造出深秋金黄的氛围呢？一样的道理，依然是对蓝色进行调整。不过操作和上面相反，因为金黄色是有点红色在里面的，所以我们的调整思路就是往黄色里加点红色的支持色（品红色、黄色）或者减点红色的补色（青色）（图 2-41、图 2-42）。

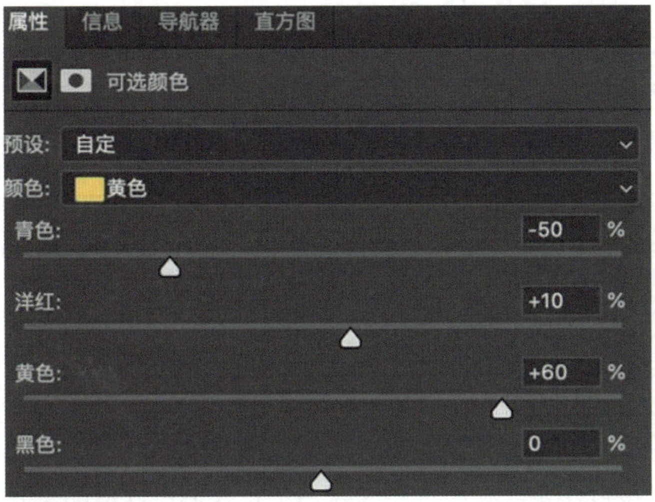

图 2-41　可选颜色调节——黄色

图 2-42　黄色色通道调整效果——金黄深秋

2.6.2　制订计划

本任务要求处理产品图片的亮度、显示效果等。在教学做一体化训练中，通过相应的工作流程、操作步骤，更好地掌握处理产品图片的亮度、曝光度等方法，熟悉优化店铺中产品图片的基本操作。

在产品图片上添加光效的过程中注意事项如下。

（1）根据要求，采用合适的添加光效方法。

（2）产品图片规格信息充分，排版规范。

（3）通常情况下，图片为 jpg 或 png 格式。

在产品图片上添加光效之前，要求填写产品图片添加光效计划表，见表 2-6。

表 2-6　产品图片添加光效计划表

序号	项目	项目属性值	备注
1	产品编号		网店内产品的编号
2	产品名称		
3	产品色彩		产品颜色、色调
4	素材文件		（1）整理素材文件； （2）规范文件名
5	细节处理		产品边缘要清晰、光滑
6	尺寸		宽　　像素，高　　像素
7	添加文字方法		根据不同的产品图片，采用合适的添加光效方法
8	作图环境	Photoshop 软件	
9	作图地点	美工工作室	

表 2-6　产品图片添加光效计划表（续表）

序号	项目	项目属性值	备注
10	作图时间		参照格式：2023-01-01
11	作图数量		参照格式：1 张
12	作图人员		
13	使用拍摄素材		拍摄产品素材图片 注明：数量、文件名
14	注意事项	（1）搜集参照素材时，不访问来历不明网站； （2）规避素材图片的侵权行为	

2.6.3　教学做一体化训练

（1）调整产品图像亮度。

店铺中的产品图像，在拍摄过程中由于曝光不准确，显示效果较暗，此时需要通过提高亮度、增强暗调来对图像的明暗进行修正，使得照片的曝光接近正常。在图形图像软件中，我们可以借助“曲线”“曝光度”等命令调整产品亮度。

①运用“色阶”命令调整产品图像的曝光效果。

步骤：拖动一张产品图片（口红）到 Photoshop 中，按【Ctrl+L】组合键调出色阶对话框，在“输入色阶”选项区进行参数的调整，直到产品图像恢复正常的曝光效果，如图 2-43 所示。

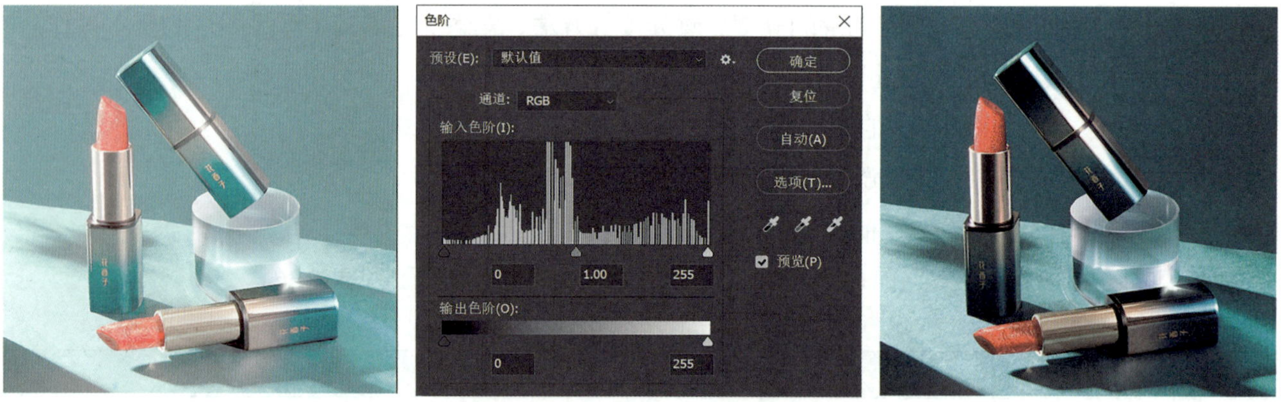

图 2-43　运用“色阶”命令

②运用“曝光度”命令对产品照片进行二次曝光。

步骤：拖动一张产品图片（口红）到 Photoshop 中，选择“图像”→“调整”→“曝光度”，在弹出的“曝光度”对话框中设置“曝光度”“位移”“灰度系数校正”等参数，调整图像合适后单击“确定”按钮，经过操作将原本暗淡的产品图像变得明亮起来，如图 2-44 所示。

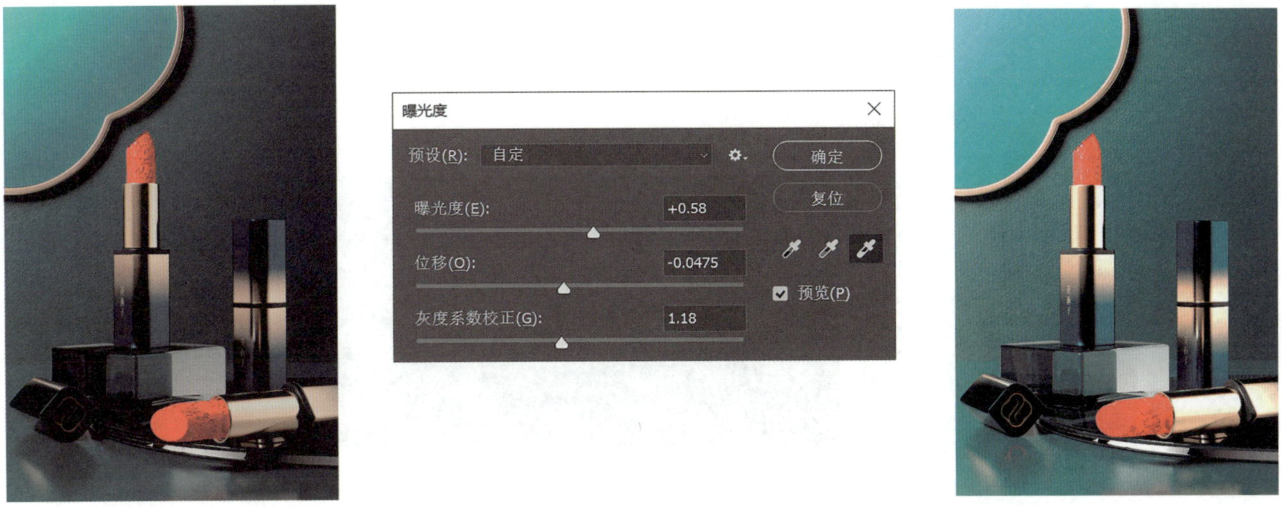

图 2-44 运用“曝光度”命令

③运用“曲线”命令调整图像中明暗区域的亮度。

步骤：拖动一张产品图片（口红）到 Photoshop 中，使用【Ctrl+M】组合键调出曲线对话框，使用鼠标左键拖动曲线来调整明暗程度，若需要微调某个区域，可以单击添加调整节点，如图 2-45 所示。

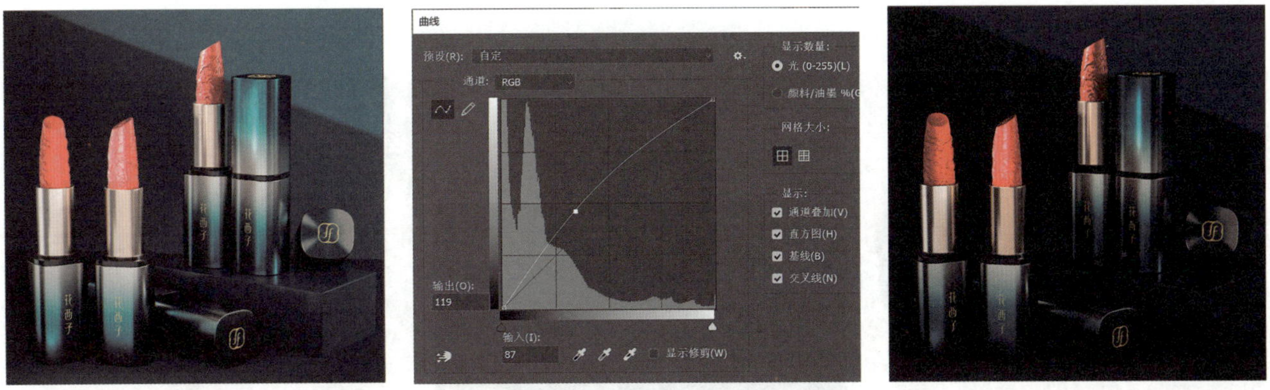

图 2-45 运用“曲线”命令

④运用“照片滤镜”命令调整产品图像的色调。

步骤：拖动一张产品图片（口红）到 Photoshop 中，单击“图像”→“调整”→“照片滤镜”命令，在弹出的对话框中的“滤镜”列表中选择“深红”选项，同时设置“浓度”为 80%，单击“确定”按钮，如图 2-46 所示。

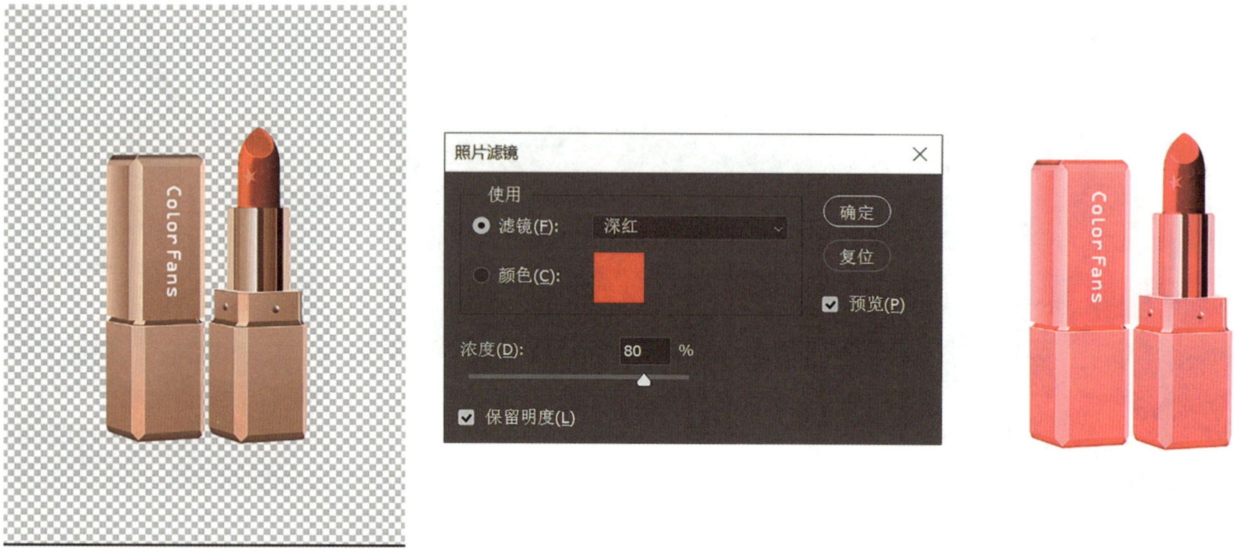

图 2-46　运用“照片滤镜”命令

⑤运用“色彩平衡”恢复产品图像的色彩。

步骤：拖动一张产品图片（口红）到 Photoshop 中，使用【Ctrl+B】组合键调出“色彩平衡”对话框，调整参数，使得原本暖色偏重的产品图像更趋近冷色调，如图 2-47 所示。

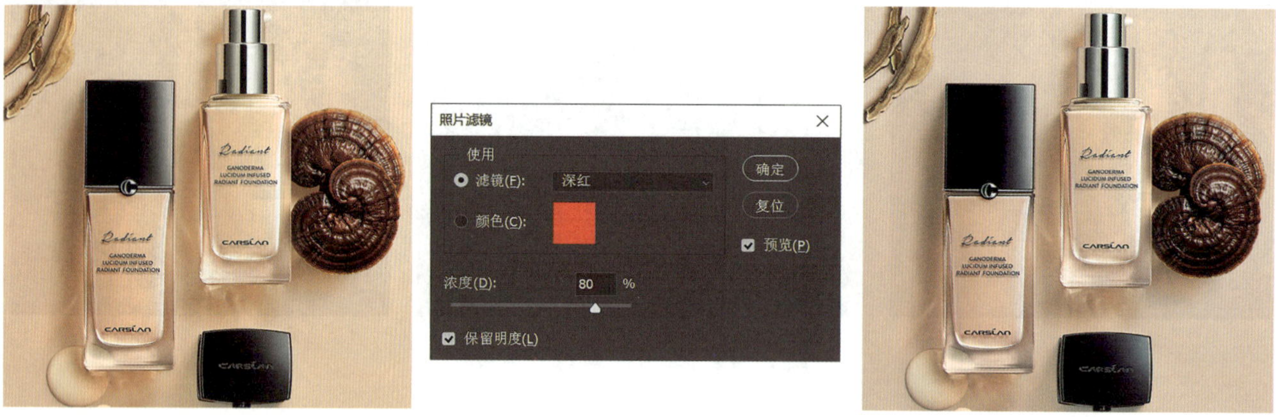

图 2-47　运用“色彩平衡”恢复色彩

项目三　产品主图视觉设计与制作

本项目重点和难点

本项目是以产品主图视觉设计与制作为案例进行介绍。通过关键词搜索或类目搜索，展现在消费者眼前的第一张图片就是产品主图。产品主图是影响买家关注和点击的重要因素。一张好的产品主图可以给卖家节省一大笔推广费用，这也正是有些店铺在没有做任何付费推广的情况下，依然可以吸引很多流量的主要原因。

本项目重点是了解产品主图的设计思路，能够根据产品特点设计出有转化率的产品主图。难点是将中华传统文化融入设计中，用作品提升品牌形象，用作品体现服务与担当，增强对国家文化的自信与认同。

项目导图

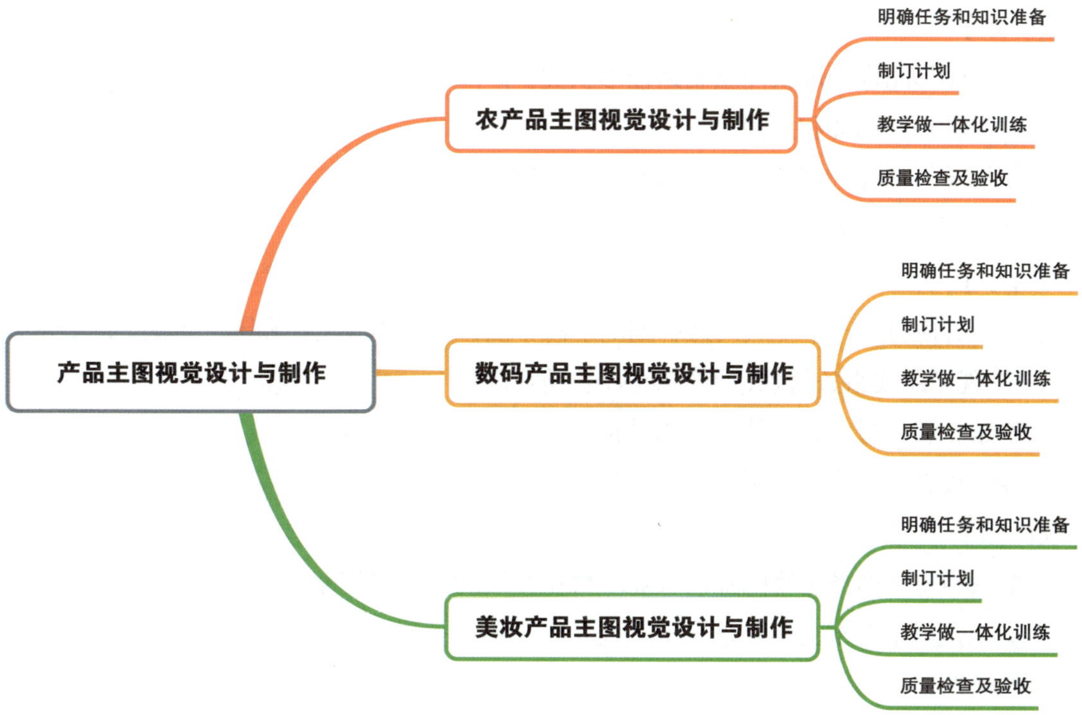

引例

国家提出实施“数商兴农”工程，推进电子商务进乡村。农村电商的蓬勃发展，为广阔乡村架设了农产品流通新平台，拓宽了农民增收路径，激活了乡村振兴潜能。市场上的农产品五花八门，同一种类产品还有产地、品质等差异，如何脱颖而出、获得消费者青睐？农产品的线上营销需要产品主图来展现，凸显农产品优势，形成地方特色，助力做好农产品的营销推广。

小余是湖北省宜昌市郭家坝镇烟灯堡村村民，几年前开始在网上卖自家产的秭归脐橙，常常遇到消费者提问“有秭归脐橙的图片么？”小余出的产品图片往往不能反映出脐橙的优势和卖点。好东西还愁卖，让不少农民既困惑又无奈。如今，“销农货，找电商”成为许多农民的共识。老乡最了解自家产品，但不擅长网络营销。产品主图是所有线上营销的核心，产品主图需要满足买家的需求，才能让农产品“种得好”也“卖得火”。如何才能设计出一款有转化率的产品主图呢？

任务 3.1　农产品主图视觉设计与制作

学习目标

【知识目标】

（1）了解主图的规格和构成。

（2）熟悉主图的重要性和设计思路。

【技能目标】

（1）能使用图形图像处理软件绘制路径形状契合产品。

（2）能对主图进行选择和排列。

（3）能使用图形图像处理软件对产品文案进行排版。

（4）能使用图形图像处理软件统一光线阴影和颜色风格。

【素养目标】

（1）主图设计应符合《中华人民共和国电子商务法》《中华人民共和国广告法》的要求，真实、全面、准确地展现产品或服务信息，不得欺骗误导消费者。

（2）培养学生独立思考，坚持原创的精神。

（3）培养懂设计、懂产品营销的农村电商从业者。

【思政目标】

（1）理解农村电子商务是我国加快农业现代化发展的国家级策略。

（2）在文案撰写中追求实事求是，不夸大功能，不误导消费者。

工作情景描述

小余是湖北省宜昌市郭家坝镇烟灯堡村村民，恰逢脐橙大丰收，采摘运输忙得热火朝天。现在急需将产品图像和产品信息通过精心设计与排版制作出脐橙主图，要求产品主图美观，有吸引力，引导消费者下单，提高店铺的转化率。

工作流程与活动

（1）明确任务和知识准备。

（2）制订计划。

（3）教学做一体化训练。

（4）质量检查及验收。

3.1.1 明确任务和知识准备

合理的产品主图要清晰地展现产品的全貌，这样不仅能够增强产品的立体感，而且可以吸引感兴趣的买家下单购买。一个具有合适角度的产品，能够让产品更加真实和生动。产品的主图设计包括构图方式、背景和文字排版。

（1）主图设计的尺寸。

做主图的设计之前一定要明确主图尺寸要求，以淘宝平台主图规范为例，淘宝网规定五张主图的图片大小不超过 3M，尺寸为 700×700 像素以上，格式可以为 png、jpg、jpeg。第五张主图要求白底图，尺寸等参数也有明确规定：尺寸为 800×800 像素、分辨率为 72 像素 / 英寸、白色背景，构图方式为居中对齐和画布撑满，图片为 jpg 格式白底图或 png 格式透明图（图 3−1）。

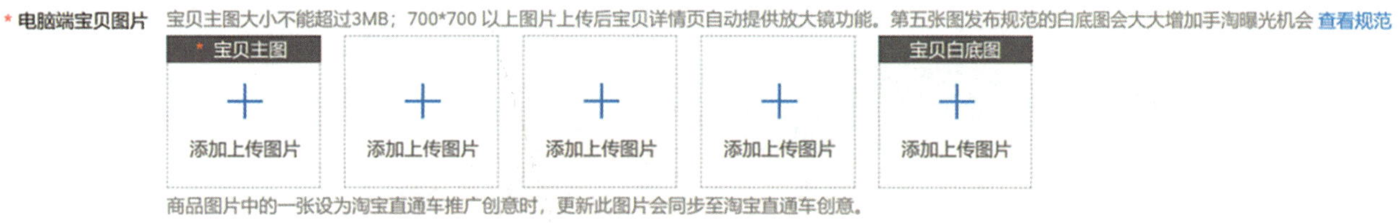

图 3−1 淘宝平台主图上传界面

第五张主图的主题不要拼图牛皮癣水印，透明主体保证没有毛边。

（2）产品主图的设计原则。

产品主图要达到美观、吸引客户注意力并产生转化的效果，就要对产品主图的主题、风格、构图和配色等方面进行综合考虑。

①主题突出。

产品主图中的主题都应该围绕营销的重点。一般情况下，产品主图可以通过简洁精练的文字搭配主体产品来表现，并将文字放置在主图的第一视觉点，让客户直观地看到产品主图需要传达的重要信息。在编辑文案时，建议文案的字体不要超过三种，同时用较大的或个性化的字体突出主题和产品的特征。

②风格明确。

风格就是设计的产品主图给客户的某种感觉。产品主图的风格多种多样，有的自然清新，有的时尚大气，还有的传统典雅。确定产品主图的风格既可以根据产品属性来定，也可以根据季节、节日等其他因素来定。此外，产品主图的风格要和整个网店风格相协调、统一。

③构图合理。

影响产品主图构图的因素很多，主要还是要根据消费者喜好来选择合适的构图方式。

④色调统一。

在产品主图设计中，色彩是主要的视觉元素，色彩的选择主要由产品的特征和消费者喜好决定，尤其要注重产品主图设计和详情图设计的统一。在配色时，重要的文字信息应该用突出醒目的颜色进行强调，可通过明暗对比和颜色搭配来确定产品主图的整体风格。在进行产品主图配色时，不要使用三种及以上的色彩，以免画面显得杂乱。

（3）农产品主图的构图。

要根据产品特征和平面构成原则，选择恰当的构图方法，这样可以给消费者呈现不同的视觉特征，营造出良好的产品氛围。在农产品主图构图方面，电商平台上常用的有六种构图方法，分别是直线式构图、三角式构图、对角式构图、渐次式构图、辐射式构图、框架式构图。

①直线式构图。

直线式构图要求产品形状具有一定的规则性，并且通过直线式排列可以整齐美观地展现出产品。直线式构图的优点在于将农产品的颜色和规格通过并列展示给消费者。消费者在主图上就可以做出选择，提高产品的转化率（图 3-2）。

图 3-2 农产品的直线式构图

②三角式构图。

三角式构图的展现形式有正三角式和倒三角式构图。农产品主图使用三角式构图法，使农产品展现给消费者稳定的感觉，构图效果会显得醒目(图3-3)。

图 3-3 农产品的三角式构图

图 3-4 农产品的对角式构图

③对角式构图。

对角式构图是将产品摆放在对角线上，这样的摆放角度可以突出产品的立体感、延伸感和动感。农产品使用对角线构图形成的纵深，能够带给消费者视觉冲击力（图3-4）。

④渐次式构图。

渐次式构图是将多个产品排列为渐次式的阵列，增强产品的空间感。将农产品由主到次地摆放，增加农产品的纵深感，并且运用透视景深效果，能够体现出农产品的多样性（图3-5）。

图 3-5 农产品的渐次式构图

⑤辐射式构图。

辐射式构图就是平面构图的发射构图方式，发射的视觉冲击力最强，向外扩张的线条给人以动态感，增强了画面的张力，凸显发散的产品主体重心。农产品使用辐射式构图方式，如图 3-6 所示，石榴的果肉呈放射性发散，突出主题。

图 3-6 农产品的辐射式构图

（4）产品主图背景。

设计农产品主图时需要仔细分析农产品的信息和挖掘产品卖点，也就是需要根据农产品和活动本身来选择合适的背景。背景可以选用纯色背景、场景背景、渐变背景及图形背景等。

①纯色背景。

纯色背景不是指一种单独的颜色，而是指单纯以颜色作为背景，可以是两种不同颜色的拼贴或是同一色系的颜色组合。农产品使用纯色做背景，简洁明了，消费者可以对产品产生最直观的了解，视觉重点聚焦（图 3-7）。

图 3-7 纯色背景主图

②场景背景。

在农产品展示方面，有时单纯地展示产品主体或产品特写会显得单调乏味。比如通过农产品生长的地点和情况来展现，会让消费者产生真实感和亲切感（图 3-8）。

图 3-8 场景背景主图

③渐变背景。

色彩的渐变就是由一种颜色渐渐过渡到另一种颜色。农产品的背景使用色彩渐变，能给消费者带来很强的节奏感和审美情趣。常见农产品的色彩渐变分为深色渐变和浅色渐变。深色渐变使画面丰富多彩；浅色渐变一般应用于点缀白色底，给人清爽、活泼的感觉（图 3-9）。

图 3-9 渐变背景主图

④图形背景。

根据平面构成方法的重复、特异、渐变、发射、空间和对比，农产品主图背景运用重复、变异、交叉等方式，形成了农产品图形图案的背景，给消费者新颖感（图 3-10）。

图 3-10 图形背景主图

（5）产品主图文字排版。

文字的排版在主图中有着重要的地位。精练的文字排版能迅速抓住用户心理，与产品主体结合精准地表达信息的内容和含义。在确定主图的版面布局后，还需要确定文本的样式，如字体、字号和颜色属性。

在产品主图的制作中，默认字体总体来说用得不多，中文黑体、微软雅黑、自定义字体等用得较为频繁。

在产品构图中，字体种类不要超过三种。字体种类在三种以内，构图版面雅致、有稳重感，如图3-11所示；反之，则显得格式不统一和杂乱。

图 3-11　文字排版

根据农产品的风格、文字字体的特性和使用类型，文字的设计风格分为下列几种。

第一，稳重挺拔型。字体造型规整，富于力度，给人以简洁爽朗的现代感，有较强的视觉冲击力。这种类型的字体，适合于机械科技等主题。

第二，苍劲古朴型。字体朴素无华，饱含古时之风韵，能带给人们一种怀旧的感觉。这种类型的字体适用于传统产品、民间艺术品等主题。

①字号。

字号是字体的尺寸大小。在阅读文章时，每一个文字就是一个点，点是平面构成三元素之一。通过科学统计，字号大小的设置取决受众的阅读速度。字号越大，受众的阅读速度会放慢，当然文字的关注度也会增加，除了文字本身涵盖的信息以外，文字被放大时，笔画的细节就越来越明显，受众的注意力就会从对每个字的“点”的层面慢慢放大。反之，文字越小，阅读会变得更为快速。字号大小可以使用磅（point）或像素（pixel）来确定。

在农产品构图设计排版时，需要考虑到受众的阅读习惯再进行设置，常用的字号大小根据实际情况而定。大号的字体更能瞬间吸引眼球，是产品构图的主焦点所在，因此能体现产品卖点的文字大多用大号字体。其他内容的字号搭配也应该在主次信息上有所对比。以某个品牌苹果的文字排版为例，较大的字体可以用于卖点和其他需要强调的地方，小一些的字体可以用于次要信息或辅助信息。“黑卡苹果”是产品名称，字号最大；中间的“纯甜无酸味好吃”是产品特性介绍，字号居中；“云南昭通黑卡苹果 给全家不一样的体验”是辅助内容，字号最小（图 3–12）。

图 3–12 字号设置

②行距与字间距。

行距是段落上下两行文字的疏密程度。行距在文章中的作用是引导有效的阅读。如果两行文字之间的距离太近会让阅读变得困难，而距离太远同样也会造成问题。行距和形成平面构成中的“面”这个元素紧密相连，不同的行距构成面的密度，即文章段落呈现的灰度。

行距和行高是两个紧密不可分割的元素，比如字体的行高为 10 磅，行距设置为 2 磅，即行距是行高的1/5倍，整个画面就会显得很挤，不利于受众的阅读。我们可以做如下修改：将行距设置为 5 磅，即行距是行高的 1/2 倍，则受众阅读起来就比较舒畅和轻松。因此，在产品构图时，文字行距宽度设置为正文半个字到一个字，可读性效果较佳，也可以适当调整字体和行长。

产品构图中如何选择合适的字间距呢？实际上不同的字体间距设置都不一样。例如，思源宋体和方正美黑，当思源宋体的字符间距设置为 0，方正美黑的字符间距也为 0，两种字体的字间距差异很大，因为方正美黑的字体间距默认很宽。当方正美黑的字符间距为 0 时，思源宋体字符间距为 100。对于英文字母来说，不同的字母宽度也会不同，需要根据实际情况来设置。图 3–13 中的字之间设置了一定的间距，阅读效果就很好。

图 3–13 字体行距

3.1.2 制订计划

本任务要求设计某地方农产品的产品主图。在教学做一体化训练中，以秭归脐橙为例，通过相应的工作流程、操作步骤，更好地掌握农产品类典型的主图设计和制作方法。设计过程中注意事项如下。

（1）产品主图有视觉冲击力，设计色调搭配协调，与店铺整体风格统一。

（2）产品规格信息充分，排版规范。

（3）产品主图能突出产品的特点及卖点，具体内容与产品相关度高，且简洁明了。

（4）产品主图图片尺寸为 700×700 像素以上。

（5）通常情况下，图片为 jpg 格式。

在产品主图制作过程中，主图的制作和模块的选择尤其重要。首先要求填写农产品主图制作计划表，明确需要用到哪些素材和各环节的设计制作要点，见表 3-1、表 3-2。

表 3-1　农产品第一张到第四张主图制作计划表

序号	项目	项目属性值	备注
1	产品编号		网店内产品的编号
2	产品名称		秭归脐橙
3	制作大致要求		（1）产品主图产品 + 卖点； （2）主图背景符合产品衬托，和产品相互辉映，做到主次分明，画面有美感； （3）产品 logo 在左上角位置； （4）产品本身要突出、清晰，不能模糊； （5）产品修图处理过以后和实物并且与详情页一致
4	主图风格		（1）主图风格明确，符合活动的要求和产品的属性； （2）与店铺风格协调、统一
5	主图文案		（1）主标题、副标题、利益点等文案明确； （2）分别注明字体及其大小； （3）活动主题或产品主要卖点醒目； （4）文案内容精练； （5）字体不要超过三种
6	图文布局		（1）画出草图； （2）注明何种构图方式
7	色彩		背景主色调与活动主题或活动产品相互映衬，做到主次分明
8	主图文件		（1）整理素材文件； （2）规范文件名
9	绘图		（1）尽量选择高清大图； （2）作图中要创建一个新样式图形或者添加文字时都需要先新建图层； （3）把抠好的素材从一个文件插入另一个文件，需要选择转化为智能对象，避免图片模糊； （4）主图设计颜色不要超过三种； （5）保存图片时需要保存两种格式：jpg 和 psd
10	尺寸		（1）尺寸 800×800 像素； （2）图片大小不超过 3M
11	作图环境		
12	作图地点		
13	作图时间		参照格式：2023-01-01
14	作图数量		参照格式：4 张
15	作图人员		
16	使用拍摄素材		拍摄产品素材图片 注明：数量、文件名
17	注意事项		

表 3-2 农产品第五张主图制作计划表

序号	项目	项目属性值	备注
1	产品编号		网店内产品的编号
2	产品名称		秭归脐橙
3	制作大致要求		（1）白底； （2）居中对齐，尽量画布撑满； （3）分辨率 72 像素 / 英寸
4	主图风格		（1）主图风格明确，符合活动的要求和产品的属性； （2）与店铺风格协调、统一
5	主图文案		（1）主标题、副标题、利益点等文案明确； （2）分别注明字体及其大小； （3）活动主题或产品主要卖点醒目； （4）文案内容精练； （5）字体不要超过三种
6	图文布局		（1）画出草图； （2）注明何种构图方式
7	色彩		背景主色调与活动主题或活动产品相互映衬，做到主次分明
8	主图文件		（1）整理素材文件； （2）规范文件名
9	绘图		（1）尽量选择高清大图； （2）作图中要创建一个新样式图形或者添加文字时都需要先新建图层； （3)把抠好的素材从一个文件插入另一个文件，需要选择转化为智能对象，避免图片模糊； （4）主图设计颜色不要超过三种； （5）保存图片时需要保存两种格式：jpg 和 psd
10	尺寸		（1）尺寸 800×800 像素； （2）图片大小不超过 3M
11	作图环境	Photoshop 软件	
12	作图地点	美工工作室	
13	作图时间		参照格式：2023-01-01
14	作图数量		参照格式：4 张
15	作图人员		
16	使用拍摄素材		拍摄产品素材图片 注明：数量、文件名
17	注意事项	（1）搜集参照素材时，不访问来历不明网站； （2）规避素材图片、字体的侵权行为	

3.1.3 教学做一体化训练

秭归脐橙农产品主图需要结合产品绿色、有机的特点进行制作，本任务根据农产品主图制作计划表，制作农产品的五张主图。

下面以农产品第一张主图为例，介绍主图制作过程，其他四张主图制作参照此步骤。

【具体步骤】

步骤 1：新建 800×800 像素画布，背景填充，如图 3-14 所示。

图 3-14 新建画布

步骤 2：选择矩形工具，绘制一个宽 400 像素、高 55 像素的小矩形，再绘制一个宽 600 像素、高 100 像素的大矩形，颜色填充渐变分别为 #ee871b、#e27612、#d37228，如图 3-15 所示。

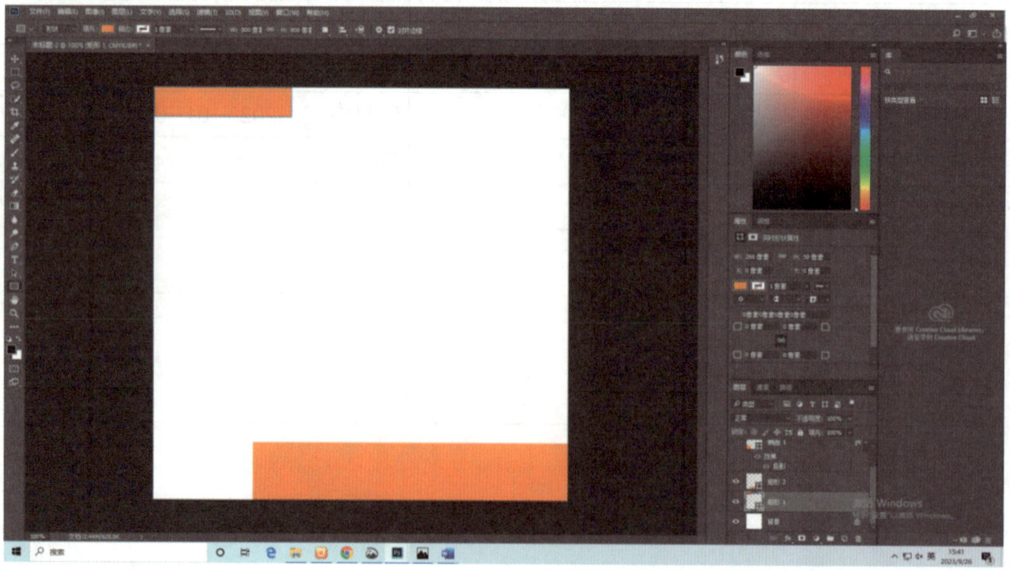

图 3-15 创建矩形工具

步骤 3：选择椭圆工具，按住【Shift】键绘制出一个正圆，颜色渐变填充 #f29737、#e27612、#d37228，为图层添加投影效果，如图 3-16 所示。

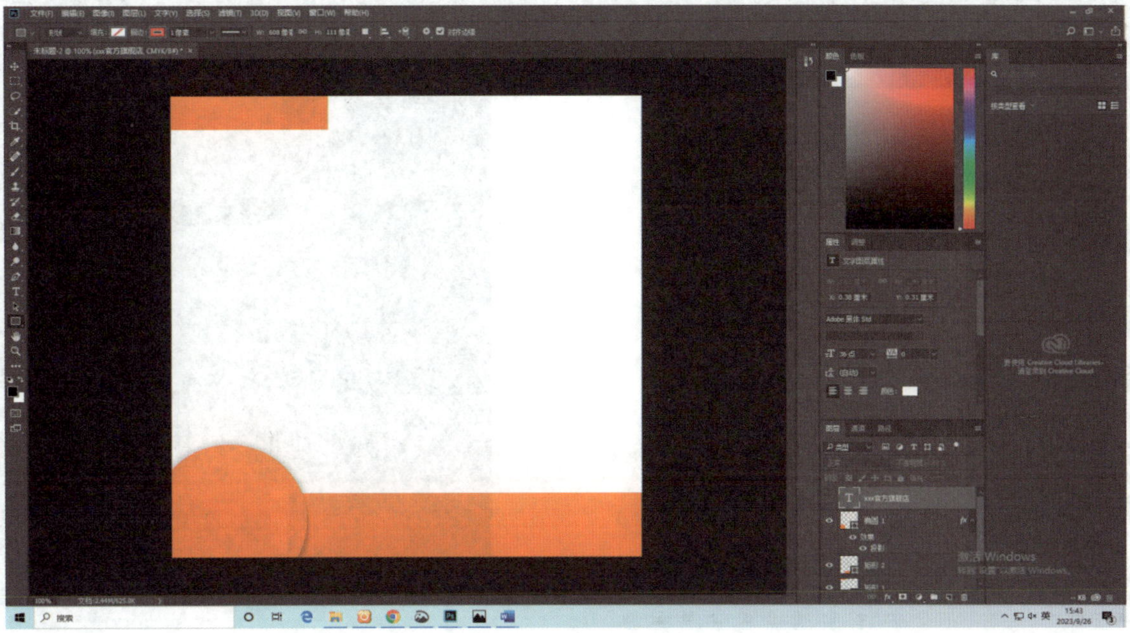

图 3-16 创建椭圆工具

步骤 4：选择矩形工具，绘制一个宽 240 像素、高 58 像素的矩形，颜色渐变填充 #f29737、#dd7e1d、d77223。按住【Ctrl+J】键再复制一个矩形，如图 3-17 所示。

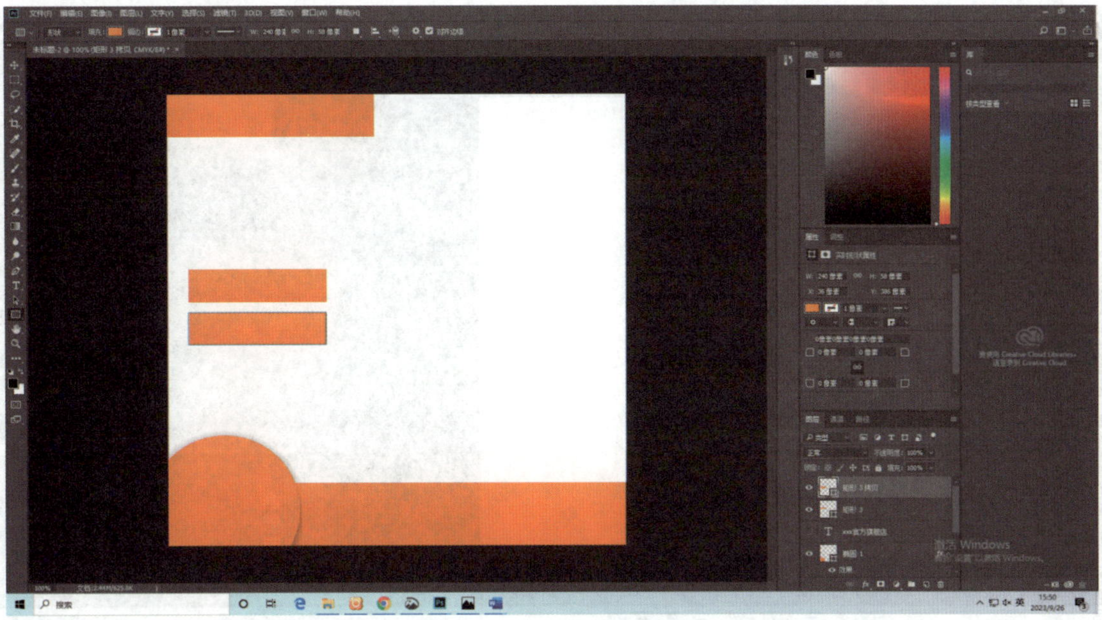

图 3-17 创建矩形工具

步骤 5：选择矩形工具，绘制一个宽 508 像素、高 84 像素的矩形，颜色渐变填充 #f29737、#e3c36e、#d5a75c，如图 3-18 所示。

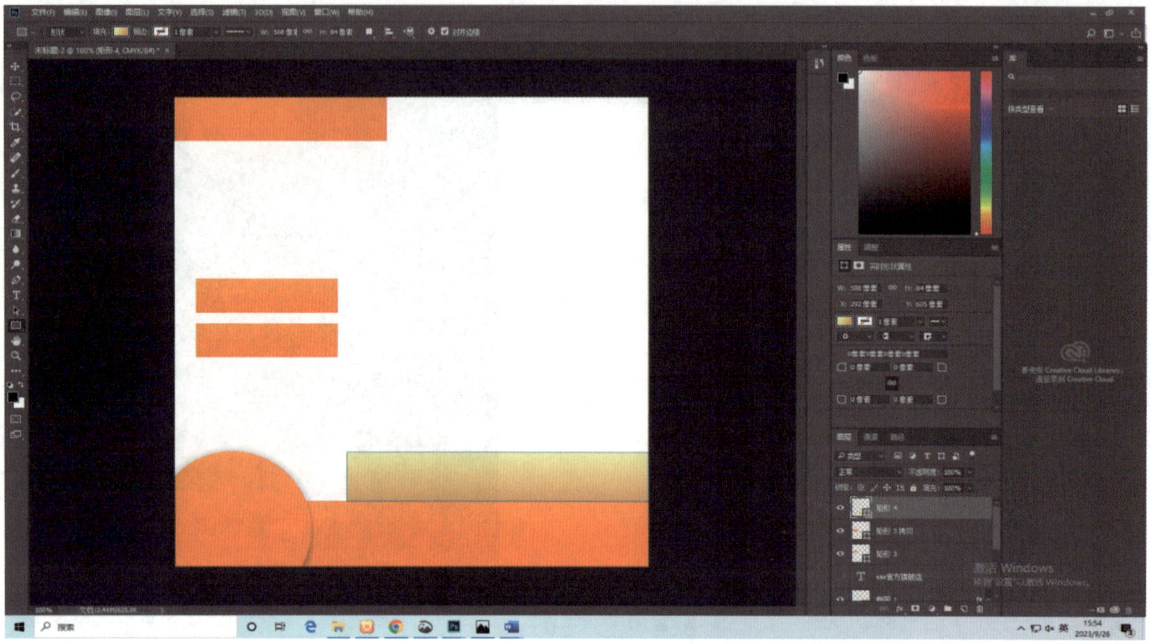

图 3-18　创建矩形工具

步骤 6：选择文字工具，输入“××× 官方旗舰店”，字体为微软雅黑，文字大小为 48 点，文字颜色为 #ffffff，如图 3-19 所示。

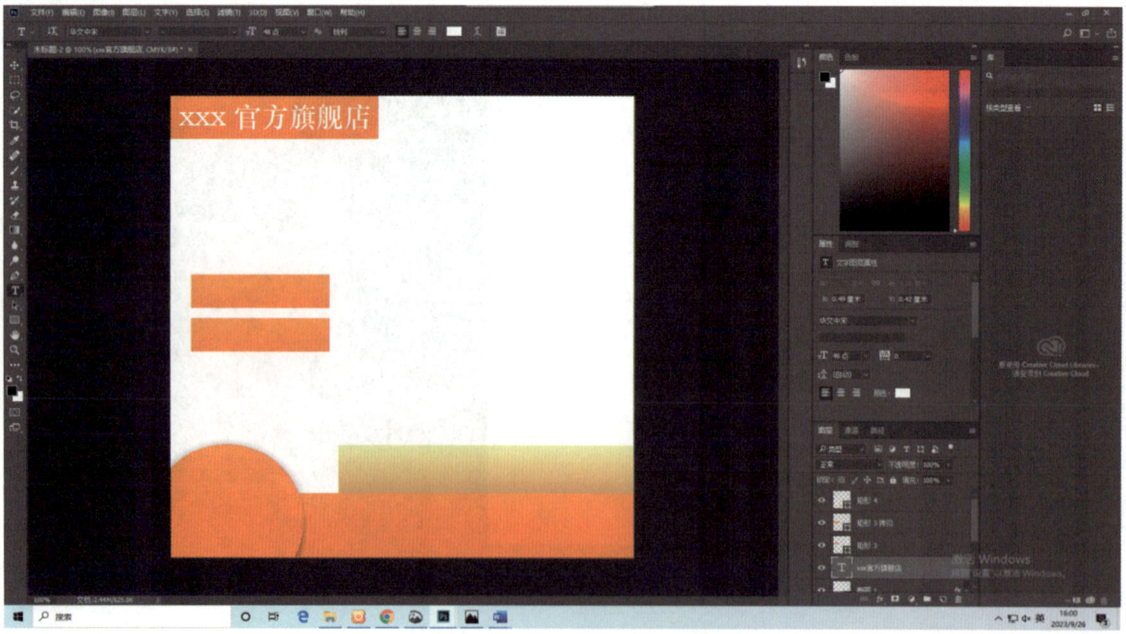

图 3-19　创建文字工具

步骤 7：输入“下单优惠 1000 元”，字体为微软雅黑，文字大小为 48 点，文字颜色为 #ff0000，文字间距为 50，如图 3-20 所示。

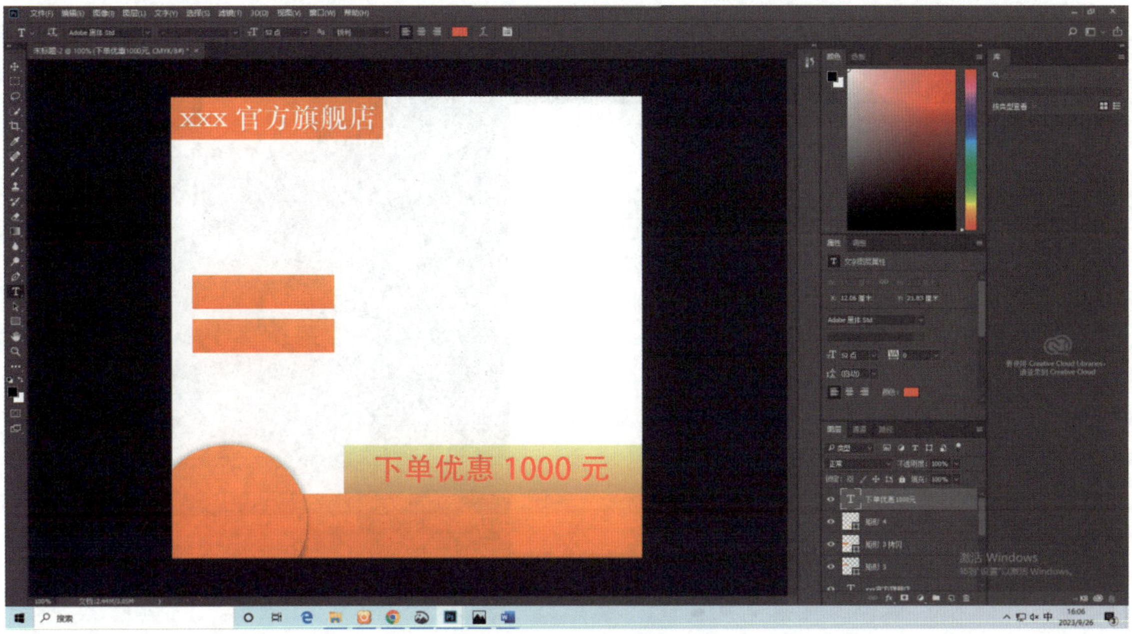

图 3-20 填写文案

步骤 8：输入文字“咨询客服享多重惊喜！”，字体为微软雅黑，文字大小为 48 点，文字颜色为 #ffffff，如图 3-21 所示。

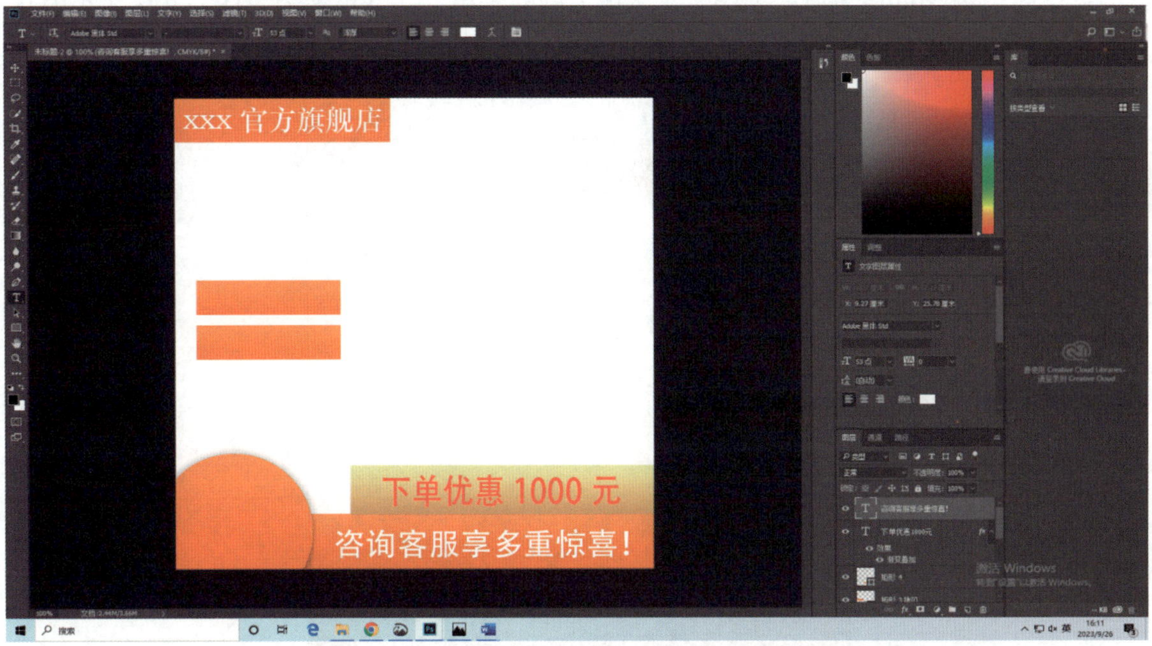

图 3-21 输入文字信息

步骤 9：输入“• 买 5 斤即送 5 斤 •”“• 秭归脐橙甜橙 •”，字体为微软雅黑，文字大小为 30 点，文字粗细为正常、浑厚，文字颜色为 #ffffff，如图 3-22 所示。

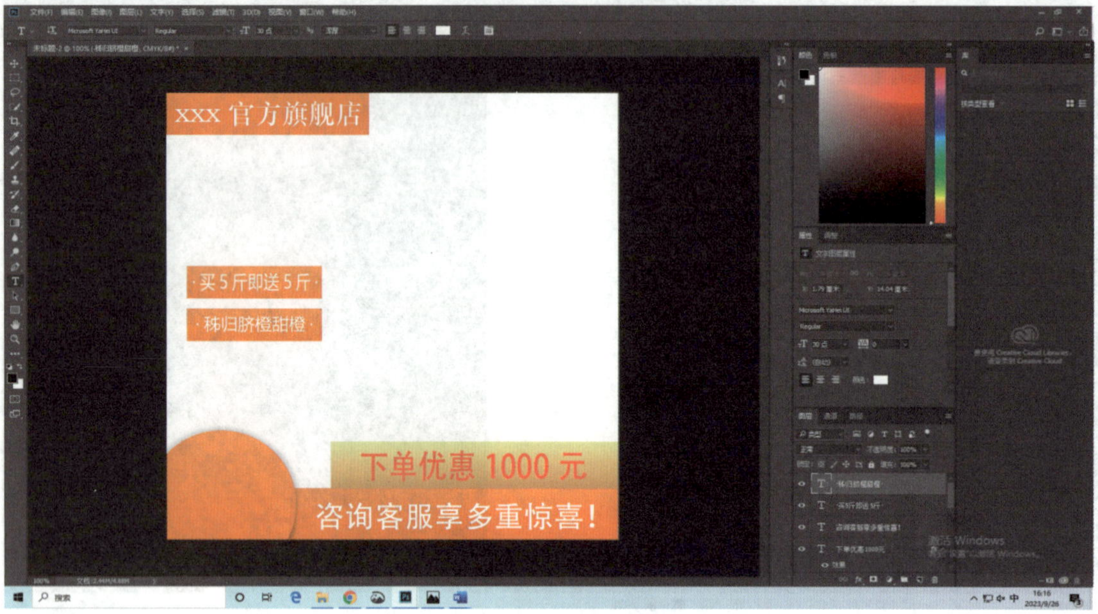

图 3-22　输入产品特点

步骤 10：选择文字工具，输入“晒图奖励价：”，字体为微软雅黑，文字大小为 30 点，文字粗细为正常，文字颜色为 #ffffff。输入“￥”和“元”，字体为微软雅黑，文字大小为 24 点，文字粗细为正常，文字颜色为 #ffffff。输入“29.9”，字体为微软雅黑，文字粗细为黑体，文字大小为 90 点，颜色渐变叠加 #f3f5c9、#f1e09e、#e6ce77，如图 3-23 所示。

图 3- 23　输入奖励价格

步骤 11：输入“收藏送剥橙器”，字体为微软雅黑，文字大小为 72 点，文字粗细为正常，如图 3-24 所示。

图 3- 24 输入收藏赠送文字

步骤 12：打开素材文件，置入产品图，如图 3-25 所示。

图 3- 25 置入产品图片

3.1.4 质量检查及验收

（1）质量检查。

对制作出的“秭归脐橙”农产品主图进行检查校对，并将信息填入质量检查表，见表 3-3。

表 3-3 农产品主图制作质量检查表

检查项目：农产品主图制作			
检查序号	检查项目	根据完成情况勾选相应选项	改进措施
1	图片尺寸	□正确 □ 不正确	
2	文件名称	□正确 □ 不正确	
3	文件大小	□正确 □ 不正确	
4	文案整理	□准确 □一般 □不准确	
5	文案字体	□合理 □一般 □不合理	
6	文案字号	□合理 □一般 □不合理	
7	文案排版	□合理 □一般 □不合理	
8	产品抠图	□突出 □一般 □不突出	
9	版式设计	□合理 □一般 □不合理	
10	色彩搭配	□合理 □一般 □不合理	
11	模块选择	□合理 □一般 □不合理	

（2）交接验收。

根据任务工作情境进行解说，展示“秭归脐橙”农产品产品主图完成效果，逐项核对任务要求，完成交接验收，并填写验收表，见表 3-4。

表 3-4 农产品主图制作验收表

验收内容：农产品主图制作验收				
序号	验收项目	验收要求	验收情况	整改措施
1	海报定位	（1）海报定位明确，客户一眼能知道商家想要表达的是专题活动还是产品推广销售； （2）产品定位是促销亲民还是高端大气；海报与投放位置周围氛围协调一致	□通过 □不通过	
2	海报风格	（1）海报风格明确，符合活动的要求或者产品的属性； （2）与店铺风格协调、统一	□通过 □不通过	
3	海报背景	（1）几张实景图合成自然，光效合理； （2）海报背景与活动主题或活动产品相互映衬，做到主题突出	□通过 □不通过	
4	产品展示	（1）产品无变形； （2）摆放符合常识； （3）产品光影效果合理	□通过 □不通过	
5	海报色彩	（1）海报主色调契合活动主题； （2）主色调与产品色彩协调统一或形成鲜明对比，能突出产品品质和产品卖点	□通过 □不通过	
6	海报品质	（1）海报要清晰，不能模糊，画面有美感； （2）为了丰富画面添加一些装饰元素（非必需项）； （3）画面上所有物体光效自然、合理； （4）尺寸宽 1920 像素，高度根据实际内容来定； （5）文件名规范，保存图片时需要保存两种格式：jpg 和 psd； （6）文件大小在规定范围内，小于 2MB	□通过 □不通过	
7	侵权行为	（1）图片素材无侵权行为； （2）字体无侵权行为	□通过 □不通过	
8	客户验收情况	□合格 □较好，有待改进 □不合格	客户签字	客户签字

小结

（1）设计前应分析农产品的特点，让消费者了解产品外观的同时，从产品的属性向消费者展示其卖点。

（2）主图设计与主色风格统一，大多数情况主图主色取自产品本身，与产品高度关联。

（3）主图的模块字体应统一，一级标题、二级标题的字体、字号条例分明，环环相扣。

同步实训

【情景描述】

小余家的另一款爆款水果清江椪柑即将于冬日上新，请以冬日上新为主题，制作清江椪柑的五张主图，主图应突出产地优势，结合“绿水青山就是金山银山”的理念，融入营销元素，整体风格清新、自然，突出产品特点，如图 3–26 所示。

图 3–26　主图示例

【实训内容】

根据某地农产品的属性，完成产品信息表，见表 3-5。

表 3-5　产品信息表

序号	项目	项目属性值	备注
1	产品编号		网店内产品的编号
2	产品名称		水果名称
3	所属产品分类		必填项
4	型号		产品代码
5	品牌		必填项
6	产地		必填项
7	包装方式		必填项
8	配送频次		必填项
9	特产品类		必填项
10	水果种类		必填项
11	净含量		必填项
12	生鲜储存温度		必填项
13	单果重量		必填项
14	厂名		必填项
15	保质期		必填项
16	产品图片		必填项

分组整理和讨论“清江椪柑”主图的制作要点，进行主图主题、风格、文案、模块、构图、色彩以及附加价值等方面的构思，完成主图制作计划表，见表 3-6。

表 3-6　清江椪柑第一张到第五张主图制作计划表

序号	项目	项目属性值	备注
1	产品编号		网店内产品的编号
2	产品名称		
3	制作大致要求		（1）产品主图产品 + 卖点； （2）主图背景符合产品衬托，和产品相互辉映，做到主次分明，画面有美感； （3）产品 logo 在左上角位置； （4）产品本身要突出、清晰，不能模糊； （5）产品修图处理过以后和实物并且与详情页一致； （6）第五张主图为白底
4	主图风格		（1）主图风格明确，符合活动的要求和产品的属性； （2）与店铺风格协调、统一
5	主图文案		（1）主标题、副标题、利益点等文案明确； （2）分别注明字体及其大小； （3）活动主题或产品主要卖点醒目； （4）文案内容精练； （5）字体不要超过三种

表 3-6 清江椪柑第一张到第五张主图制作计划表（续表）

序号	项目	项目属性值	备注
6	图文布局		（1）画出草图； （2）注明何种构图方式
7	色彩		背景主色调与活动主题或活动产品相互映衬，做到主次分明
8	主图文件		（1）整理素材文件； （2）规范文件名
9	绘图		（1）尽量选择高清大图； （2）作图中要创建一个新样式图形或者添加文字时都需要先新建图层； （3）把抠好的素材从一个文件插入另一个文件，需要选择转化为智能对象，避免图片模糊； （4）主图设计颜色不要超过三种； （5）保存图片时需要保存两种格式：jpg 和 psd
10	尺寸		（1）尺寸 800×800 像素； （2）图片大小不超过 3M
11	作图环境	Photoshop 软件	
12	作图地点	美工工作室	
13	作图时间		参照格式：2023-01-01
14	作图数量		参照格式：4 张 +1 张
15	作图人员		
16	使用拍摄素材		拍摄产品素材图片 注明：数量、文件名
17	注意事项	（1）搜集参照素材时，不访问来历不明网站； （2）规避素材图片、字体的侵权行为	

以团队为单位，根据产品的特点进行创意设计，提升用户浏览时间，提高页面转化率。运用相关图形图像处理软件对拍摄的产品进行主图的制作，突出产品卖点。

表 3-7 学生自我总结

任务名称：农产品主图制作总结					
团队名称：					
姓名		学号		日期	
1. 任务描述 小余家的另一款爆款清江椪柑即将于冬日上新，请以冬日上新为主体，制作清江椪柑的主图，主图应突出产地优势，结合“绿水青山就是金山银山”的理念，融入营销元素，整体风格清新、自然，突出产品特点					
2. 任务实施过程 请记录农产品主图制作的具体过程。 （1）第一张主图： （2）第二张主图： （3）第三张主图： （4）第四张主图： （5）第五张主图：					
3. 任务总结 请写出在主图制作过程中遇到的困难和解决方法					

任务 3.2　数码产品主图视觉设计与制作

学习目标

【知识目标】

（1）了解数码产品主图的模块排序逻辑。

（2）熟悉数码产品主图的设计方法。

【技能目标】

（1）能使用图形图像处理软件绘制背景纹路凸显产品。

（2）能使用图形图像处理软件对数码产品主图进行设计。

（3）能使用图形图像处理软件对主图的文案信息进行排版。

（4）能使用图形图像处理软件对数码产品的价值进行展示。

【素养目标】

（1）主图设计应符合《中华人民共和国电子商务法》《中华人民共和国广告法》的要求，全面、准确地展现产品或服务信息，不得欺骗误导消费者。

（2）培养学生的营销思维，能符合逻辑设计产品主图。

【思政目标】

（1）让学生在挖掘数码产品的技术创新点过程中，明白科技的重要性。

（2）在文案撰写时追求实事求是，不夸大功能，不误导消费者。

工作情景描述

小郭是某数码产品公司的淘宝旗舰店的视觉设计师，公司即将推出一款无线充电宝，公司主管运营的经理找到小郭，要求其设计时尚、大气、具有科技风格的产品主图，并在主图中体现产品的高科技和好品质。小郭经过市场调研和客户需求分析，决定使用淡蓝色的冷色调作为背景，着力细节刻画，突出充电宝技术创新点和品质。

3.2.1　明确任务和知识准备

数码产品主图要清晰地展现产品的全貌，这样不仅能够增强产品的立体感，而且可以吸引感兴趣的买家下单购买。一个角度合适的图片，能够让产品更加真实和生动。产品的主图包括构图方式、背景和文字排版。

（1）主图设计的尺寸。

做主图的设计之前一定要明确主图尺寸要求，以淘宝平台上主图规范为例，淘宝网规定五张主图的图片大小不超过 3M，尺寸为 700×700 像素以上，格式可以为 png、jpg、jpeg。第五张主图要求白底图，尺寸为 800×800 像素、分辨率为 72 像素 / 英寸，白色背景，构图方式为居中对齐和画布撑满，图片为jpg格式白底图或png格式透明图。第五张主图的主题不要牛皮癣拼图水印，透明主体保证没有毛边。

（2）数码产品主图的设计原则。

数码产品主图要达到美观、吸引客户注意力并产生转化的效果，就要对产品主图的主题、风格、构图和配色等方面进行综合考虑。

①主题突出。

数码产品主图中的主题都应该围绕产品的特征。一般情况下，数码产品主图可以通过简洁精练的文字搭配主体产品来表现，并将文字放置在主图的第一视觉点，让客户直观地看到数码产品主图需要传达的重要信息。

②风格明确。

数码产品风格大多是简约、时尚大气或传统典雅等。确定产品主图的风格既可以根据产品属性来定，也可以根据营销活动如节日促销等其他因素来定。数码产品主图的风格要和整个网店风格相协调、统一。

③构图合理。

影响产品主图构图的因素很多，主要根据消费者喜好来选择合适的构图方式。在电商平台上，数码产品主图的构图方式也是多种多样的，主要有直线式构图、三角式构图、对角式构图、渐次式构图、辐射式构图、框架式构图。

④色调统一。

色彩是主要的视觉元素，色彩的选择主要由产品的特征和消费者喜好决定。数码产品在配色时，重要的文字信息应该用突出醒目的颜色进行强调，可通过明暗对比和颜色搭配来确定产品主图的整体风格。在进行产品主图配色时，不要使用三种以上的色彩，以免画面显得杂乱。

（3）构图方式。

①直线式构图。

数码产品一般为标品。标品是指规格化的产品，可以有明确的型号等，比如笔记本、手机、电器、美妆品。日常的消费者对于数码产品有基本的认知和了解，标品的主图通常就是产品的引流口。大多数消费者都熟悉标品逻辑，对产品有一定的了解，主图排序只需便于阅读即可。

直线式构图要求产品形状具有一定的规则性，并且通过直线式排列可以整齐美观地展现出产品。以充电宝为例，充电宝的外观是规则的，可以将充电宝不同的颜色和规格通过并列对比展示给消费者。消费者在主图上就可以做出充电宝颜色或规格的选择，大大地提高产品的转化率（图 3-27）。

图 3-27 数码产品的直线式构图

②三角式构图。

三角式构图对于数码产品而言，其展现形式有正三角式和倒三角式构图。将数码产品进行三角式构图，主要是展示产品的多种颜色和规格，这样的构图效果会让数码产品展示丰富和醒目（图 3–28）。

图 3–28　数码产品的三角式构图

图 3–29　数码产品的对角式构图

③对角式构图。

对角式构图是将产品摆放在对角线上，这样的摆放角度可以突出产品的立体感、延伸感和动感。数码产品运用对角式构图，主要是展现其外观的时尚性，对角摆放形成的纵深，更加能够带给消费者视觉冲击力（图 3–29）。

④渐次式构图。

渐次式构图也是数码产品主图运用的构图方式之一，是将多个数码产品排列为渐次式的阵列，增强数码产品的空间感。通常情况下，将数码产品由大到小，由主到次地摆放，增加纵深感，并且运用透视景深效果，能够体现出产品的多样性（图 3-30）。

图 3–30　数码产品的渐次式构图

图 3-31 数码产品的辐射式构图

⑤辐射式构图。

辐射式构图的视觉冲击力最强，向外扩张的线条给人以动态感，增强了画面的张力，凸显发散的数码产品主体重心。如图 3-31 中充电宝的辐射式构图，呈放射性发散，主题突出。

（4）主图背景。

设计数码产品主图时需要遵循标品的逻辑和挖掘数码产品卖点，也就是需要根据数码产品和活动本身来选择合适的背景。数码产品主图的背景可以选用纯色背景、场景背景、渐变背景及图形背景。

①纯色背景。

数码产品主图运用纯色背景的情况比较多，一般为白色，或一种单独的颜色，或是两种不同颜色的拼贴，或是同一色系的颜色组合（图 3-32）。

页面中的色彩是浏览者对数码产品最直观的了解，也是网店统一风格的重要组成部分。一个主图能否在众多产品主图中吸引买家注意，往往取决于设计者设计主图时色彩运用是否得当。

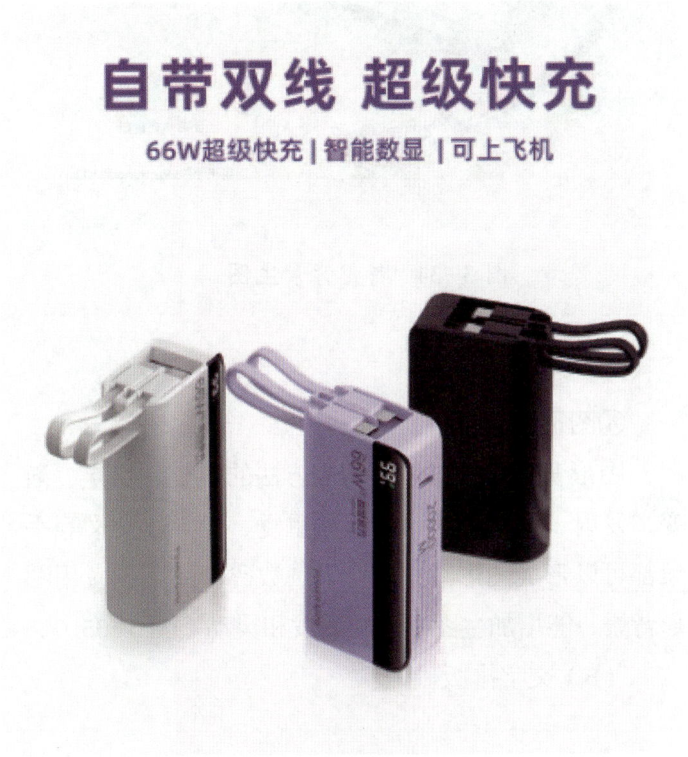

图 3-32 纯色背景主图

②场景背景。

单纯地展示数码产品主体或数码产品特写会显得单调乏味，因此应用场景背景可以增加主图的美观性，向消费者介绍数码产品应用的场景。图 3-33 中充电宝的背景为海滩，向消费者传达了海边度假的充电宝应用场景。

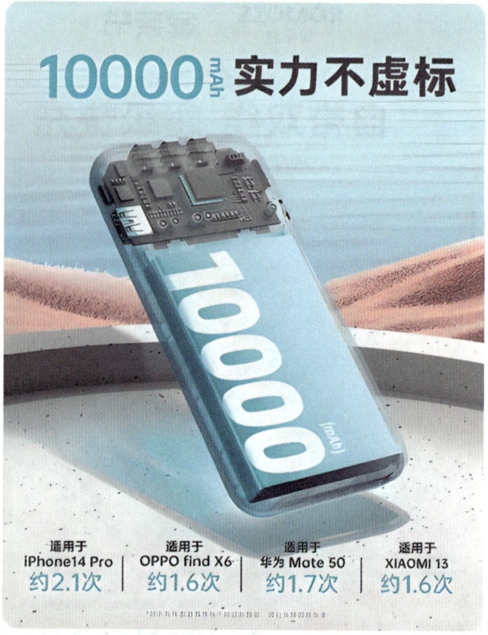

图 3-33 场景背景主图

③渐变背景。

数码产品主图应用渐变背景，主要原因是色彩渐变是由一种颜色渐渐过渡到另一种颜色，能给消费者很强的节奏感和审美情趣。常见的色彩渐变可以分为深色渐变和浅色渐变。深色渐变使背景画面丰富多彩；浅色渐变背景点缀白色底，给人清爽、活泼的感觉（图 3-34）。

图 3-34 渐变背景主图

④图形背景。

图形背景是根据平面构成方法的重复、特异、渐变、发射、空间和对比，运用重复、变异、交叉等手绘都可以形成图形图案的背景。数码产品主图应用图形背景，能增加主图画面的活泼和灵动（图 3-35）。

（5）文字排版。

图 3-35 图形背景主图

消费者在浏览数码产品的主图时，对产品的价格和质量最为关注。在产品主图的文案中，可以加入多种促销方式。

①产品的折扣或直降：以低价和折扣来吸引消费者。

②店铺的红包满减：以店铺的主题活动吸引消费者凑单购买，提升客单价。

③满额赠品营销：以礼物、赠品给消费者利益，促使消费者下单。

在数码产品主图的制作中，默认字体总体来说用得不多，中文黑体、微软雅黑、自定义字体等用得较为频繁。

在数码产品的产品构图中，字体种类不要超过三种。字体种类在三种以内，构图版面雅致、有稳重感（图 3-36）；反之，则显得格式不统一和杂乱。

图 3-36 文字排版

根据数码产品的主图风格、文字字体的特性和使用类型，文字的设计风格分为下列几种。

第一，稳重挺拔型。字体造型规整，富有力度，给人以简洁爽朗的现代感，有较强的视觉冲击力。这种类型的字体，适合于机械科技等主题。

第二，活泼有趣型。字体造型生动活泼，有鲜明的节奏韵律感，色彩丰富明快，给人以生机盎然的感受。这种类型的字体适用于儿童用品、运动休闲、时尚产品等主题。

①字号。

数码产品的字号根据版面的实际情况来决定。字号越大，受众的阅读速度会放慢，当然文字的关注度也会增加，除了文字本身涵盖的信息以外，文字被放大时，笔画的细节就越来越明显，受众的注意力就会从对每个字的“点”的层面慢慢放大。字号大小可以使用磅（point）或像素（pixel）来确定。

在数码产品构图设计排版时，大号的字体更能瞬间吸引眼球，是产品构图的主焦点所在，能体现产品卖点的文字大多用大号字体。其他内容的字号搭配也应该在多层次的主次信息上运用，字号大小需要有对比。

以某品牌充电宝的主图文字排版为例，较大的字体可以用于卖点和其他需要强调的地方，小一些的字体可以用于次要信息或辅助信息，“自带 4 线”“出门不用带线”是卖点，字号最大；中间的“Type-C 接口双向快充”是产品特性介绍，字号居中；“输出 / 输入”“20W 版本”是辅助内容，字号最小（图 3-37）。

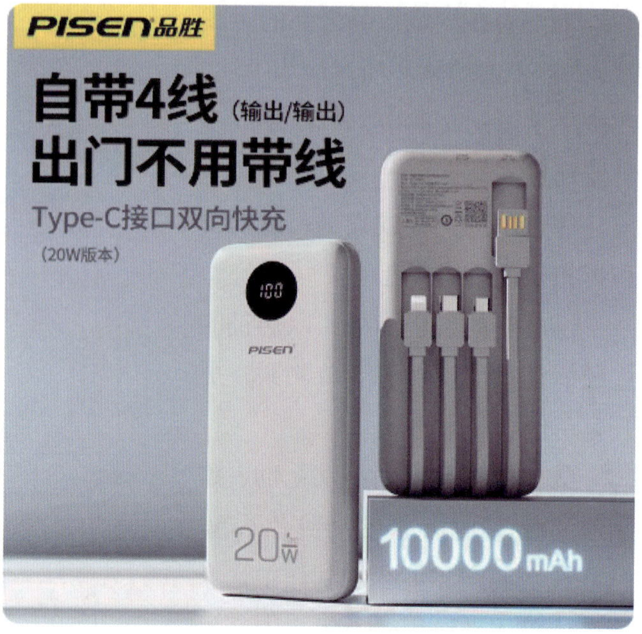

图 3-37　字号设置

②行距与字间距。

数码产品构图中可根据汉字的书法法则中的“行气”概念。“行气”就是一整行字体带来的感觉，与字间距有着千丝万缕的关系。行气能形成一条线，也就是平面构成中“线”元素的作用。例如，图 3-38 中的字之间设置了一定的间距，阅读效果就很好。

图 3-38　字体行距

3.2.2　制订计划

本任务要求设计五张时尚大气、科技风格的数码产品主图。在教学做一体化训练中，以无线充电宝为例，通过相应的工作流程、操作步骤训练，更好地掌握数码产品类典型的主图制作方法。设计过程中注意事项如下。

（1）产品主图有视觉冲击力，设计色调搭配协调，与店铺整体风格统一。

（2）产品规格信息充分，排版规范。

（3）产品主图能突出产品的特点及卖点，具体内容与产品相关度高，且简洁明了。

（4）产品主图图片尺寸为 700×700 像素以上。

（5）通常情况下，图片为 jpg 格式。

在产品主图制作过程中，主图的制作和模块的选择尤其重要。首先要求填写数码产品主图制作计划表，明确需要用到哪些素材和各环节的设计制作要点，见表 3-8。

表 3-8 数码产品主图制作计划表

序号	项目	项目属性值	备注
1	产品编号		网店内产品的编号
2	产品名称		无线充电宝
3	制作大致要求		（1）产品主图产品 + 卖点； （2）主图背景符合产品衬托，和产品相互辉映，做到主次分明，画面有美感； （3）产品 logo 在左上角位置； （4）产品本身要突出、清晰，不能模糊； （5）产品修图处理过以后和实物并且与详情页一致； （6）第五张主图为白底
4	主图风格		（1）主图风格明确，符合活动的要求和产品的属性； （2）与店铺风格协调、统一
5	主图文案		（1）主标题、副标题、利益点等文案明确； （2）分别注明字体及其大小； （3）活动主题或产品主要卖点醒目； （4）文案内容精练； （5）字体不要超过三种
6	图文布局		（1）画出草图； （2）注明何种构图方式
7	色彩		背景主色调与活动主题或活动产品相互映衬，做到主次分明。
8	主图文件		（1）整理素材文件； （2）规范文件名
9	绘图		（1）尽量选择高清大图； （2）作图中要创建一个新样式图形或者添加文字时都需要先新建图层； （3）把抠好的素材从一个文件插入另一个文件，需要选择转化为智能对象，避免图片出现模糊； （4）主图设计颜色不要超过三种； （5）保存图片时需要保存两种格式：jpg 和 psd
10	尺寸		（1）尺寸 800×800 像素； （2）图片大小不超过 3M
11	作图环境	Photoshop 软件	
12	作图地点	美工工作室	
13	作图时间		参照格式：2023-01-01
14	作图数量		参照格式：4 张 +1 张
15	作图人员		
16	使用拍摄素材		拍摄产品素材图片 注明：数量、文件名
17	注意事项	（1）搜集参照素材时，不访问来历不明网站； （2）规避素材图片、字体的侵权行为	

3.2.3 教学做一体化训练

数码类主图需要结合数码产品的特点类型、店铺的营销方案等进行制作。本任务根据计划表制作数码主图的五张主图。下面以数码产品第一张主图为例，介绍主图制作过程，其他四张主图制作参照此步骤。

【具体步骤】

步骤 1：新建一个 800×800 像素的透明背景画布。新建图层，将画笔大小调整至 3 像素，画笔颜色设置为 #c0d3f1，选择钢笔工具，绘制出任意曲线，右键单击选择描边路径，点击模拟压力，对图案进行选区，编辑→自定义→画笔预设，依照图 3-39 参数调整。

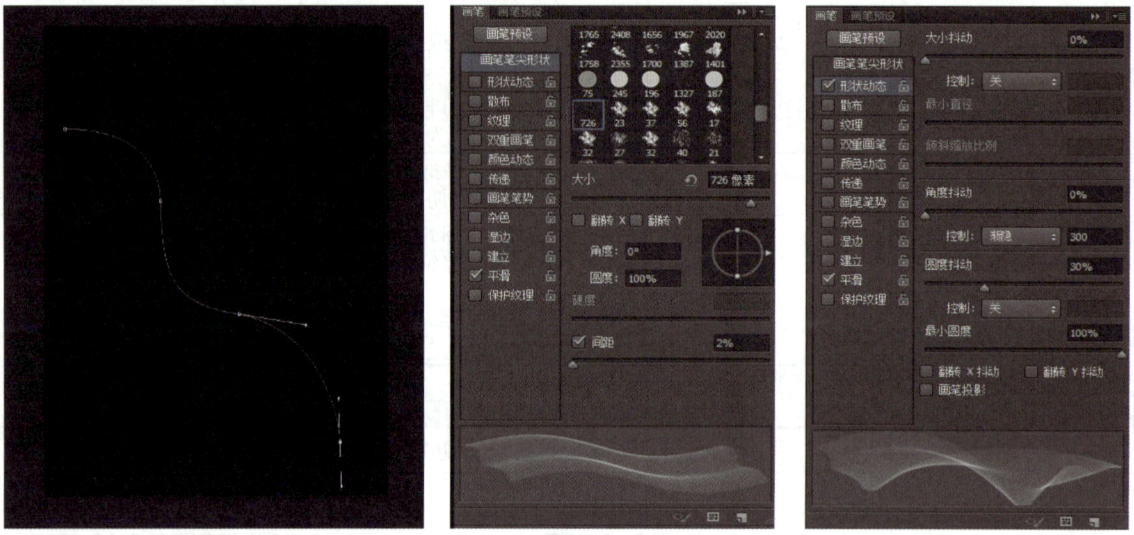

图 3-39 绘制曲线

步骤 2：画布背景填充为 #dfe8ef。

步骤 3：新建图层，利用前面制作的画笔将背景图案画出，如图 3-40 所示。

图 3- 40 设置图案背景

步骤 4：拖动垂直参考线置 400 像素的位置，选择圆角矩形工具，颜色填充 #6181aa，半径为 300 像素。新建图层，选择矩形选框工具进行拖拽，选择整个画布，右键→描边→宽度为 25 像素，颜色填充 #6181aa，如图 3-41 所示。

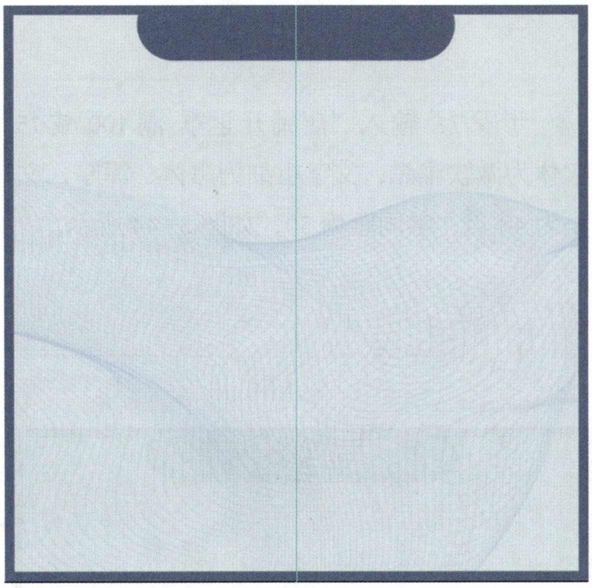

图 3-41 创建矩形工具

步骤 5：选择椭圆工具，在右下角画一个圆，颜色填充 #6181aa，再按【Ctrl+J】键复制一个圆，按住【Ctrl+T】键进行缩小，颜色填充 #c0d3f1，如图 3-42 所示。

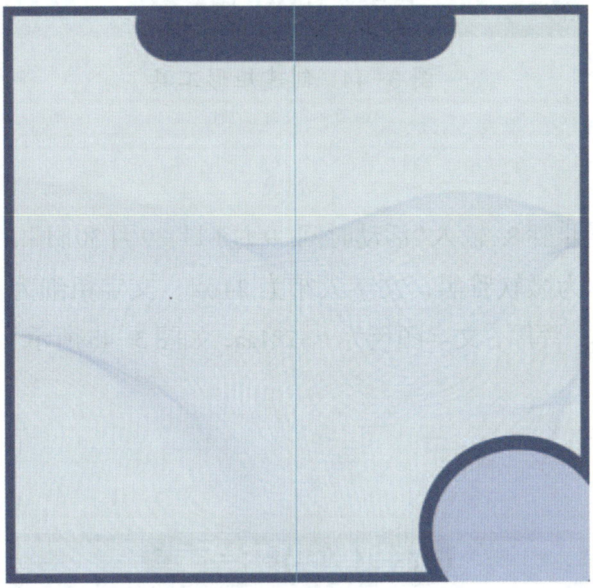

图 3-42 创建椭圆工具

步骤 6：选择矩形工具，绘制如图 3-43 所示，颜色深的话，填充 #6181aa，颜色浅的话，填充 #c0d3f1。

图 3-43 创建矩形工具

步骤 7：输入“店铺开学季 满 100 减 15”，字体为微软雅黑，文字粗细为黑体、浑厚，文字大小为 48 点，字间距为 50，如图 3-44 所示。

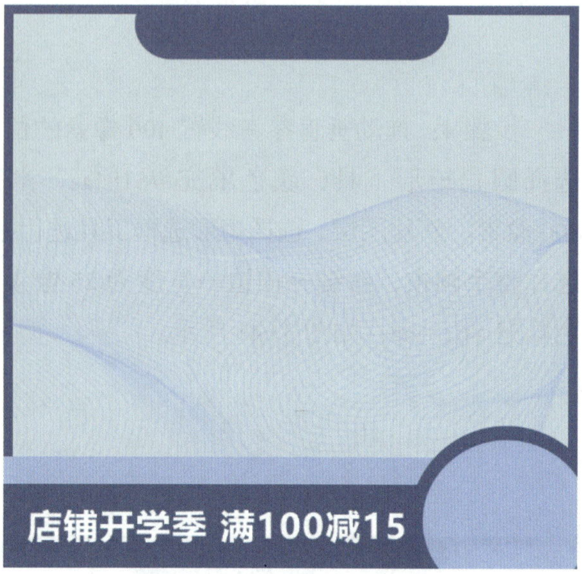

图 3-44 创建矩形工具

步骤 8：输入“活动时间：9 月 1 日 -9 月 30 日”，字体为微软雅黑，文字大小为 24 点，文字粗细为黑体、浑厚，文字颜色为 #6181aa，如图 3-45 所示。

图 3-45 设置相应的文字

步骤 9：输入“活动优惠价”，文字大小为 24 点，输入“￥89.9”，文字大小为 50 点，字体均为微软雅黑，文字粗细均为黑体、浑厚，文字颜色均为 #6181aa。在顶部标出店铺名称和活动名称，输入“佳越数码 | 开学季”，字体为微软雅黑，文字大小为 42 点，文字粗细为黑体、浑厚，文字颜色为 #ffffff，如图 3-46 所示。

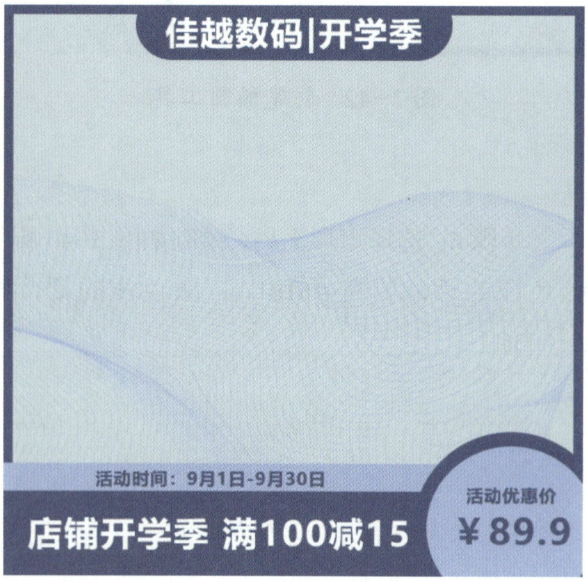

图 3-46 设置相应的文字

步骤 10：绘制三个圆角矩形，颜色填充 #6181aa。分别输入“极速快充”“MINI 体积”“一贴即充”，字体为微软雅黑，文字大小为 30 点，文字粗细为黑体、浑厚，文字颜色为 #ffffff。输入“品牌无线充电宝”，文字大小为 60 点，字体为微软雅黑，文字粗细为黑体，如图 3-47 所示。

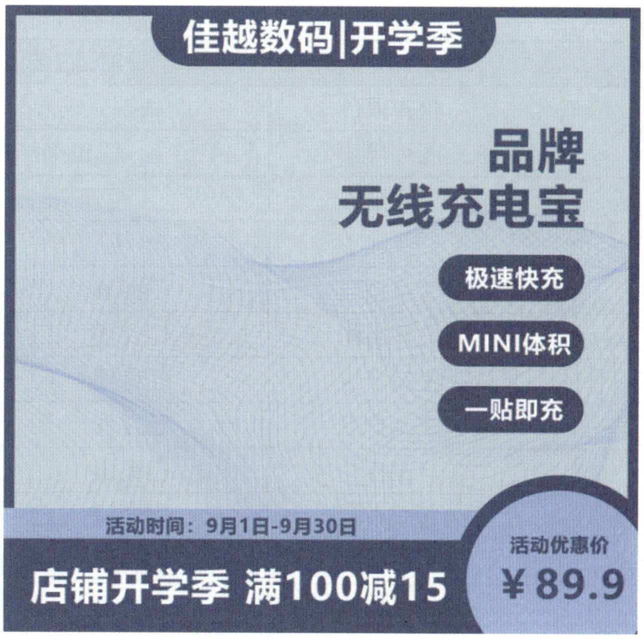

图 3-47 设置产品卖点

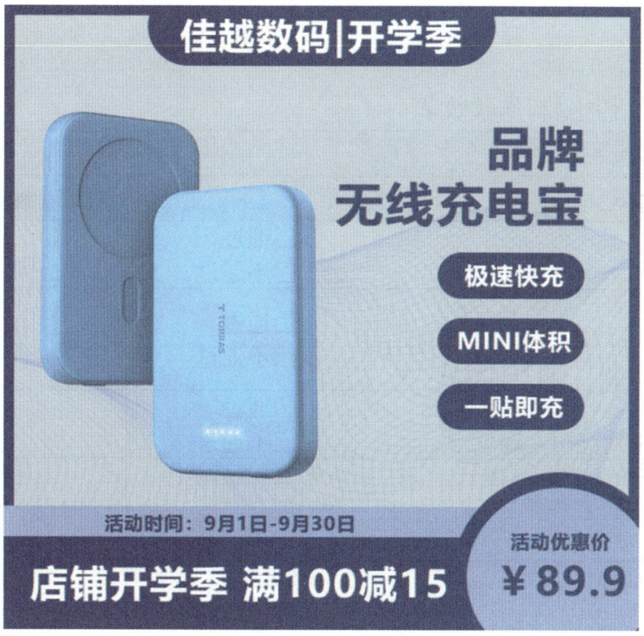

图 3-48 置入产品图片

步骤 11：置入产品，调整产品的位置与产品名称和特点达到版式平衡，如图 3-48 所示。

3.2.4 质量检查及验收

（1）质量检查。

对制作出的“无线充电宝”的数码类产品主图进行检查校对，并将信息填入质量检查表，见表 3-9。

表 3-9　数码类产品主图制作质量检查表

检查项目：数码产品主图制作			
检查序号	检查项目	根据完成情况勾选相应选项	改进措施
1	图片尺寸	□正确　□ 不正确	
2	文件名称	□正确　□ 不正确	
3	文件大小	□正确　□ 不正确	
4	文案整理	□准确　□一般　□不准确	
5	文案字体	□合理　□一般　□不合理	
6	文案字号	□合理　□一般　□不合理	
7	文案排版	□合理　□一般　□不合理	
8	产品抠图	□突出　□一般　□不突出	
9	版式设计	□合理　□一般　□不合理	
10	色彩搭配	□合理　□一般　□不合理	
11	模块选择	□合理　□一般　□不合理	

（2）交接验收。

根据任务工作情境进行解说，展示“无线充电宝”数码类产品主图完成效果，逐项核对任务要求，完成交接验收，并填写验收表，见表 3-10。

表 3-10　数码类产品主图制作验收表

验收内容：数码类产品主图制作验收				
序号	验收项目	验收要求	验收情况	整改措施
1	主图定位	（1）定位明确，风格独特； （2）产品与背景氛围协调一致	□通过 □不通过	
2	主图风格	（1）风格明确，符合活动的要求或者产品的属性； （2）文案和图片渲染意境； （3）产品突出、清晰，光影处理得当	□通过 □不通过	
3	五张主图	（1）实景图合成自然，光效合理； （2）主图背景与产品相互映衬，做到突出主题	□通过 □不通过	
4	产品卖点	（1）通过文案和图片精准描述用户的需求点； （2）渲染已经满足顾客需求； （3）标题层次正确	□通过 □不通过	
5	规格信息	（1）排版合理，一级标题、二级标题字号合适； （2）能用色块和渐变突出文案信息	□通过 □不通过	
6	尺寸大小	（1）主图清晰，不模糊，画面有美感； （2）为了丰富画面添加一些装饰元素（非必需项）； （3）画面上所有物体光效自然、合理； （4）尺寸 800×800 像素； （5）文件名规范，保存图片时需要保存两种格式：jpg 和 psd； （6）文件大小在规定范围内，小于 2MB	□通过 □不通过	
7	侵权行为	（1）图片素材无侵权行为； （2）字体无侵权行为	□通过 □不通过	
8	客户验收情况	□合格 □较好，有待改进 □不合格	客户签字	客户签字

小结

（1）设计前应分析数码产品的特点，让消费者了解产品外观的同时，从产品的属性向消费者展示其卖点。

（2） 主图设计与主色风格统一，大多数情况主图主色取自产品本身，与产品高度关联。

（3）主图的模块字体应统一，一级标题、二级标题的字体、字号条例分明，环环相扣。

同步实训

【情景描述】

完成数码产品手持稳定器的五张主图，请提取手持稳定器的主要卖点，主图应突出产品主要卖点，体现产品技术含量和创新点，融入营销元素，如图 3-49 所示。

图 3-49 主图示例

【实训内容】

根据某手持稳定器产品的属性，完成产品信息表，见表 3-11 。

表 3-11 产品信息表

序号	项目	项目属性值	备注
1	产品编号		网店内产品的编号
2	产品名称		手持稳定器
3	所属产品分类		必填项
4	型号		产品代码
5	品牌		必填项
6	产地		必填项
7	云台类型		必填项
8	使用方式		必填项
9	稳定器重量		必填项
10	最大承重		必填项
11	稳定器材质		必填项
12	云台充电接口		必填项
13	稳定器尺寸		必填项
14	电池类型		必填项
15	电池容量		必填项
16	电池续航时间		必填项
17	充电时间		必填项
18	电压		必填项

分组整理和讨论“手持稳定器”主图产品卖点的制作要点，进行某手持稳定器主图的主题、风格、文案、模块、构图、色彩以及附加价值等方面的构思，完成产品主图制作计划表，见表 3-12。

表 3-12 数码产品主图制作计划表

序号	项目	项目属性值	备注
1	产品编号		网店内产品的编号
2	产品名称		手持稳定器
3	制作大致要求		（1）产品主图产品 + 卖点； （2）主图背景符合产品衬托，和产品相互辉映，做到主次分明，画面有美感； （3）产品 logo 在左上角位置； （4）产品本身要突出、清晰，不能模糊； （5）产品修图处理过以后和实物并且与详情页一致； （6）第五张主图为白底
4	主图风格		（1）主图风格明确，符合活动的要求和产品的属性； （2）与店铺风格协调、统一
5	主图文案		（1）主标题、副标题、利益点等文案明确； （2）分别注明字体及其大小； （3）活动主题或产品主要卖点醒目； （4）文案内容精练； （5）字体不要超过三种
6	图文布局		（1）画出草图； （2）注明何种构图方式

表 3-12　数码产品主图制作计划表（续表）

序号	项目	项目属性值	备注
7	色　彩		背景主色调与活动主题或活动产品相互映衬，做到主次分明
8	主图文件		（1）整理素材文件； （2）规范文件名
9	绘　图		（1）尽量选择高清大图； （2）作图中要创建一个新样式图形或者添加文字时都需要先新建图层； （3）把抠好的素材从一个文件插入另一个文件，需要选择转化为智能对象，避免图片出现模糊； （4）主图设计颜色不要超过三种； （5）保存图片时需要保存两种格式：jpg 和 psd
10	尺　寸		（1）尺寸 800×800 像素； （2）图片大小不超过 3M
11	作图环境	Photoshop 软件	
12	作图地点	美工工作室	
13	作图时间		参照格式：2023-01-01
14	作图数量		参照格式：4 张 +1 张
15	作图人员		
16	使用拍摄素材		拍摄产品素材图片 注明：数量、文件名
17	注意事项	（1）搜集参照素材时，不访问来历不明网站； （2）规避素材图片、字体的侵权行为	

以团队为单位，根据产品便携、稳定的特点进行卖点的提取，突出产品的技术含量和创新点。运用相关图形图像处理软件对拍摄的产品进行主图的制作，通过主图的吸引力，让消费者信任产品，最终促成购买。

表 3-13　学生自我总结

<table>
<tr><th colspan="6">任务名称：数码产品主图制作总结</th></tr>
<tr><td colspan="6">团队名称：</td></tr>
<tr><td>姓名</td><td></td><td>学号</td><td></td><td>日期</td><td></td></tr>
<tr><td colspan="6">1. 任务描述
本任务要求设计时尚大气、有科技风格的产品主图。在教学做一体化训练中，以无线充电宝为例，通过相应的工作流程、操作步骤，更好地掌握数码类产品典型的主图制作方法。要求设计五张时尚大气、有科技风格的产品主图，体现产品的高科技和好品质。熟练使用 Photoshop 软件制作产品主图，能突出国产数码产品的智能化、高性能和创新技术</td></tr>
<tr><td colspan="6">2. 任务实施过程
请记录数码产品主图制作的具体过程。
（1）第一张主图：
（2）第二张主图：
（3）第三张主图：
（4）第四张主图：
（5）第五张主图：</td></tr>
<tr><td colspan="6">3. 任务总结
请写出在数码类产品主图制作过程中遇到的困难和解决方法</td></tr>
</table>

任务 3.3　美妆产品主图视觉设计与制作

学习目标

【知识目标】

（1）了解美妆产品主图的场景。

（2）了解美妆类产品主图的布局类型。

（3）熟悉国潮风格产品主图的设计元素。

【技能目标】

（1）能使用图形图像处理软件设计合适的主图场景。

（2）能根据主图的模块选择合适的布局类型。

（3）能使用图形图像处理软件对国潮设计元素进行设计。

（4）能使用图形图像处理软件统一产品主图整体风格。

（5）能使用图形图像处理软件对主图文案进行排版。

【素养目标】

（1）培养学生的探索意识，深入研究传统文化的内涵，并与现代审美相结合。

（2）培养学生对品牌的认知，深挖同类产品的差异化。

【思政目标】

（1）主图设计应符合版权要求，不得擅自使用无版权字体和无版权的图片。

（2）通过国潮风格主图，学习中国传统文化元素，培养学生的民族自豪感。

（3）建立独立思考创作的习惯，将中国元素深化融入再潮流化表达。

工作情景描述

某国产美妆专营店，其主营业务为美妆护肤品，小王是该店的美工，店铺准备上新一款腮红，部门经理要求小王根据工厂提供的产品图片和资料，提炼产品卖点，风格定位为“国潮”，设计与制作五张产品主图，并完成此款腮红的发布。

工作流程与活动

（1）明确任务和知识准备。

（2）制订计划。

（3）教学做一体化训练。

（4）质量检查及验收。

3.3.1 明确任务和知识准备

美妆产品是复购率很高的产品，女性是消费主力军。通常化妆品这类产品的通用性规则和品牌感是通过模特来体现的，也有通过创意表现形式和产品成分大图来凸显的。最常见的是应用一些科学性的道具和元素，也有增加水效果和分子效果来做陪衬，整体会以简洁大气的形式作为主要展示方向。另外，美妆产品是要往脸和身上涂抹的，第一要素就是安全性，如果用了之后出现各种皮肤问题，会影响产品的销量。因此，在展示方面要尽量凸显产品的安全性，让消费者放心购买，更好地增加购买率。

（1）主图设计的尺寸。

做主图的设计之前一定要明确主图尺寸要求，以淘宝平台上主图规范为例，淘宝网规定五张主图的图片大小不超过3M，尺寸为700×700像素以上，格式可以为png、jpg、jpeg。第五张主图要求白底图，尺寸为800×800像素、分辨率为72像素/英寸、白色背景，构图方式为居中对齐和画布撑满，图片格式为jpg格式白底图或png格式透明图格式。第五张主图的主题不要牛皮癣拼图水印，透明主体保证没有毛边。

（2）美妆产品主图的设计原则。

美妆产品主图要达到美观、吸引客户注意力并产生转化的效果，就要对产品主图的主题、风格、构图和配色等方面进行综合考虑。例如，一款化妆品，产品本身是浅蓝科技风的，但是针对消费群体和产品特性，选用了一种深蓝色作为差异化展示，既能增强识别性也能体现产品的品牌感，从而达到很好的市场差异化效果，只要推广人群选得精准，点击率和转化率就会比较高。

①主题突出。

美妆产品主图中的主题都应该围绕产品的特征。一般情况下，美妆类产品主图可以通过简洁精练的文字搭配主体产品来表现，并放置在主图的第一视觉点，让客户直观地看到美妆产品主图需要传达的重要信息。

②风格明确。

美妆类产品风格既可以根据产品属性来定，也可以根据营销活动，如节日促销等其他因素来定。美妆产品主图的风格要和整个网店风格相协调、统一。

③构图合理。

影响产品主图构图的因素很多，主要根据消费者喜好来选择合适的构图方式。在电商平台上，美妆产品主图的构图方式也是多种多样的，主要有直线式构图、三角式构图、对角式构图、渐次式构图、辐射式构图、框架式构图。

④色调统一。

色彩作为主要的视觉元素，色彩的选择主要由产品的特征和消费者喜好决定。美妆产品在配色时，重要的文字信息应该用突出醒目的颜色进行强调，可通过明暗对比和颜色搭配来确定产品主图的整体风格。

（3）构图方式。

①直线式构图。

直线式构图要求产品形状具有一定的规则性，并且通过直线式排列可以整齐美观地展现出产品。以粉饼为例，粉饼的外观是规则的，可以将粉饼不同的颜色和规格通过并列对比展示给消费者。消费者在主图上就可以做出粉饼颜色或规格的选择，大大地提高产品的转化率（图 3-50）。

图 3-50 美妆产品的直线式构图

②三角式构图。

三角式构图对于美妆产品而言，其展现形式有正三角式和倒三角式构图。将美妆产品进行三角式构图，主要是展示产品的多种颜色和规格（图 3-51）。

图 3-51 美妆产品的三角式构图

③对角式构图。

对角式构图是将产品摆放在对角线上，这样的摆放角度可以突出产品的立体感、延伸感和动感。对角两端保持着一种微妙的相对平衡，是一种很灵活的排版，富有运动感，引导视线倾斜，不同于常规的居中构图。美妆产品运用对角式构图，主要是展现其外观的时尚性，对角摆放形成的纵深，更加能够带给消费者视觉冲击力（图 3-52）。

图 3-52　美妆产品的对角式构图

④渐次式构图。

渐次式构图也是美妆产品主图运用的构图方式之一，是将多个美妆产品排列为渐次式的阵列，增强美妆产品的空间感。通常情况下，将美妆产品由大到小、由主到次地摆放，增加纵深感，并且运用透视景深效果，能够体现出产品的多样性（图 3-53）。

图 3-53　美妆产品的渐次式构图

（4）主图背景。

设计美妆产品主图时，需要遵循美妆产品的卖点，也就是需要根据美妆产品和活动本身来选择合适的背景。美妆产品主图的背景可以选用纯色背景、场景背景、渐变背景及图形背景。

①纯色背景。

美妆产品主图的背景运用纯色背景的情况比较多，有的背景为白色，也有的背景采用单独的颜色（图 3–54）、或两种不同颜色的拼贴、或同一色系的颜色组合。

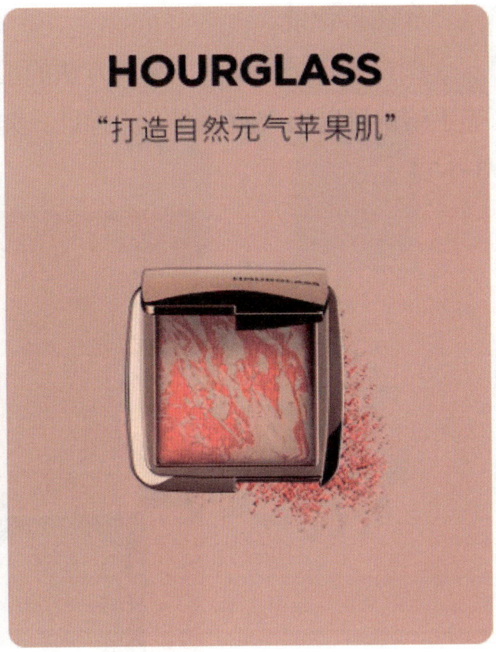

图 3–54 纯色背景主图

②场景背景。

单纯地展示美妆产品主体或特写会显得单调乏味，因此应用场景背景可以增加主图的美观性，向消费者介绍美妆产品的优势和卖点，如图 3–55 中的腮红主图，把清澈的蓝天白云作为背景，是想烘托出该产品的清透效果。

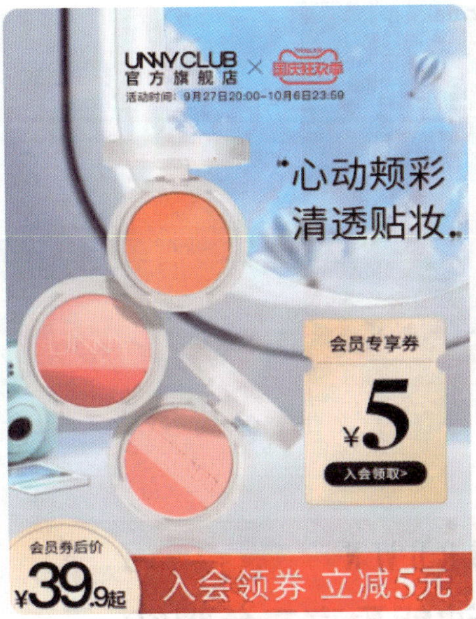

图 3–55 场景背景主图

③渐变背景。

美妆产品主图应用渐变背景，可以塑造柔和的光影变化，能给消费者呈现简洁大气的视觉感受，将产品局部放大可以让页面整体饱满。常见的色彩渐变分为深色渐变和浅色渐变。深色渐变背景使画面丰富多彩；浅色渐变背景点缀白色底，给人清爽、活泼的感觉（图 3–56）。

图 3–56 渐变背景主图

④图形背景。

图形背景是根据平面构成方法的重复、特异、渐变、发射、空间和对比。运用重复、变异、交叉等手绘都可以形成图形图案的背景。美妆产品主图应用图形背景，能增加主图画面的活泼和灵动（图3-57）。

图 3-57　图形背景主图

（5）文字排版。

在产品主图的制作中，中文黑体、微软雅黑、自定义字体等用得较为频繁。Photoshop 软件中默认的中文标准字体是“宋体”，英文是“The New Roman”。在美妆产品构图中，字体种类不要超过三种。字体种类在三种以内，构图版面雅致、有稳重感；反之，则显不得格式不统一和杂乱。如某品牌的腮红，字体种类在三种范围内，构图就会比较和谐（图3-58）。

根据美妆主图中产品的风格、文字字体的特性和使用类型，文字的设计风格分为下列几种。

图 3-58　文字排版

第一，秀丽柔美型。字体优美清新，线条流畅，给人以华丽柔美之感。此种类型的字体，适用于女性化妆品、饰品、日常生活用品、服务业等主题。

第二，苍劲古朴型。字体朴素无华，饱含古时之风韵，能带给人们一种怀旧感觉。这种类型的字体适用于国潮的美妆产品、民间艺术品等。

①字号。

字号明确了字体的尺寸大小。字在平面设计中，就是点，是平面构成三元素之一。据科学统计，字号大小的设置影响着消费者的浏览速度。字号越大，消费者的阅读速度会放慢，文字的关注度也会增加；字号越小，消费者的浏览速度会变得更为快速。

在美妆产品构图设计排版时，需要考虑到消费者的浏览习惯再进行设置，常用的字号大小根据实际情况而定。大号的字体更能瞬间吸引眼球，是产品构图的主焦点所在，因此能体现产品卖点的文字大多用大号字体。

以某品牌腮红的文字排版为例，较大的字体可以用于卖点和其他需要强调的地方，小一些的字体可以用于次要信息或辅助信息，“细”“修”“闪”是卖点，字号最大；中间的“细腻粉质，一抹融肤”等是产品特性介绍，字号偏小（图 3–59）。

图 3–59　字号设置

②行距与字间距。

美妆市场的宣传图片字体设计有两大风格：一种风格是通过使用衬线和高笔画粗细对比度字体营造传统感的品牌；而另一风格倾向于使用Geometric字体和Grotesque字体，追求更醒目、更现代的设计。对于英文字母来说，不同的字母宽度也会不同，需要根据实际情况来设置。对于美妆品牌而言，字体的选择虽然不能直接决定品牌的成功与否，但选对一款字体却可以为品牌锦上添花。例如，图3-60中某品牌主图的字之间设置了一定的间距，阅读效果就很好。

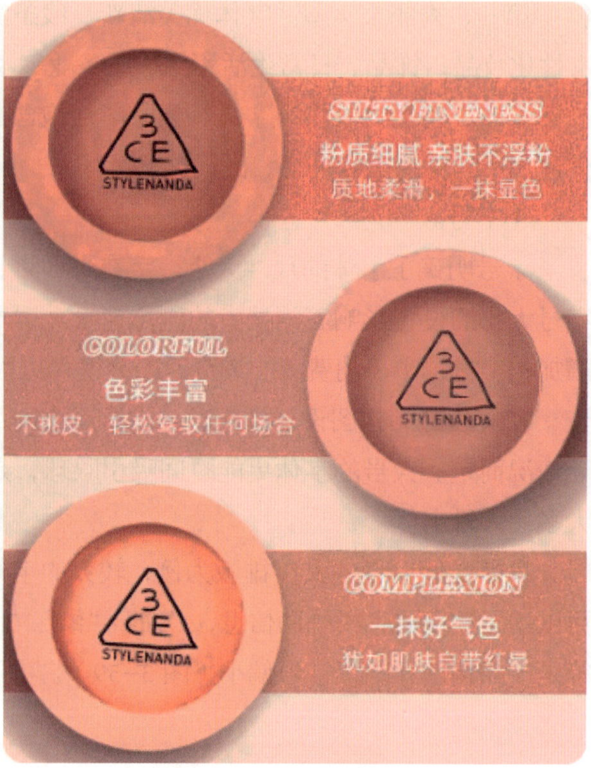

图3-60 字体行距

（6）国潮风格主图的挖掘。

国潮是将传统文化元素和现代潮流审美进行融合，从而形成新国潮营销势力。

近年来，国外一些奢侈品因融入中国传统元素，成为爆款，同时中国老品牌也因此走上世界潮流舞台，进而迸发出新生机。这意味着具有中国文化底蕴的品牌，正在赢得更多人的尊重和认可。国潮营销兴起背后，是新一代年轻人对传统民族文化的自信和认同。而国潮也不是打着民族情怀，自吹自擂的“伪”国潮，而是真真正正拥有创新和新潮文化的设计，赋予老品牌新含义和新形象的一种表现形式。

在国潮设计中的设计元素如下。

①中国红元素。

中国红，又被称为绛色。中国红作为中国人的文化图腾和精神皈依，其渊源可追溯到古代对日神虔诚的膜拜。太阳象征永恒、光明、生机、繁盛、温暖和希望。中国红是中国人的魂，尚红习俗的演变，记载着中国人的心路历程，经过世代承启、沉淀、深化和扬弃，传统精髓逐渐嬗变为中国文化的底色，弥漫着浓得化不开的积极入世情结，象征着热忱、奋进、团结的民族品格（图3-61）。

图3-61 中国红元素

②宫廷纹饰元素。

将中国传统纹饰和意象融入立体图像当中，无论是色彩、光影还是质感，都让人仿佛穿越回数百年前的紫禁城，享受一次无与伦比的宫廷盛宴，如图 3-62 所示。

图 3-62 宫廷纹饰元素

图 3-63 中国花卉元素

③中国花卉元素。

花卉在中国文化中，尤其是艺术和诗歌中，一直享有崇高的地位。在中国文化中发挥重要作用的 8 种中国花分别为：菊花、牡丹、荷花、梅花、山茶花、芙蓉、木兰、水仙，如图 3-63 所示。

3.3.2 制订计划

本任务要求设计风格定位“国潮”为主题的美妆产品主图。在教学做一体化训练中，以腮红为例，通过相应的工作流程、操作步骤，更好地掌握美妆产品主图制作方法。设计过程中注意事项如下。

（1）产品主图有视觉冲击力，设计色调搭配协调，与店铺整体风格统一。

（2）产品规格信息充分，排版规范。

（3）产品主图能突出产品的特点及卖点，具体内容与产品相关度高，简洁明了。

（4）产品主图图片尺寸为 700×700 像素以上。

（5）通常情况下，图片为 jpg 格式。

在产品主图制作过程中，主图的制作和模块的选择尤其重要。首先要求填写美妆产品主图制作计划表，明确需要用到哪些素材和各环节的设计制作要点，见表 3-14。

表 3-14 美妆产品主图制作计划表

序号	项目	项目属性值	备注
1	产品编号		网店内产品的编号
2	产品名称		口红
3	制作大致要求		（1）产品主图产品 + 卖点； （2）主图背景符合产品衬托，和产品相互辉映，做到主次分明，画面有美感； （3）产品 logo 在左上角位置； （4）产品本身要突出、清晰，不能模糊； （5）产品修图处理过以后和实物并且与详情页一致； （6）第五张主图为白底
4	主图风格		（1）主图风格明确，符合活动的要求和产品的属性； （2）与店铺风格协调、统一
5	主图文案		（1）主标题、副标题、利益点等文案明确； （2）分别注明字体及其大小； （3）活动主题或产品主要卖点醒目； （4）文案内容精练； （5）字体不要超过三种
6	图文布局		（1）画出草图； （2）注明何种构图方式
7	色　彩		背景主色调与活动主题或活动产品相互映衬，做到主次分明
8	主图文件		（1）整理素材文件； （2）规范文件名
9	绘图		（1）尽量选择高清大图； （2）作图中要创建一个新样式图形或者添加文字时都需要先新建图层； （3）把抠好的素材从一个文件插入另一个文件，需要选择转化为智能对象，避免图片出现模糊； （4）主图设计颜色不要超过三种； （5）保存图片时需要保存两种格式：jpg 和 psd
10	尺寸		（1）尺寸 800×800 像素； （2）图片大小不超过 3M
11	作图环境	Photoshop 软件	
12	作图地点	美工工作室	
13	作图时间		参照格式：2023-01-01

表 3-14 美妆产品主图制作计划表（续表）

14	作图数量		参照格式：4 张 +1 张
15	作图人员		
16	使用拍摄素材		拍摄产品素材图片 注明：数量、文件名
17	注意事项	（1）搜集参照素材时，不访问来历不明网站； （2）规避素材图片、字体的侵权行为	

3.3.3 教学做一体化训练

美妆产品主图需要结合产品的特点、国潮的风格进行制作，本任务根据美妆产品主图制作计划表，制作美妆产品的五张主图。

【具体步骤】

步骤 1 ：新建一个 800 × 800 像素的画布。

步骤 2 ：新建图层，填充背景颜色 #9a2224。新建四条垂直参考线：参数分别为 0.6 厘米、1.1 厘米、5.2 厘米和 5.7 厘米。新建两条水平参考线：参数分别为 4.65 厘米和 4.85 厘米，如图 3-64 所示。

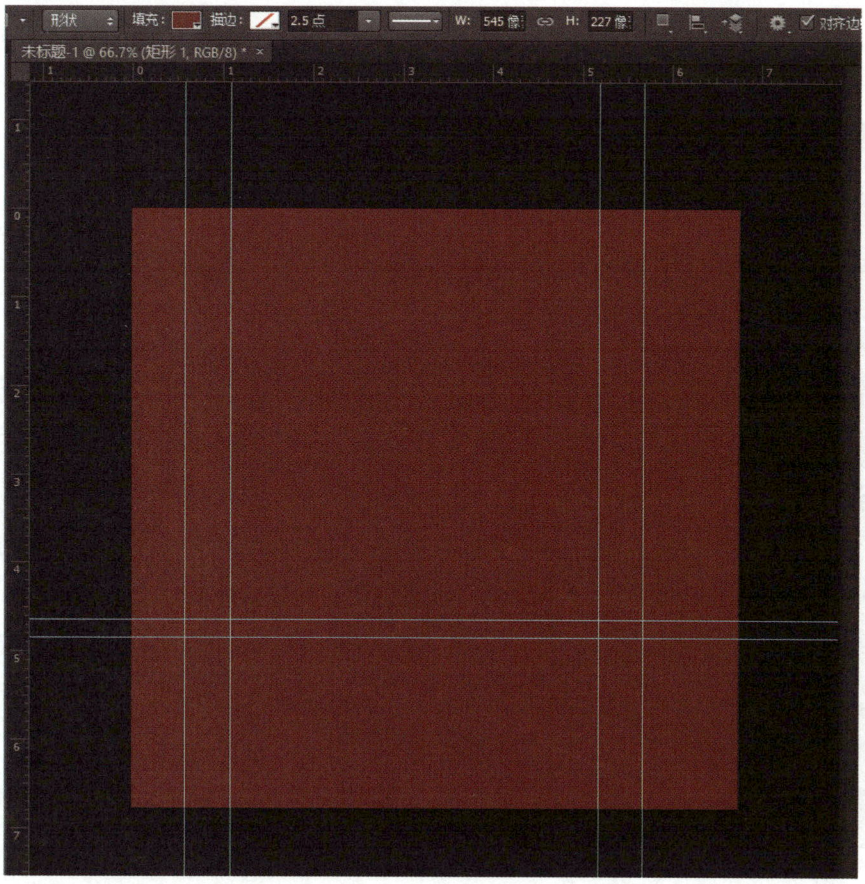

图 3-64 设置图层、新建参考线

步骤 3：选择矩形工具，颜色填充 #951e16，在画布下方建立一个“展台 1”矩形。选择矩形工具，颜色填充 #4e0004，建立一个深红色的“展台 2”矩形，按【Ctrl+T】，右键→扭曲调整为下方形状。选择矩形工具，颜色填充 #620308，在画布中建立“展台 3”矩形，按【Ctrl+T】，右键→斜切调整。选择三个展台图层，按【Ctrl+G】，建“展台”组，如图 3-65 所示。

图 3-65 创建矩形工具

图 3-66 创建矩形工具

步骤 4：选择矩形工具，颜色填充 #ab242a，在展台下方新建“背景 1”矩形。选择矩形，建立矩形背景光图层，右键→描边，宽度为 2，颜色填充 #ffe0e1，栅格化“背景 1 光”图层，选择橡皮擦，柔边圆，大小 80 像素，硬度为 0，擦出光，如图 3-66 所示。

步骤 5：选择矩形工具，颜色填充 #6e0200，画出阴影部分，如图 3-67 所示。

图 3-67 创建矩形工具，绘制阴影

步骤 6：选择矩形工具，颜色填充 #700201，按【Ctrl+T】，右键→扭曲，建立“条形侧面”矩形。选择矩形工具，颜色填充 #a61f26，建立“条形正面”矩形。选中“条形侧面”矩形，Fx →投影→调制出阴影，如图 3-68 所示。

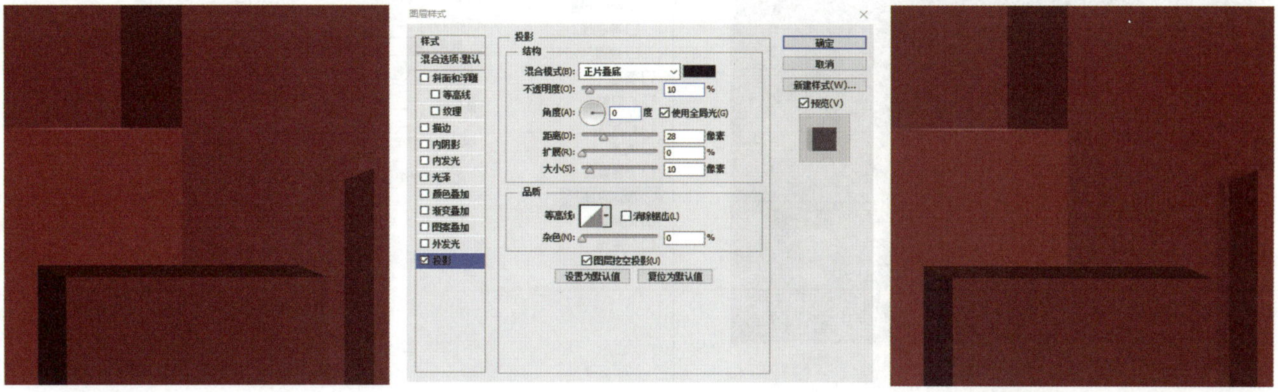

图 3-68 创建矩形工具，绘制阴影

步骤 7：在“条形侧面”矩形上新建图层，选择画笔工具，选择一个浅一点的颜色，画出条形侧面亮光，如图 3-69 所示。

图 3-69　创建矩形工具，绘制亮光

步骤 8：选择矩形工具，颜色填充 #f4dfc3，Fx →渐变叠加→金属色调出下图矩形，如图 3-70 所示。

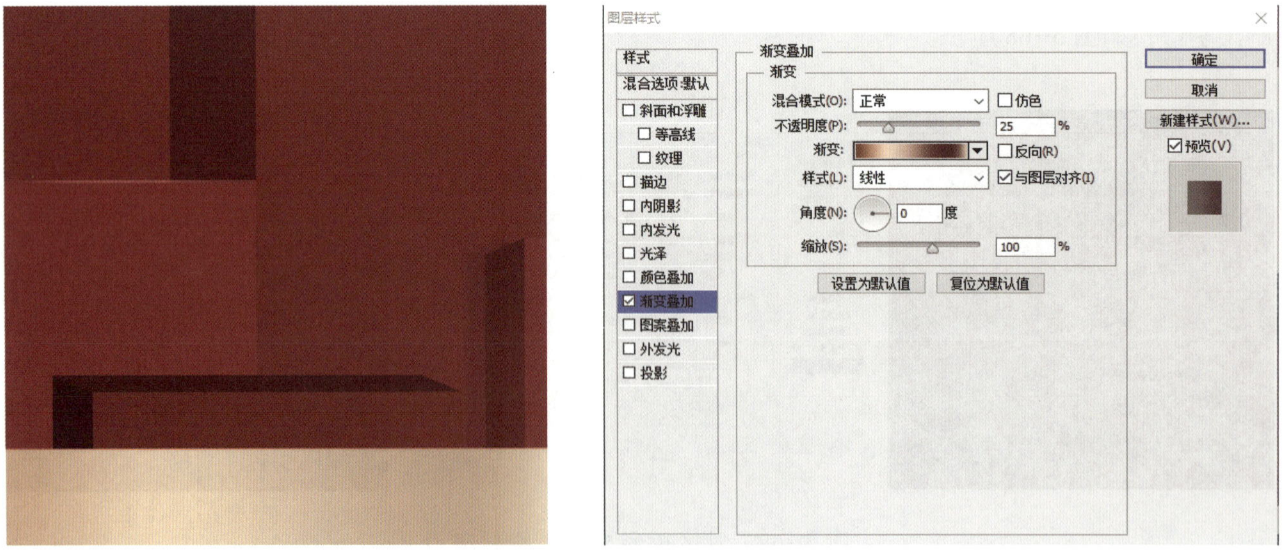

图 3-70　设置金色矩形

步骤 9：选择矩形工具，填充黑色，利用以上方法绘制出下图矩形，如图 3-71 所示。

图 3-71 创建矩形工具

步骤 10：选择椭圆工具，绘制右下角圆形，投影出下图阴影，如图 3-72 所示。

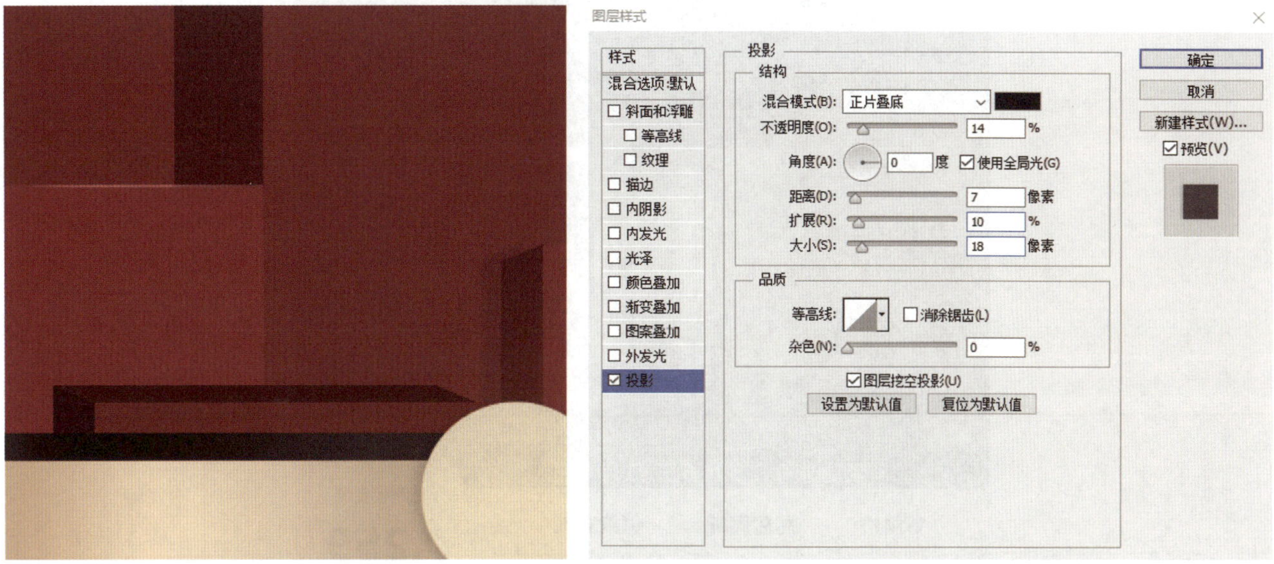

图 3-72 创建椭圆工具

步骤 11：写出活动内容、日期、价格等，字体使用微软雅黑，如图 3-73 所示。

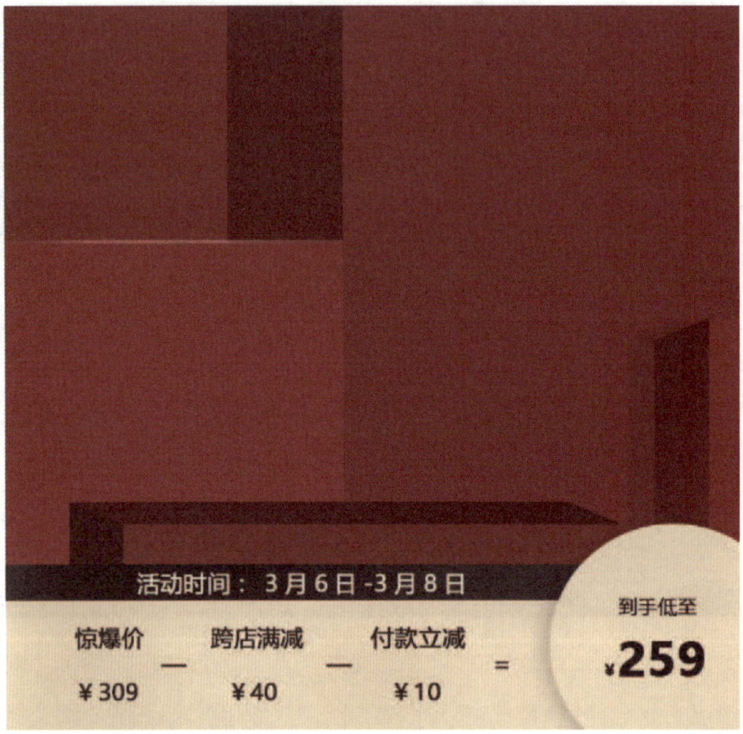

图 3-73　设置文字

步骤 12：置入产品素材，添加产品光效，如图 3-74 所示。

图 3-74　置入产品图片

3.3.4 质量检查及验收

（1）质量检查。

对制作出的“国潮风格”的美妆产品主图进行检查校对，并将信息填入质量检查表，见表3-15。

表3-15 美妆产品主图制作质量检查表

检查项目：美妆产品主图制作			
检查序号	检查项目	根据完成情况勾选相应选项	改进措施
1	图片尺寸	□正确 □ 不正确	
2	文件名称	□正确 □ 不正确	
3	文件大小	□正确 □ 不正确	
4	文案整理	□准确 □一般 □不准确	
5	文案字体	□合理 □一般 □不合理	
6	文案字号	□合理 □一般 □不合理	
7	文案排版	□合理 □一般 □不合理	
8	产品抠图	□突出 □一般 □不突出	
9	场景搭建	□合理 □一般 □不合理	
10	国潮元素	□突出 □一般 □不突出	
11	版式设计	□合理 □一般 □不合理	
12	细节光影	□自然 □一般 □不自然	
13	色彩搭配	□合理 □一般 □不合理	
14	模块选择	□合理 □一般 □不合理	

（2）交接验收。

根据任务工作情境进行解说，展示美妆产品主图完成效果，逐项核对任务要求，完成交接验收，并填写验收表，见表3-16。

表3-16 美妆产品主图制作验收表

验收内容：美妆类产品主图制作验收				
序号	验收项目	验收要求	验收情况	整改措施
1	主图定位	（1）定位明确，风格独特； （2）产品与背景氛围协调一致	□通过 □不通过	
2	主图风格	（1）风格明确，符合活动的要求或者产品的属性； （2）文案和图片渲染意境； （3）产品突出、清晰，光影处理得当	□通过 □不通过	
3	五张主图	（1）五张实景图合成自然，光效合理； （2）主图背景与产品相互映衬，做到突出主题	□通过 □不通过	
4	产品卖点	（1）通过文案和图片精准描述用户的需求点； （2）渲染已经满足顾客需求； （3）标题层次正确	□通过 □不通过	
5	规格信息	（1）排版合理，一级标题、二级标题字号合适； （2）能用色块和渐变突出文案信息	□通过 □不通过	

表 3-16 美妆产品主图制作验收表（续表）

验收内容：美妆类产品主图制作验收				
序号	验收项目	验收要求	验收情况	整改措施
6	尺寸大小	（1）主图要清晰，不能模糊，画面有美感； （2）为了丰富画面添加一些装饰元素（非必需项）； （3）画面上所有物体光效自然、合理； （4）尺寸 800×800 像素； （5）文件名规范，保存图片时需要保存两种格式：jpg 和 psd； （6）文件大小在规定范围内，小于 2MB	□通过 □不通过	
7	侵权行为	（1）图片素材无侵权行为； （2）字体无侵权行为	□通过 □不通过	
8	客户验收情况	□合格 □较好，有待改进 □不合格	客户签字	客户签字

小结

（1）美妆产品的场景搭建需要分析素材的透视关系，根据透视关系制作对应的场景。

利用形状和钢笔工具添加色块，并通过滤镜或者素材，适用剪贴蒙版将不同材质的图片贴在对应的形状图层上。

（2）国潮风格一般使用红绿配色，象征吉祥；通过添加祥云和海浪纹饰，融入中国传统文化元素，增强历史厚重感。

（3）产品主图要彰显美妆的功能和效果，提升消费者的浏览时效，打消消费者购买顾虑。

同步实训

【情景描述】

完成五张口红的美妆产品主图的图片（图 3-75）。围绕消费者诉求解决消费者当前顾虑的问题，重点突出产品的国潮风格，让消费者信任产品，最终促成购买。

图 3-75 样图

【实训内容】

根据某国产口红产品的属性，完成产品信息表，见表 3-17。

表 3-17　产品信息表

序号	项目	项目属性值	备注
1	产品编号		网店内产品的编号
2	产品名称		口红名称
3	所属产品分类		必填项
4	型号		产品代码
5	品牌		必填项
6	产地		必填项
7	包装方式		必填项
8	配送频次		必填项
9	重量		必填项
10	适合肤质		必填项
11	颜色		必填项
12	保质期		必填项
13	功效		必填项
14	生产厂家		必填项

分组整理和讨论“口红”主图产品卖点的制作要点，进行口红主图的主题、风格、文案、模块、构图、色彩以及附加价值等方面的构思，完成产品主图制作计划表，见表 3-18。

表 3-18　美妆产品主图制作计划表

序号	项目	项目属性值	备注
1	产品编号		网店内产品的编号
2	产品名称		口红
3	制作大致要求		（1）产品主图产品 + 卖点； （2）主图背景符合产品衬托，和产品相互辉映，做到主次分明，画面有美感； （3）产品 logo 在左上角位置； （4）产品本身要突出、清晰，不能模糊； （5）产品修图处理过以后和实物详情页一致； （6）第五张主图为白底
4	主图风格		（1）主图风格明确，符合活动的要求和产品的属性； （2）与店铺风格协调、统一
5	主图文案		（1）主标题、副标题、利益点等文案明确； （2）分别注明字体及其大小； （3）活动主题或产品主要卖点醒目； （4）文案内容精练； （5）字体不要超过三种
6	图文布局		（1）画出草图； （2）注明何种构图方式
7	色　彩		背景主色调与活动主题或活动产品相互映衬，做到主次分明
8	主图文件		（1）整理素材文件； （2）规范文件名

表 3-18　美妆产品主图制作计划表（续表）

9	绘　图		（1）尽量选择高清大图； （2）作图中要创建一个新样式图形或者添加文字时都需要先新建图层； （3）把抠好的素材从一个文件插入另一个文件，需要选择转化为智能对象，避免图片出现模糊； （4）主图设计颜色不要超过三种； （5）保存图片时需要保存两种格式：jpg 和 psd
10	尺　寸		（1）尺寸 800×800 像素； （2）图片大小不超过 3M
11	作图环境	Photoshop 软件	
12	作图地点	美工工作室	
13	作图时间		参照格式：2023-01-01
14	作图数量		参照格式：4 张 +1 张
15	作图人员		
16	使用拍摄素材		拍摄产品素材图片 注明：数量、文件名
17	注意事项	（1）搜集参照素材时，不访问来历不明网站； （2）规避素材图片、字体的侵权行为	

以团队为单位，对产品的特点进行提取，突出产品的场景化，打造连贯的国潮风格，提升用户浏览时间与页面转化率。运用相关图形图像处理软件对拍摄的产品进行主图的制作，吸引消费者下单，最终促成购买。

表 3-19　学生自我总结

<table>
<tr><th colspan="6">任务名称：美妆产品主图制作总结</th></tr>
<tr><td colspan="6">团队名称：</td></tr>
<tr><td>姓名</td><td></td><td>学号</td><td></td><td>日期</td><td></td></tr>
<tr><td colspan="6">1. 任务描述
本任务要求设计“国潮”风格的美妆产品主图。在教学做一体化训练中，以腮红为例，通过相应的工作流程、操作步骤，更好地掌握美妆类产品典型的主图制作方法。要求设计体现国货优势，凸显国潮风格的产品主图五张，体现美妆产品的好品质。熟练使用 Photoshop 软件制作产品主图，能熟练运用中国传统文化素材，将国潮元素融入美妆产品主图</td></tr>
<tr><td colspan="6">2. 任务实施过程
请记录数码产品主图制作的具体过程。
（1）第一张主图：
（2）第二张主图：
（3）第三张主图：
（4）第四张主图：
（5）第五张主图：</td></tr>
<tr><td colspan="6">3. 任务总结
请写出在美妆产品的主图制作过程中遇到的困难和解决方法</td></tr>
</table>

项目四 产品海报视觉设计与制作

本项目重点和难点

本项目是以产品海报视觉设计与制作为案例进行介绍。产品海报须结合网店的整体风格、专题活动的要求和活动产品的属性进行创意设计，提高网店整体的美观度，吸引用户点击，提升页面转化率；运用相关图形图像处理软件进行产品海报的制作，突出网店活动主题或产品卖点。

项目导图

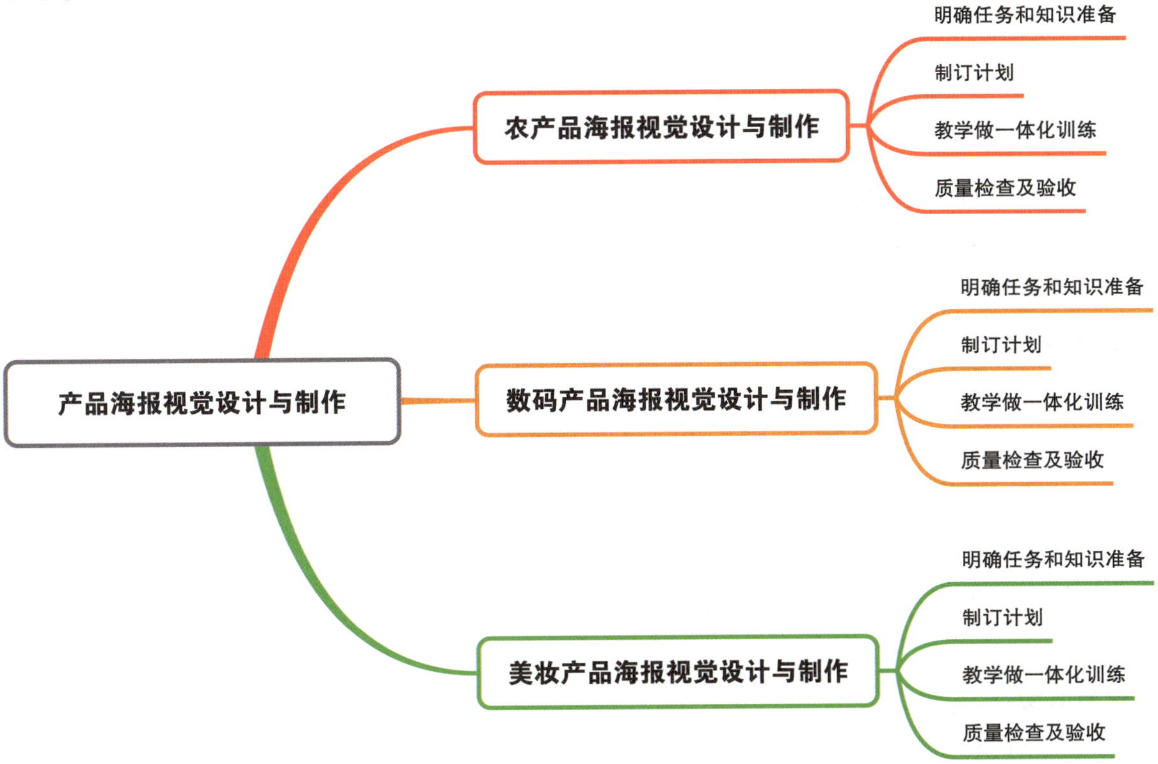

引例

农村电商作为一种新兴的商业模式，已经渗透到农村产业链全过程，农村电商被业内视为电商的最后一片蓝海。李经理是秭归某乡镇企业的负责人，为打开当地秭归脐橙的销路，准备开一家卖水果的网店。在开店过程中，他会面临几个问题：网店首页的产品海报是突出店铺活动，还是突出某款农产品活动？如何设计出一张吸引消费者眼球的产品海报？

任务 4.1　农产品海报视觉设计与制作

学习目标

【知识目标】

（1）了解产品海报的规格大小。

（2）熟悉产品海报设计原则和表现方法。

【技能目标】

（1）能使用图形图像处理软件将天空、草坪、木板等真实场景合成海报背景。

（2）能使用图形图像处理软件将农产品自然地融入海报背景。

（3）能使用图形图像处理软件制作合理的光线效果。

【素养目标】

（1）培养分析问题、解决问题的能力。

（2）通过同步实训，培养小组团队合作的意识及精神。

【思政目标】

（1）能在设计制作海报过程中，体现“绿水青山就是金山银山”的理念。

（2）遵守机房管理制度，不访问来历不明网站。

工作情景描述

小王是秭归某乡镇企业网店美工，恰逢脐橙大丰收，部门经理要求小王以脐橙热卖为主题设计一张电脑端首页的全屏海报图，要求结合“绿水青山就是金山银山”的理念，采用自然田园风格，进行海报主题、风格、构图和配色的设计。小王接到工作任务后，经过市场调研和客户需求分析，提炼出地方农产品的特色——自然、绿色、有机、健康。确定以“秭归脐橙”“有机 健康”和“全场新品九折”等为促销活动主题，进行电脑端首页的全屏海报设计制作。

工作流程与活动

（1）明确任务和知识准备。

（2）制订计划。

（3）教学做一体化训练。

（4）质量检查及验收。

4.1.1　明确任务和知识准备

首页的产品海报作为网店中最重要的视觉点，位于店招的下方，它可以是一张海报，也可以由多张轮流播放的海报组合而成。首页的产品海报不仅是网店的门面，还能对网店促销活动和主推产品起到积极的宣传作用，是网店视觉营销设计与制作中不可忽视的区域。好的首页产品海报具有高端、大气的特点，可以提升网店的整体视觉效果，加深客户对网店的印象，吸引客户点击，提高网店页面转化率。

（1）常见电商平台产品海报规格。

产品海报的规格就是指图片大小和文件类型。产品海报的文件类型一般有jpg、png和gif三种格式，而海报的图片大小主要是依据终端和平台的不同而不一样。按终端可以分为电脑端海报和手机端海报两大类；按电商平台来分，有淘宝、天猫、京东、阿里巴巴等，参见表 4-1。

表 4-1 常见电商平台海报尺寸及文件大小

电商平台	电脑端	手机端（APP）
淘宝	全 屏：宽 1920×（高 500 ~ 700）像素 中轮播：宽 950×（高 200 ~ 600）像素 小轮播：宽 750×（高 200 ~ 600）像素 文件大小建议：≤ 2MB	宽 1200×（高 120 ~ 2000）像素 文件大小建议：≤ 2MB
天猫	宽 1920×（高 600 ~ 1000）像素 文件大小建议：≤ 2MB	宽 1200×（高 120 ~ 2000）像素 文件大小建议：≤ 2MB
京东	宽 1920×（高不限）像素 文件大小建议：≤ 2MB	宽 1125×（高不超过 1440）像素 文件大小建议：≤ 2MB
阿里巴巴	宽 1920×（高 600 ~ 1000）像素 文件大小建议：≤ 2MB	宽 1200×（高不限）像素 文件大小建议：≤ 2MB

产品海报的图片大小有两个概念，一个是长宽尺寸，另外一个是文件大小（KB 或 MB）。海报清晰度越高，文件就越大，越占空间，对网速和客户的电脑或手机要求就越高。如果不希望出现客户在 1 ~ 2 秒内打不开海报就滑走的情况，建议在不损失海报细腻度的情况下，将文件大小控制在一定范围。

以电脑端首页的全屏海报为例，虽然海报宽度达到 1920 像素，但是因为客户的视觉焦点集中在屏幕中间，所以在制作全屏海报时需要将主题控制在屏幕中间 950 像素到 1280 像素这个区间，左右两侧为背景图。

由于目前超过 75% 的手机水平像素已超过 1080 像素，而旧版淘宝手机端一直将海报图片宽度尺寸定为 750 像素，该参数已全面落后当前的设备参数和网络环境，可能会出现图片画质模糊的情况。鉴于此客观情况，经过全面的手机参数数据分析和主流网络环境评估，新版淘宝手机端采用 1200 像素为主的图片尺寸要求；以 1200 像素宽度为基准，将足够兼容 95% 以上的手机画质和网络要求。

在着手设计产品海报之前，首要工作是确定海报尺寸和文件大小，需要依据各电商平台的尺寸和文件大小要求来制作，以免上传过程中因为不符合尺寸和文件大小的规定而上传失败。

（2）产品海报的设计原则。

产品海报要达到美观、吸引客户注意力的效果，就要对海报的主题、风格、构图和配色等方面进行综合考虑。

①主题突出。

无论是新品上市、产品促销还是节日大促，产品海报中的主题都应该围绕同一个重点。一般情况下，海报主题需要通过简洁精练的文字搭配主体产品来表现，并放在海报的第一视觉点，让客户直观地看到海报想要传达的重要信息（图 4-1）。此外，应该根据产品和活动特点为海报选择合适的背景。在编辑文案时，建议文案的字体不要超过三种，同时用较大的或个性化的字体突出主题和产品的特征。

图 4-1　主题突出效果

②风格明确。

风格就是设计的产品海报给客户的某种感觉，是自然清新、时尚大气，还是传统典雅等。确定产品海报风格既可以根据产品属性来定，又可以根据季节、节日等其他因素来定。此外，海报的风格要和整个网店风格相协调、统一。

下面主要介绍几种应用范围较广的设计风格。

中国风。中国风建立在中国传统文化基础之上，蕴含大量中国元素并融合了时下全球流行趋势的艺术风格，既体现了一种中国特定的精神，又传递了一种包容融合的态度。在中国传统节日，此种设计风格应用颇多（图 4-2）。

图 4-2　中国风效果

国潮风。国潮是中国潮流的意思。随着中国综合国力的崛起，全世界越来越多的人开始关注中国的本土文化。国潮风格产品海报设计通过对图像、文字、色彩与版式的整体归纳与融合，将中国传统文化与精神理念贯穿于海报之中，向大众传达出“国潮”文化内涵，引发大众的文化认同感与情感共识。国潮风相比于中国风更加年轻化，在色彩使用方面也更为大胆（图 4-3）。

图 4-3　国潮风效果

田园风。田园风有着拥抱大自然的味道，让人感受到来自大自然的新鲜活力和朝气，多用于农产品。常用的元素有木板、绿植、棉麻桌布等材质（图 4-4）。

图 4-4　田园风效果

科技风。科技风主要体现时代的发展和科学技术的进步，多用于科技产品。配色一般选择蓝色、紫色等冷色，或黑金结合，给人神秘、高科技、高技能的感觉。科技风尤其注重产品质感，体现一种大气、高品质的风格（图 4–5）。

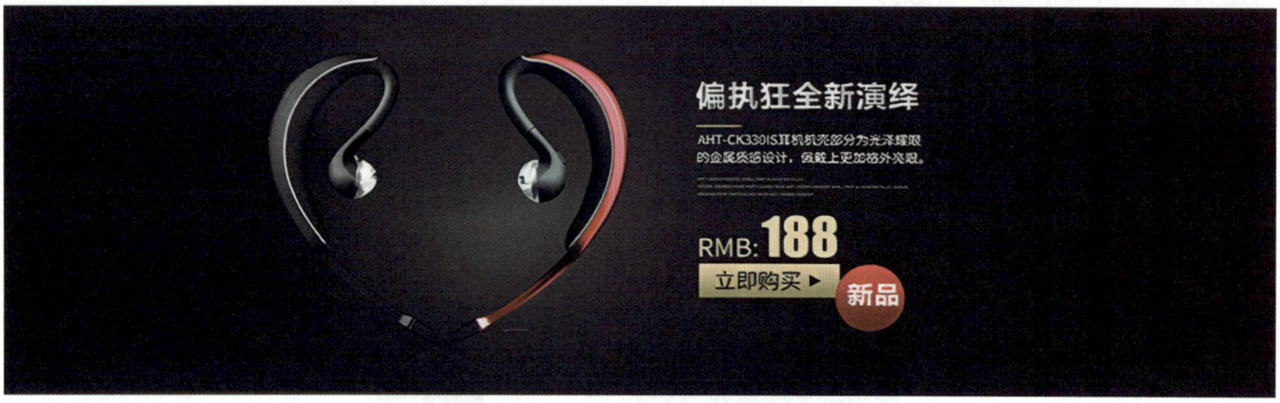

图 4– 5　科技风效果

剪纸风。剪纸风是一种镂空的艺术，画面呈现出很强的层次感和空间感，不管是古风还是插画，都可以轻松驾驭（图 4–6）。

图 4–6　剪纸风效果

3D 风。近年来，随着软件的多样化，3D 风格也逐渐盛行起来，有别于其他风格的是，3D 风格意在二维空间内打造三维的感觉（图 4–7）。

图 4-7 3D 风效果

③构图合理。

构图的好坏直接影响着海报效果的好坏，海报构图主要分为左右构图、左中右构图、上下构图、产品包围文案构图等形式。

左右构图。左右构图分左文右图和右文左图两种“产品 + 文案”的排版形式。大多数类目都适合这种排版设计，视觉上可以让产品与文案一目了然。根据不同的需求，产品可以由一个或者多个组成，要求产品比例适中，层次清晰（图 4-8）。

图 4-8 左右构图效果

左中右构图。左中右构图分图文图和文图文。图文图排版设计可以文案居中，两边放产品，这种设计在视觉上较突出文案部分，需要将重点放在文案上，将文案设计得更加吸引人（图 4-9）。中间放产品两边放文案的排版方式被应用得较少，如果两边文案排版不当，就会造成视觉疲劳。

图 4-9　左中右构图效果

上下构图。上下构图分上文下图和上图下文。这种排版方式非常符合人们浏览画面的习惯自上而下。产品与文案都在海报的中间位置，只要做到两者分明，海报内容就会显得更加饱满。上文下图的排版方式文案部分要设计得吸引人，下面部分突出爆款产品，让产品与画面更加丰富，比较适合店铺做店庆活动（图 4-10）。上图下文这种排版方式不要让产品与文案完全分割成两部分，否则会导致产品部分失重、凌空（图 4-11）。

图 4-10　上文下图效果

图 4-11 上图下文效果

产品包围文案构图。适合产品数量较多的海报。排版时，文案放在中间，四周放产品，产品可以直线摆放，也可以斜线摆放，不规则的摆放会让画面更有节奏感（图 4-12）。

图 4-12 产品包围文案效果

④色调统一。

在产品海报设计中，色彩是主要的视觉元素，面对不同的目标客户和产品特征，选择不同的色彩，有助于赢得客户的喜欢。在配色时，重要的文字信息应该用突出醒目的颜色进行强调，可通过明暗对比和颜色搭配来确定海报的整体风格（图 4-13）。

图 4-13 色调统一效果

（3）产品海报设计的基本表现方法。

①直接展示法。

直接展示法是直观地将要表达的主题或者广告产品直接展示在海报上，直观地呈现在消费者面前，并充分运用摄影或绘图等写实表现技巧，着力突出产品的品牌和产品本身最容易打动人心的部分。在当今快节奏生活的社会中，直观性强的作品更能第一时间给人留下深刻印象（图 4-14）。

图 4-14 直接展示法效果

②突出特征法。

突出特征法是运用各种方法抓住和强调产品或主题本身与众不同的特征，善于挖掘最能吸引人眼球的特点，将它们鲜明地表现出来，并置于海报画面的主要视觉部位或加以烘托处理。如图 4-15“脐橙”海报，抓住水果品种优良、品相诱人的特点，通过图像处理软件拼接处理的乡村背景，突出脐橙有机种植、山泉灌溉、阳光充足的特点，使海报展现的脐橙更加概念化、简明化，主题更清楚具体，给观者以深刻的视觉感受，从而引发视觉兴趣，达到刺激购买欲望的目的。

图 4-15 突出特征法效果

③运用联想法。

联想思维在海报设计中也起到非常重要的作用。通过联想，将与主题相关联的设计图形进行设计类比，将主题与联想对象融为一体，能够得到更加具有创意的设计和表现形式。将联想后产生的新特征置于海报画面的主要视觉部位，加以烘托处理，观众在视觉接触画面的瞬间感觉奇妙，产生视觉兴趣（图 4-16）。

图 4-16 运用联想法效果

4.1.2 制订计划

本任务要求设计某地方农产品的清新自然风产品海报。在教学做一体化训练中，通过相应的工作流程、操作步骤，更好地掌握实景图合成、文案字体变化等较典型的海报制作方法，熟悉清新自然的产品海报设计风格。

本任务为设计清新自然风农产品海报的首页全屏海报，设计过程中注意事项如下。

（1）海报背景参照样图；海报文案可以参照样图排版，文案内容自拟。

（2）海报定位准确、风格明确。

（3）天空、草坪、木板等实景图合成自然合理。

（4）海报背景、文案、产品相互映衬，主题突出。

（5）构图明快简洁，色彩搭配合理、光效自然。

（6）素材需要抠图，边缘干净平滑，无阴影。

（7）产品套件需要正面、侧面展现。

（8）图片像素高，美观度高，品质感强。

（9）图片形状为长方形，图片大小宽度为 1920 像素，高度根据实际内容来定。

（10）图片为 jpg 格式。

在首页的全屏海报设计过程中，构图设计很重要。首先要求填写农产品首页的全屏产品海报制作计划表，明确需要用到哪些素材和各环节的设计制作要点，见表 4–2 。

表 4–2 农产品首页全屏产品海报制作计划表

序号	项目	项目属性值	备注
1	产品编号		网店内产品的编号
2	产品名称		秭归脐橙
3	海报定位		（1）海报定位是专题活动还是单品推广销售； （2）产品定位是促销亲民还是高端大气； （3）海报与投放位置周围氛围协调一致
4	海报风格		（1）海报风格明确，符合活动的要求和产品的属性； （2）与店铺风格协调、统一
5	海报文案		（1）主标题、副标题、利益点等文案明确； （2）分别注明字体及其大小； （3）活动主题或产品主要卖点醒目； （4）文案内容精练； （5）字体不要超过三种； （6）农产品的有机、健康的优点有无体现
6	图文布局		（1）画出草图； （2）注明何种构图方式
7	色　彩		背景主色调与活动主题或活动产品相互映衬，做到主次分明。
8	素材文件		（1）整理素材文件； （2）规范文件名

表 4-2 农产品首页全屏产品海报制作计划表（续表）

序号	项目	项目属性值	备注
9	绘 图		（1）尽量选择高清大图； （2）实景图合成时，过渡要自然合理； （3）文件大小不超过 2MB； （4）绘图中要创建一个新样式图形或者添加文字时都需要先新建图层； （5）把抠好的素材从一个文件插入另一个文件，需要选择转化为智能对象； （6）保存图片时需要保存两种格式：jpg 和 psd
10	细节处理		（1）海报清晰，不模糊，画面有美感； （2）为了丰富画面添加一些装饰元素（非必需项）； （3）画面上光影自然、合理
11	尺 寸		全屏产品海报（尺寸宽 1920 像素，高度根据实际内容来定）
12	作图环境	Photoshop 软件	
13	作图地点	美工工作室	
14	作图时间		参照格式：2023-01-01
15	作图数量	1 张	
16	作图人员		
17	使用拍摄素材		拍摄产品素材图片 注明：数量、文件名
18	注意事项	（1）搜集参照素材时，不访问来历不明网站； （2）规避素材图片、字体的侵权行为	

4.1.3 教学做一体化训练

首页海报需要结合网店的整体风格、专题活动的要求和产品的属性进行制作，本任务根据计划表制作农产品首页的全屏海报。

【具体步骤】

步骤 1：新建画布宽 1920 像素，高 600 像素，分辨率为 300 像素 / 英寸，背景为透明色，颜色模式为 RGB 模式，名称为“农产品海报”。

步骤 2：选择文件 / 置入“木板”图像文件，使用移动工具将木板进行合理的移动与摆放。创建亮度 / 对比度可调整图层，调整亮度为 85，对比度为 -21，提高木板的亮度。右击亮度 / 对比度可调整图层，选择“创建剪贴蒙版”，如图 4-17 所示。

图 4-17 调整木板亮度、对比度

步骤 3：选择文件 / 置入“草坪”图像文件，使用移动工具将草坪木板进行合理的移动与摆放。给“草坪”图层添加一个图层蒙版，选择前景色为黑色，画笔为柔边圆，大小为 200 像素，把草坪的蓝色背景涂抹掉，如图 4-18 所示。

图 4-18 添加图层蒙版将草坪蓝色背景抹掉

步骤 4：选择文件 / 置入“天空”图像文件，使用移动工具将天空移到左边，复制“天空”图层，将复制“天空”移到右边合适位置。将“天空 副本”图层移到“天空”图层下面，给“天空”图层添加一个图层蒙版，选择前景色为黑色，画笔为柔边圆，大小为 200 像素，把“天空”的右上边部分背景色涂抹掉，将两个天空图层合并成一个图层，并将此合成天空图层转换为智能对象，如图 4-19 所示。

图 4-19 两张天空实景合成

步骤 5：选择文件 / 置入“橙汁”图像文件，按【Ctrl+T】，调整图片大小，并移动图片到画面中间上方位置，回车确定。鼠标右击“橙汁”图层，选择“混合选项”，在“混合模式”中选择“柔光”。调整木板、草坪、天空、橙汁图层的顺序，并同时选中这些图层及其调整图层，按【Ctrl+G】，创建“背景”组，如图 4-20 所示。

图 4-20 将天空背景融入橙色调

步骤 6：在“天空”图层上创建“照片滤镜”调整图层，选择滤镜为“加温滤镜（LBA）”，浓度为 80%，保留明度。在“草坪”图层上创建色相 / 饱和度调整图层，设置色相为 -40，并创建剪贴蒙版，如图 4-21 所示。

图 4-21　调整海报背景为暖色调

步骤 7：选中“木板”图层上面的“亮度 / 对比度”调整图层的蒙版缩览图，选择椭圆选框工具，设置羽化为 70 像素，在背景上画一个大椭圆选区。按【Ctrl+Shift+I】选区反选，设置前景色为黑色，再按【Alt+Del】填充黑色，在“亮度 / 对比度”调整图层的图层蒙版上填充一个椭圆之外的黑色区域，达到中间亮、四周稍暗的目的。按【Ctrl+D】取消选区，如图 4-22 所示。

图 4-22　调整海报四周光线变暗

步骤 8：选择视图 / 新建参考线，在弹出“新建参考线”的对话框中，设置垂直位置 450 像素，单击“确定”；再次新建一个垂直位置为 1470 像素的参考线，两根垂直参考线之间的区域为海报主题（文案 + 产品）所在区域，参考线左右两侧为背景图，如图 4–23 所示。

图 4–23 设置海报主题区域

步骤 9：选择文件 / 置入“脐橙素材”图像文件，按【Ctrl+T】，调整图片大小，移动竹篮到右边参考线以内的位置，回车确定，按【Ctrl+H】，隐藏参考线。

在“脐橙素材”图层下面新建一个“产品阴影”图层，设置前景色为 #6d4107，选择画笔工具，选择“柔边圆”，硬度为默认值，设置大小为 300 像素，绘制产品的阴影；再把画笔大小调小为 100 像素，前景色为黑色，绘制产品边缘的阴影，如图 4–24 所示。

图 4–24 产品加阴影前后的对比

步骤 10：如果字库里没有禹卫书法行书简体，就将字体“禹卫书法行书简体 中等 .TTF”复制到 C：/windows/fonts 文件夹中。按【Ctrl+H】，显示参考线。

选择横排文字工具，字体选“禹卫书法行书简体”，大小设为 52 点，颜色为 #612514。在左边参考线以内的位置输入“秭归”，选中“归”，大小改成 45 点。

选择直排文字工具，字体选禹卫书法行书简体，大小设为 45 点，颜色为 #612514。在适当位置输入“脐橙”，选中“橙”，大小改成 36 点，如图 4–25 所示。

图 4-25 输入海报主标题

步骤 11：在“秭归”图层上面新建一个“光泽”图层，设置前景色为 #eab064，选择画笔工具，选择“柔边圆”，硬度为默认值，设置大小为 150 像素，绘制“秭归”两个字上面的光泽，然后选中“光泽”图层，创建剪贴蒙版，如图 4-26 所示。

图 4-26 绘制“秭归”文字上面的光泽

步骤 12：用步骤 11 中绘制文字上面光泽的方法，绘制“脐橙”两个字上面的光泽，如图 4-27 所示。

图 4-27 绘制“脐橙”文字上的光泽

步骤 13：选择圆角矩形工具，设置模式为“形状”，填充色为 #612514，描边为无，半径为 10 像素，在适当位置画一个圆角矩形。选择直排文字工具，字体选微软雅黑、黑体，大小设为 6 点，颜色为 #fbf5c8。在圆角矩形位置的上面，输入“新品上市全部九折”，如图 4-28 所示。

图 4-28 输入副标题

步骤 14：选择直排文字工具，字体选微软雅黑、Regular，大小设为 5 点，颜色为 #000000。按住鼠标左键在画布上拖出一个输入文字的区域，输入“阳光充足有机种植 果园采摘顺丰包邮”。用同样的方法输入装饰英文段落，调整它的大小和字的颜色，直至能融入画面，如图 4-29 所示。

图 4-29 输入三级标题和其他装饰文字

步骤 15：选择文件 / 打开“叶子素材”图像文件，将图层转换为智能对象，选择编辑 / 变换 / 变形，将长条形树叶变形为小船形树叶；创建曲线调整图层，分别选红、绿、蓝，调整曲线弧度，如图 4-30 所示。选择滤镜 / 模糊 / 高斯模糊，设置半径为 8 像素；选择滤镜 / 模糊 / 动感模糊，设置角度为 47，距离为 10 像素。选择文件 / 另存为，保存为“叶子模糊 .png”。

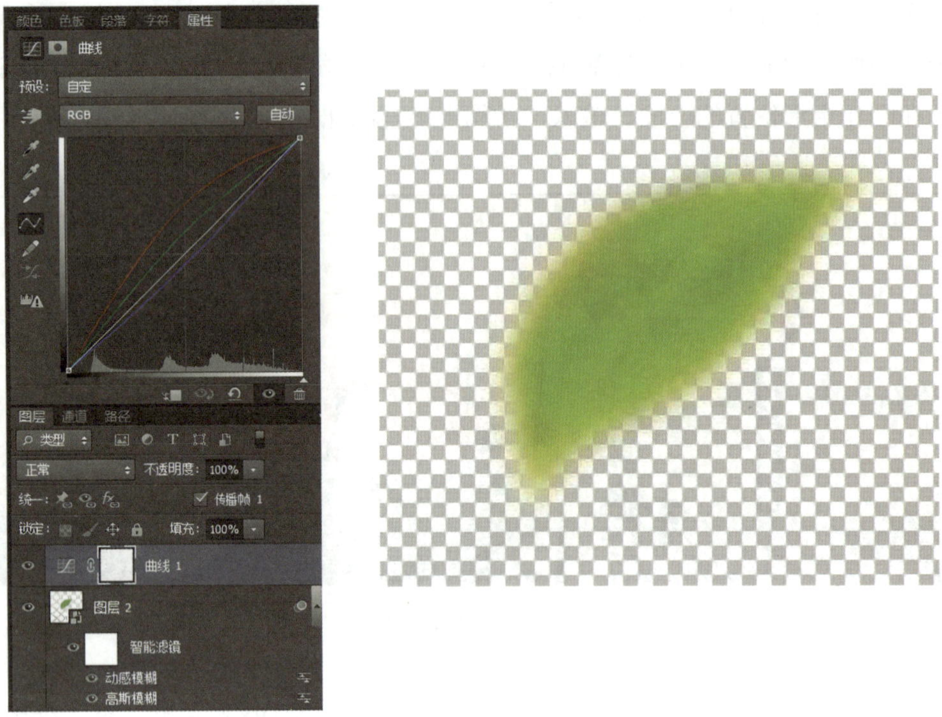

图 4-30 制作树叶模糊效果

步骤 16：选择文件 / 置入“叶子模糊”图像文件，按【Ctrl+T】，调整图片大小，将树叶移动到画面偏右位置；复制“叶子模糊”图层两次，依次按【Ctrl+T】，调整图片大小，将两片树叶移动图片到画面中间和偏左位置，回车确定。同时选中三片叶子图层，按【Ctrl+G】建立“树叶”组，效果如图 4-31 所示。

图 4- 31 添加树叶点缀元素

步骤 17：选中“天空”图层，选择滤镜 / 模糊 / 高斯模糊，设置半径为 10 像素；选中“秭归”文字图层上方的“光泽”图层，用柔边圆笔画将文字上的光泽擦去一点，让文字显得更清晰，最终效果如图 4-32 所示。

图 4- 32 "秭归脐橙" 主题海报最终效果图

4.1.4 质量检查及验收

（1）质量检查。

对制作出的以“秭归脐橙”为主题的农产品首页全屏海报进行检查校对，并将信息填入质量检查表，见表 4–3。

表 4–3 首页全屏产品海报制作质量检查表

检查项目：农产品首页的全屏产品海报			
检查序号	检查项目	根据完成情况勾选相应选项	改进措施
1	图片尺寸	□正确 □不正确	
2	文件名称	□正确 □不正确	
3	文件大小	□正确 □不正确	
4	海报定位	□准确 □一般 □不准确	
5	产品定位	□准确 □一般 □不准确	
6	海报风格	□明确 □一般 □不明确	
7	文案内容	□准确 □一般 □不准确	
8	文案字体	□合理 □一般 □不合理	
9	文案字号	□合理 □一般 □不合理	
10	文案排版	□合理 □一般 □不合理	
11	主题突出	□突出 □一般 □不突出	
12	构图设计	□合理 □一般 □不合理	
13	色彩搭配	□合理 □一般 □不合理	
14	产品融入	□自然 □一般 □不自然	
15	细节处理	□完善 □一般 □不完善	
16	光影效果	□自然 □一般 □不自然	
17	图片清晰	□清晰 □一般 □不清晰	

表 4-3　首页全屏产品海报制作质量检查表（续表）

检查项目：农产品首页的全屏产品海报			
18	实景合成	□自然　□一般　□不自然	
19	视觉美观	□美观　□一般　□不美观	

（2）交接验收。

根据任务工作情境进行解说，展示以“秭归脐橙”为主题的农产品首页全屏海报完成效果，逐项核对任务要求，完成交接验收，并填写验收表，见表 4-4。

表 4-4　首页全屏产品海报制作验收表

验收内容：农产品首页的全屏产品海报				
序号	验收项目	验收要求	验收情况	整改措施
1	海报定位	（1）海报定位明确，客户一眼能知道商家想要表达的是专题活动还是产品推广销售； （2）产品定位是促销亲民还是高端大气； （3）海报与投放位置周围氛围协调一致	□通过 □不通过	
2	海报风格	（1）海报风格明确，符合活动的要求或者产品的属性； （2）与店铺风格协调、统一	□通过 □不通过	
3	海报背景	（1）几张实景图合成自然，光效合理； （2）海报背景与活动主题或活动产品相互映衬，做到突出主题	□通过 □不通过	
4	产品展示	（1）产品无变形； （2）摆放符合常识； （3）产品光影效果合理	□通过 □不通过	
5	海报色彩	（1）海报主色调契合活动主题； （2）主色调与产品色彩协调统一或形成鲜明对比，能突出产品品质和产品卖点	□通过 □不通过	
6	海报品质	（1）海报清晰，不模糊，画面有美感； （2）为了丰富画面添加一些装饰元素（非必需项）； （3）画面上所有物体光效自然、合理； （4）尺寸宽 1920 像素，高度根据实际内容来定； （5）文件名规范，保存图片时需要保存两种格式：jpg 和 psd； （6）文件大小在规定范围内，小于 2MB	□通过 □不通过	
7	侵权行为	（1）图片素材无侵权行为； （2）字体无侵权行为	□通过 □不通过	
8	客户验收情况	□合格 □较好，有待改进 □不合格	客户签字	客户签字

小结

【知识目标】

本任务要求学生以团队为单位，根据首页的全屏产品海报的设计要点，即主题突出、风格明确、构图合理和细节完善，进行以“秭归脐橙”为主体产品的海报创意设计制作，达到吸引用户点击，提高页面转化率的效果。运用相关图形图像处理软件将天空、草坪、木板等真实场景合成海报背景，突出店铺销售的农产品“有机健康”的品质，营造出自然田园的氛围。

【能力目标】

考核内容表见表 4-5。

表 4-5 考核内容表

序号	考核内容
1	能够分析某地方农产品网店的特性，进行首页的全屏海报主题设计
2	能够分析某地方农产品的特性，进行自然田园风格首页的全屏海报的色彩搭配
3	能够分析网店首页活动主题的特点，进行首页的全屏海报构图设计
4	能够分析网店首页活动主题的特点，进行活动文案提炼
5	能够分析自然田园风格首页全屏海报的特点，合成实景图片作为海报背景
6	能够规范上网，有意识规避素材图片和字体的侵权行为
7	能够掌握使用 Photoshop 软件制作出一张自然田园风格的首页全屏产品海报

同步实训

【情景描述】

完成以“秭归脐橙”为主题的地方特色农产品首页的全屏海报制作后，小组又开始新的以“水果派对”为主题的海报制作。海报活动产品是水果，海报风格还是自然田园风格，参加“全场满 100 减 10”的活动。在首页的全屏海报制作方面，需要结合“绿水青山就是金山银山”的理念、地方农产品和“满减”活动的特点，融入新清、自然的元素，突出绿色、有机、新鲜的特征，进行构图设计、色彩搭配和海报活动文案提炼。

制作“水果派对”主题海报时，可以参考图 4-33 。

图 4-33 “水果派对”主题海报参考图

【实训内容】

根据某地农产品的属性，完成产品信息表，见表 4-6 。

表 4-6　产品信息表

序号	项目	项目属性值	备注
1	产品编号		网店内产品的编号
2	产品名称		水果名称
3	所属产品分类		必填项
4	型号		产品代码
5	品牌		必填项
6	产地		必填项
7	包装方式		必填项
8	配送频次		必填项
9	特产品类		必填项
10	水果种类		必填项
11	净含量		必填项
12	生鲜储存温度		必填项
13	单果重量		必填项
14	厂名		必填项
15	保质期		必填项
16	产品图片		必填项

分组整理和讨论“水果派对”主题首页全屏海报的制作要点，进行海报主题、风格、文案、构图、色彩以及附加价值等方面的构思，完成首页的全屏产品海报制作计划表，见表 4-7。

表 4-7　“水果派对”主题首页全屏产品海报制作计划表

序号	项目	项目属性值	备注
1	产品编号		网店内产品的编号
2	产品名称		水果名称
3	海报定位		（1）海报定位是专题活动还是单品推广销售； （2）产品定位是促销亲民还是高端大气； （3）海报与投放位置周围氛围协调一致
4	海报风格		（1）海报风格明确，符合活动的要求和产品的属性； （2）与店铺风格协调、统一
5	海报文案		（1）主标题、副标题、利益点等文案明确； （2）分别注明字体及其大小； （3）活动主题或产品主要卖点醒目； （4）文案内容精练； （5）字体不要超过三种； （6）农产品的有机、健康的优点有无体现
6	图文布局		（1）画出草图； （2）注明何种构图方式
7	色　彩		（1）背景颜色最好不要超过三种； （2）背景主色调与活动主题或活动产品相互映衬，做到主次分明
8	素材文件		（1）整理素材文件； （2）规范文件名

表 4-7 “水果派对”主题首页全屏产品海报制作计划表（续表）

序号	项目	项目属性值	备注
9	绘　图		（1）尽量选择高清大图； （2）实景图合成时，过渡要自然合理； （3）文件大小不超过 2MB； （4）绘图中要创建一个新样式图形或者添加文字时都需要先新建图层； （5）把抠好的素材从一个文件插入另一个文件，需要选择转化为智能对象； （6）保存图片时需要保存两种格式：jpg 和 psd
10	细节处理		（1）海报清晰，不模糊，画面有美感； （2）为了丰富画面添加一些装饰元素（非必需项）； （3）画面上光影自然、合理
11	尺　寸		全屏产品海报（尺寸宽 1920 像素，高度根据实际内容来定）
12	作图环境		
13	作图地点	Photoshop 软件	
14	作图时间	美工工作室	参照格式：2023-01-01
15	作图数量		
16	作图人员	1 张	
17	使用拍摄素材		拍摄产品素材图片 注明：数量、文件名
18	注意事项	（1）搜集参照素材时，不访问来历不明网站； （2）规避素材图片、字体的侵权行为	

以团队为单位，根据首页的全屏海报的设计要点，进行创意设计，吸引用户点击，提高页面转化率。运用相关图形图像处理软件对拍摄的产品进行首页的全屏海报制作，突出店铺活动主题或产品卖点。

表 4-8 学生自我总结

<table>
<tr><th colspan="6">任务名称：农产品首页的全屏产品海报制作总结</th></tr>
<tr><td colspan="6">团队名称：</td></tr>
<tr><td>姓名</td><td></td><td>学号</td><td></td><td>日期</td><td></td></tr>
<tr><td colspan="6">1. 任务描述
本任务是根据需求对某地方农产品进行首页的全屏海报制作工作。在制作过程中，要结合“绿水青山就是金山银山”的理念、店铺“满减”活动以及地方特色农产品水果的特点，融入自然、绿色、有机、健康的文化元素，进行构图设计、色彩搭配和海报活动文案提炼。熟练使用 Photoshop 软件制作首页的全屏产品海报，突出店铺活动主题或活动产品</td></tr>
<tr><td colspan="6">2. 任务实施过程
请记录海报制作的具体过程。
（1）实景图合成海报背景：
（2）背景光效：
（3）主题文案加光效：
（4）装饰元素：
（5）产品及其布置：</td></tr>
<tr><td colspan="6">3. 任务总结
请写出在首页的全屏海报制作过程中遇到的困难和解决方法</td></tr>
</table>

任务 4.2　数码产品海报视觉设计与制作

学习目标

【知识目标】

（1）了解产品海报视觉设计技巧。

（2）熟悉产品海报视觉设计制作流程。

（3）熟悉产品海报视觉设计风格的科技风。

【技能目标】

（1）能使用图形图像处理软件绘制装饰墙板、立体展台等海报背景物体。

（2）能使用图形图像处理软件制作各物体合理的光影效果。

【素养目标】

（1）培养学习主动性，学会梳理国产数码产品的属性，撰写卖点突出的文案。

（2）通过同步实训，培养小组团队合作的意识及精神。

【思政目标】

（1）在产品海报设计中体现数码产品的技术创新点，体会高科技给生活带来的幸福感。

（2）在搜集使用素材图片过程中，规避侵权行为。

工作情景描述

小赵是某数码产品公司的淘宝旗舰店的视觉设计师，公司即将推出一款 FreeBudsPro2 主动降噪蓝牙耳机，公司主管运营的经理找到小赵，要求其以“国产数码产品 / 耳机新品推广”为主题设计一张公司淘宝旗舰店首页的中幅产品海报，要求采用时尚大气科技风格，进行海报主题、风格、文案、构图和配色的设计，体现公司产品的高科技和好品质。小赵经过市场调研和客户需求分析，决定使用淡紫色的冷色调作为背景，着力细节刻画，突出耳机技术创新点和品质。

工作流程与活动

（1）明确任务和知识准备。

（2）制订计划。

（3）教学做一体化训练。

（4）质量检查及验收。

4.2.1　明确任务和知识准备

产品海报既能展现产品的性能，又能体现公司的形象，重要性不言而喻。高质量的产品海报在视觉上更加有冲击力，具有高端、大气的特点。产品海报具备商业性、时效性、目的性、艺术性、创新性，高质量的产品海报可以提升产品品质，成为公司的象征。产品海报视觉设计通过海报主题、文案、色彩设计突出产品独特性，提升网店的整体视觉效果，激发客户购买欲望，提高网店页面转化率。

（1）产品海报视觉设计技巧。

在进行产品海报视觉设计的过程中，可以运用一些设计技巧来提升海报的视觉表现力。

①对比——艺术之源。

无对比不设计。对比法将海报中描绘的产品性能和特点放在鲜明的对照与直接对比中进行展现，在对比中实现集中、简洁的表现效果。该方法能更鲜明地强调或提示产品的性能和特点，给客户带来深刻的视觉感受。

对比包含的内容很多，比如明暗对比、冷暖对比、疏密对比、虚实对比、大小对比，还有最常见的在海报文案设计中运用字体大小、粗细对比，这些都会增加画面的可读性。

如图 4-34 所示，在“购物狂想曲”海报中，蓝绿色展台与橙黄色产品的强烈对比凸显了产品特质，这种处理手法既是颜色对比，又是冷暖色调对比；画面整体深色背景与穿插其中的明亮光带之间明暗对比；主标题“购物狂想曲”比副标题“多功能数字电笔享 8 折优惠”字体大小、粗细对比，能让客户一眼就看到海报主题——购物狂想曲。这两级标题还存在一个规范字体与变形字体的对比，将“购物狂想曲”中间穿插了一条音调曲线，创意十足，令人印象深刻。

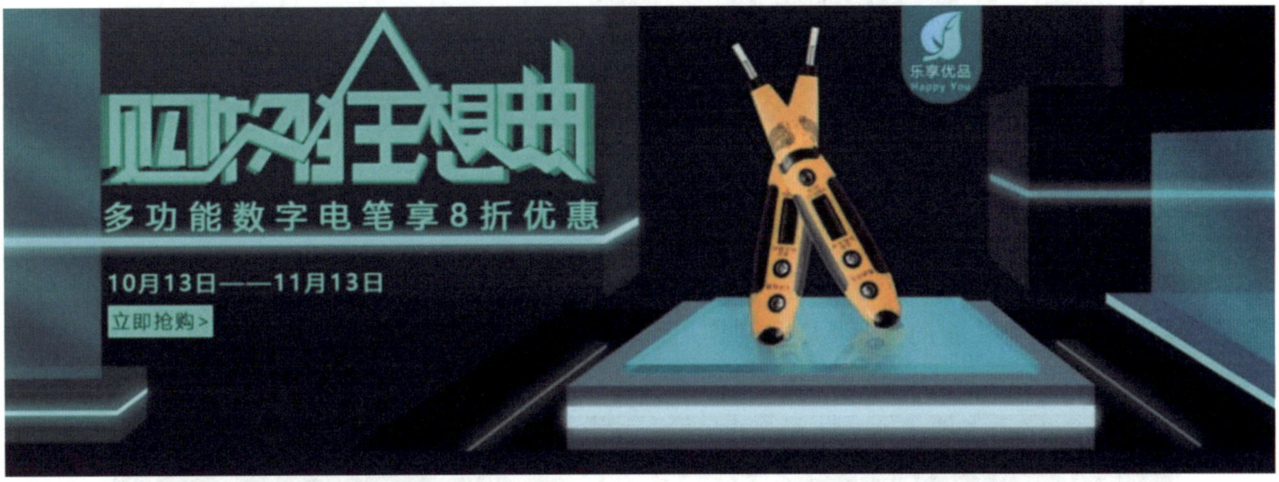

图 4-34 对比效果

一切艺术都受惠于对比表现手法。对比手法的运用，不仅使海报主题加强了表现力度，而且饱含情趣，扩大了海报的感染力。对比手法运用的成功，能使貌似平凡的画面处处隐含着丰富的意味，展示了海报主题的不同层次和深度。

②对齐——简约直白。

对齐分左对齐（图 4-35）、右对齐（图 4-36）、居中对齐。产品海报里的对齐大多数指的是文案对齐。左对齐和右对齐是最常见的排版方法，其中最普遍的是左对齐，因为人的视觉习惯都是从左往右看的。

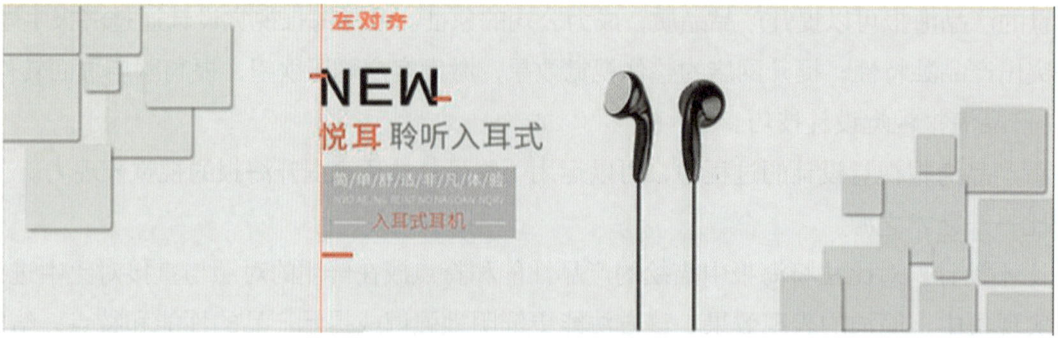

图 4-35　左对齐效果

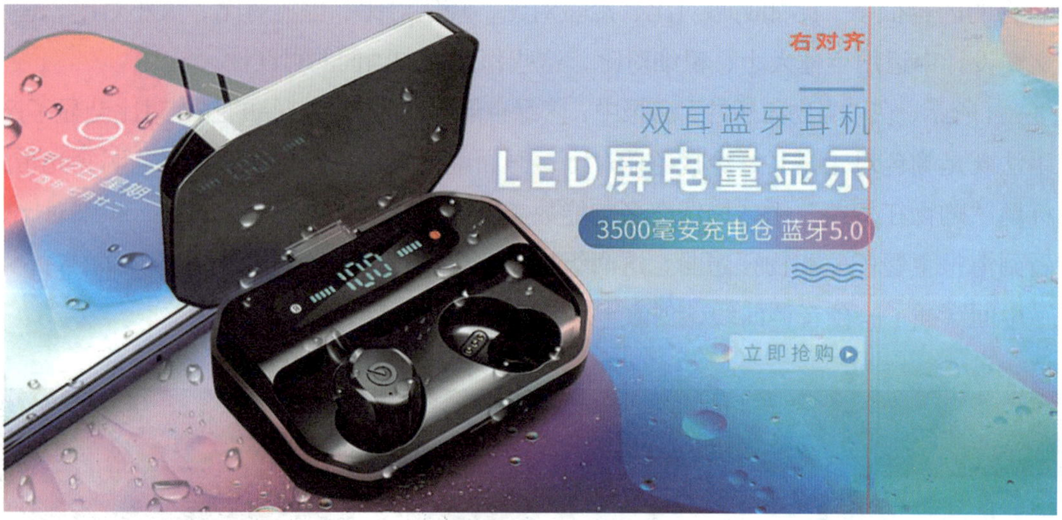

图 4-36　右对齐效果

居中对齐给人以高端、大气的感觉，有时会将文案直接放在产品上，营造一前一后的层次感，适当地添加光效会让整张海报的空间感提升很多（图 4-37）。

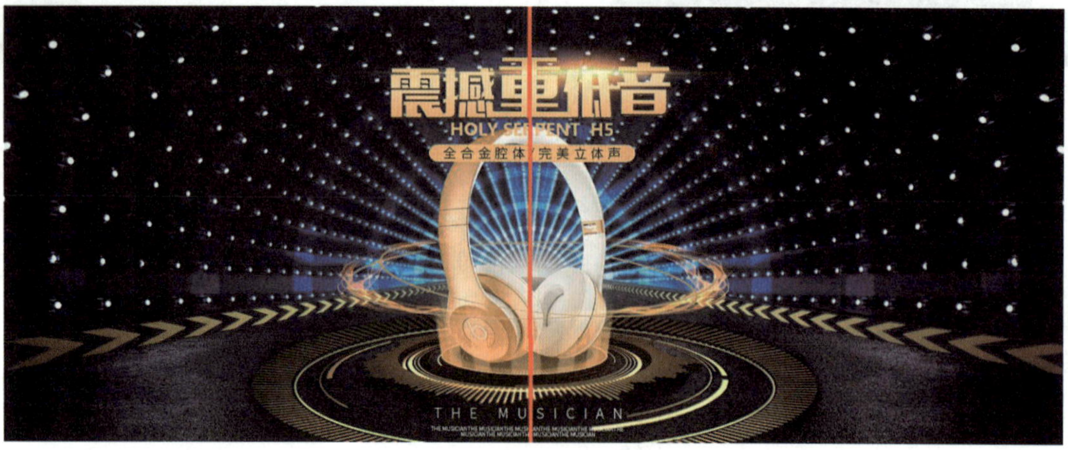

图 4-37　居中对齐效果

③重复——条理统一。

重复可以增加画面条理性和统一性。如图 4-38 所示将三组摆台方法完全一样的移动电源错落有致地放在同一个画面中，背景由三条曲线分割的同色系色块组成，海报呈现效果简约大气。

重复还可以是文案重复，重复的文字颜色、重复的文字大小和重复的文字字体。

图 4-38 重复效果

④分组——韵律美感。

分组可以增加画面韵律感和美感。如图 4-39 所示，将一支黑耳机与三支黑耳塞组成一组，看起来像一节音符，然后通过黑色组和白色组的黑白对比与虚实对比，画面对角线延长线放上两组做了模糊处理的耳机，整个画面呈现音乐的韵律感，引人遐思。

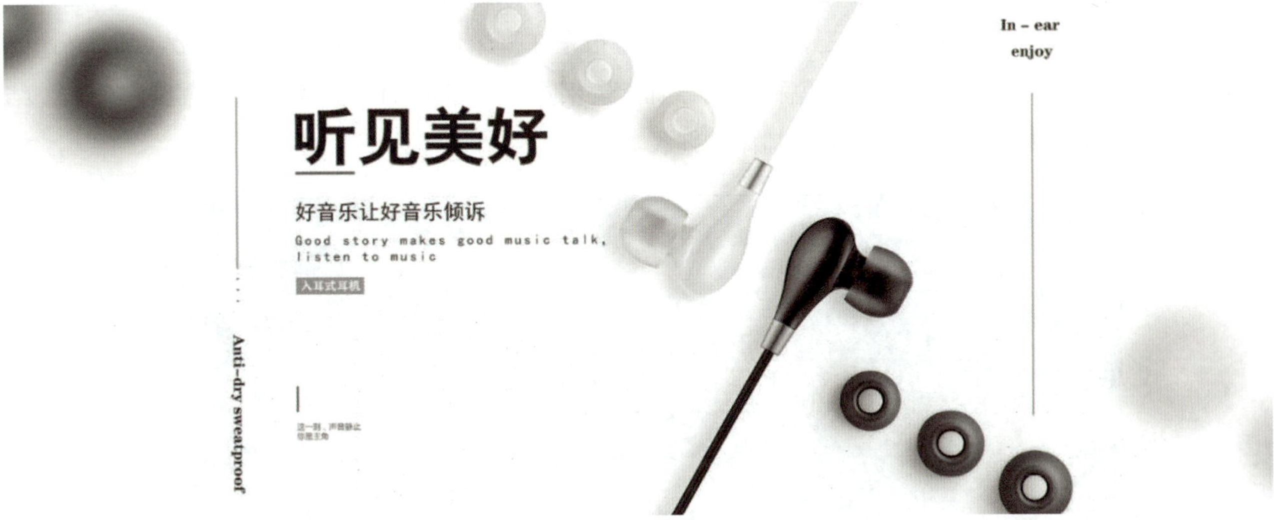

图 4-39 韵律美感效果

当产品海报文案过多的时候可以考虑将文案分组，将相同信息的文案放到一起，这样让画面在视觉感官上更加有秩序，客户阅读起来更加有条理（图 4-40）。

图 4-40　分组效果

（2）产品海报视觉设计制作流程。

产品海报是网店宣传的一种有效的方式。网店可以通过海报将产品信息以一种特定的视觉方式传递给客户，使客户对店铺产品有一定了解，进而对产品产生更多关注，决定购买。因此，产品海报在吸引客户点击、促进转化等方面有着不可替代的作用。

产品海报视觉设计制作一般流程为产品海报定位、确定产品海报风格、撰写能抓住产品卖点的文案、构思图文布局、确定色彩、收集素材、制作排版、完善细节等。

①产品海报定位。

当接到产品海报的设计需求时，我们首先要了解产品海报是针对什么活动、为什么目的设计的。比如，产品海报是为了某个节日专题活动，还是为了某个单品的推广销售。第二，要明确产品定位，定位是促销亲民还是高端大气。第三，要知道产品海报是在哪个位置投放的，考虑海报与周围环境的关系，比如首页的产品海报背景色避免和左侧导航背景相同等（图 4-41）。最后，根据客户要求，结合自己分析的结果制订并填写产品海报制作计划表。

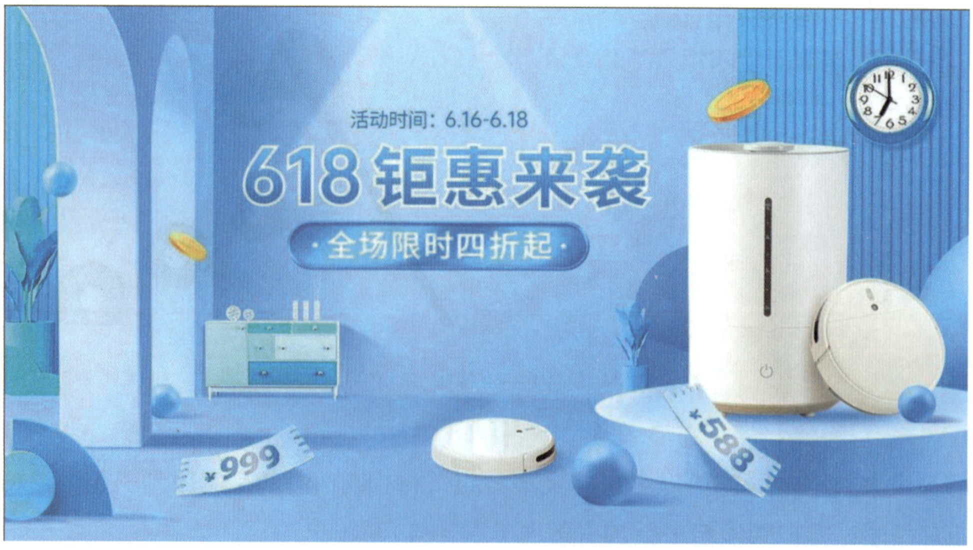

图 4-41　海报定位效果

②确定产品海报风格。

产品海报的风格是多种多样的，前面一节介绍过产品海报的风格主要有中国风、国潮风、田园风、科技风、剪纸风、3D 风等。产品海报的风格要与产品的属性、视觉调性以及整个网店的风格相协调、统一。比如，农产品比较适合田园风，数码产品比较适合科技风等（图 4−42）。

图 4−42 海报风格效果

③撰写能抓住卖点的文案。

文案分主标题、副标题、利益点文字等部分。主标题最能吸引客户的注意力，字号也最大，可以是活动主题、产品的最大卖点；副标题辅助或描述其他卖点；利益点文字可以是网店促销活动内容、产品价格、活动时间等（图 4−43）。

文案字体可选择的样式繁多，尤其是汉字，不同的字体蕴含不同的情感、意义和相关性。选择一款字体要考虑它的易读性，还要考虑这款字体能否准确地传达出产品独有的气质。如果在海报中选用了合适的字体，会让人感觉协调美观，使信息传递达到理想效果。海报文案的字体不要超过三种。

图 4−43 抓住卖点的文案

④构思图文布局。

最常见的构思图文布局是左文右图和右文左图，这两种布局在视觉上让产品与文案一目了然，在适合于大多数类目。当然，还有其他布局方法，我们需要结合产品海报的主题、风格、文案，决定采用哪种布局方法来进行图文布局，并绘制草图。

⑤确定色彩。

色彩作为突出电商海报主题的必要元素，决定了海报的视觉效果。我们选择色彩时要克制，海报背景颜色最好不要超过三种。色彩设计通常要考虑产品的视觉调性（色彩、材质）、产品的受众及活动主题等因素（图 4−44）。

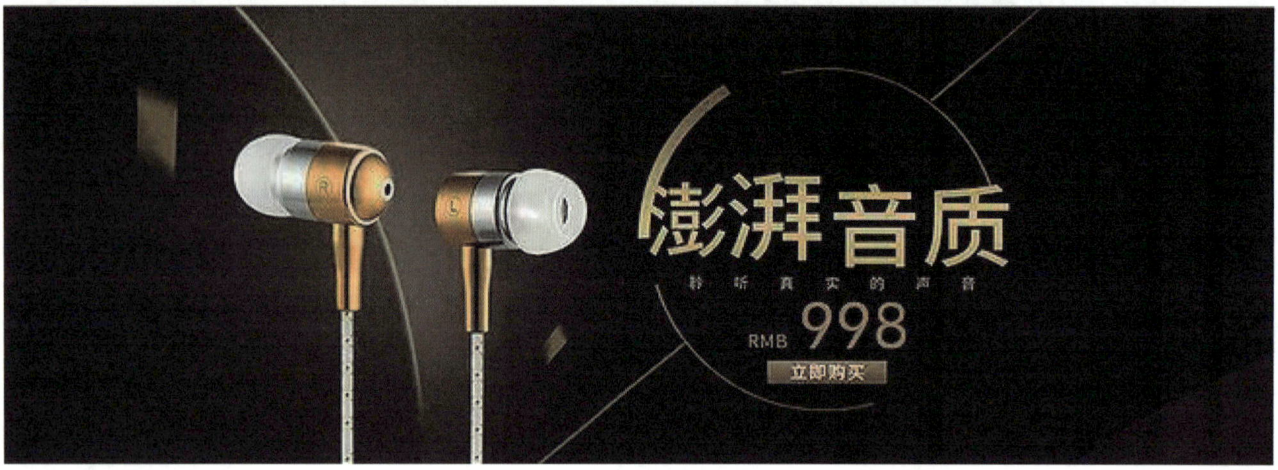

图 4−44　海报的视觉效果

⑥收集素材。

在设计产品海报之前，我们可以去网站收集一些设计素材，比如产品的各类图片、跟产品相关的图片或者是产品周边素材，从中选出设计所需要的素材作为参照。值得注意的是，在搜集参照素材时，要访问正规、获得官方认可的网站，不要访问来历不明网站；使用素材时要规避素材图片、字体的侵权行为。

⑦制作排版。

运用图形图像处理软件 Photoshop 制作海报的过程中须注意：尽量选择高清大图；作图中要创建一个新样式图形或者添加文字时都需要先新建图层；把抠好的素材从一个文件插入到另一个文件中，需要选择转化为智能对象；文件大小不超过 2MB；保存图片时需要保存 jpg 和 psd 两种格式。

⑧完善细节。

在对产品海报有了整体把控以后，后期润色、细节刻画也非常重要。比如调整产品和背景图片素材的光影关系，产品上是否要添加光线效果，是否添加与海报相关的点缀装饰元素等，从而提升画面的空间感和层次感（图 4−45）。只有处理好细节，才能提高产品海报的整体品质。

图 4-45 添加光线效果

4.2.2 制订计划

本任务要求设计以“国产数码产品 / 耳机新品推广”为主题的时尚大气产品海报。在教学做一体化训练中，通过相应的工作流程、操作步骤掌握装饰墙板、立体展台等物体及其光影的制作方法，学会展台产品陈列、文案字体排版等较典型的海报制作方法，熟悉科技风产品海报视觉设计风格。

本任务是设计时尚大气的数码产品海报为首页的中幅海报，设计过程中注意事项如下。

（1）海报背景参照样图；海报文案可以参照样图排版，文案内容自拟。

（2）海报定位准确、风格明确。

（3）海报背景、文案、产品相互映衬，主题突出。

（4）构图明快简洁，色彩搭配合理、光效自然。

（5）素材需要抠图，边缘干净平滑，无阴影。

（6）产品套件需要打开、侧面展现。

（7）图片像素高，美观度高，品质感强。

（8）图片形状为长方形，图片大小宽度为 950 像素，高度根据实际内容来定。

（9）图片为 jpg 格式。

在网店首页的中幅产品海报设计过程中，首先要求填写数码产品首页的中幅产品海报制作计划表，明确需要用到哪些素材和各环节的设计制作要点，见表 4-9。

表 4-9 数码产品首页中幅产品海报制作计划表

序号	项目	项目属性值	备注
1	产品编号		网店内产品的编号
2	产品名称		国产耳机

表 4-9 数码产品首页中幅产品海报制作计划表（续表）

序号	项目	项目属性值	备注
3	海报定位		（1）海报定位是专题活动还是单品推广销售； （2）产品定位是促销亲民还是高端大气； （3）海报与投放位置周围氛围协调一致
4	海报风格		（1）海报风格明确，符合活动的要求和产品的属性； （2）与店铺风格协调、统一
5	海报文案		（1）主标题、副标题、利益点等文案明确； （2）分别注明字体及其大小； （3）活动主题或产品主要卖点醒目； （4）文案内容精练； （5）字体不要超过三种； （6）数码产品的技术创新有无体现
6	图文布局		（1）画出草图； （2）注明何种构图方式
7	色彩		（1）背景颜色最好不要超过三种； （2）背景主色调与活动主题或活动产品相互映衬，做到主次分明
8	素材文件		（1）整理素材文件； （2）规范文件名
9	绘图		（1）尽量选择高清大图； （2）文件大小不超过 2MB； （3）绘图中要创建一个新样式图形或者添加文字时都需要先新建图层； （4）把抠好的素材从一个文件插入另一个文件，需要选择转化为智能对象； （5）保存图片时需要保存两种格式：jpg 和 psd
10	细节处理		（1）海报清晰，不模糊，画面有美感； （2）为了丰富画面添加一些装饰元素（非必需项）； （3）画面上光影自然、合理
11	尺寸		中幅产品海报（尺寸宽 950 像素，高度根据实际内容来定）
12	作图环境		
13	作图地点	Photoshop 软件	
14	作图时间	美工工作室	参照格式：2023-01-01
15	作图数量		
16	作图人员	1 张	
17	使用拍摄素材		拍摄产品素材图片 注明：数量、文件名
18	注意事项	（1）搜集参照素材时，不访问来历不明网站； （2）规避素材图片、字体的侵权行为	

4.2.3 教学做一体化训练

首页的产品海报需要结合网店的整体风格、专题活动的要求和产品的属性进行制作，本任务根据计划表制作数码产品首页的中幅产品海报。

【具体步骤】

步骤 1：新建画布宽 950 像素，高 533 像素，分辨率为 300 像素 / 英寸，背景为透明色，颜色模式为 RGB 模式，名称为“数码产品海报”。

步骤 2：设置前景色为 #6f84c2，按【Alt+Del】键填充画布背景。选择矩形工具，设置为“形状”模式，填充颜色为渐变色，左边色标为 #8a99d0，右边色标为 #b0c0eb，角度为 -90，描边颜色为无，在合适位置绘制渐变地面，如图 4-46 所示。

图 4-46 绘制海报大背景

步骤 3：新建图层，选择矩形工具，设置为“形状”模式，填充颜色为渐变色，左边色标为 #91a4db，中间色标为 #afc0ee，右边色标为 #afc1f1，角度为 100，描边颜色为无，在合适位置绘制左侧装饰墙板，如图 4-47 所示。

图 4-47 绘制左侧装饰墙板

步骤 4：按【Ctrl+J】，复制左侧装饰墙板形状图层，选择编辑 / 变换 / 垂直翻转，使用移动工具将该形状下移至墙板倒影处，右击该图层，选栅格化图层，选择滤镜 / 模糊 / 高斯模糊，半径为 4 像素；

将该图层顺序移至左侧装饰墙板形状图层的下面。

右击左侧装饰墙板形状图层，选择混合选项，在“图层样式”对话框中，设置投影颜色为 #9a9a9a，距离为 1 像素，大小为 1 像素，参数如图 4-48 所示。

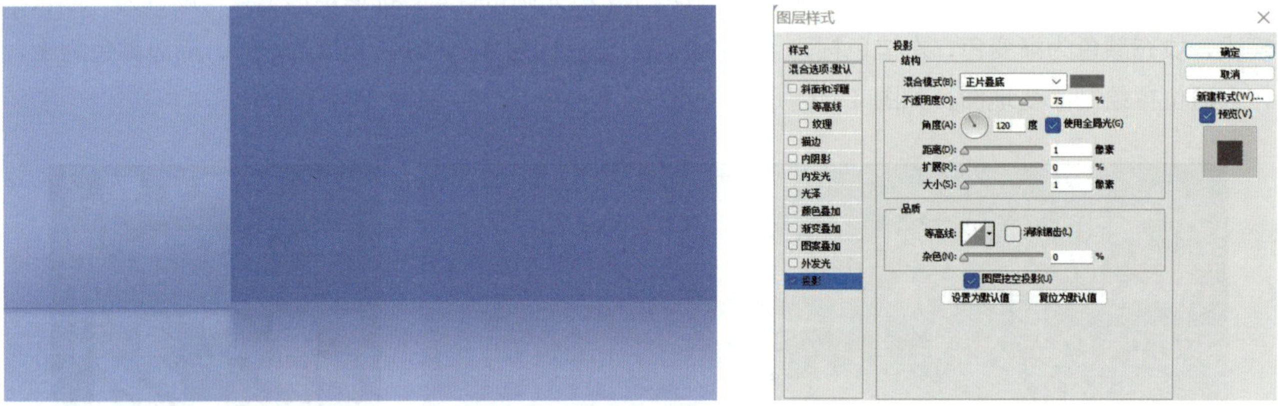

图 4-48　绘制左侧装饰墙板的投影

步骤 5：新建图层，选择直线工具，设置为“形状”模式，填充颜色为 #7582ac，描边颜色为 #bccbf3，描边宽为 1 像素，直线粗细为 4 像素，按住【Shift】在左侧装饰墙板合适位置绘制线条形状。按【Ctrl+J】复制线条形状图层；按【Ctrl+T】，将线条形状左移至合适位置，回车确定；按【Ctrl+Alt+Shift+T】再复制两根线条形状；选中所有线条形状图层，按【Ctrl+E】，合并所有线条形状；按【Ctrl+Alt+G】，创建剪贴蒙版，如图 4-49 所示。

图 4-49　绘制左侧装饰墙板上的线条

步骤 6：新建图层，设置前景色为 #ffffff，选择矩形选框工具，设置模式为“新选区”，绘制一个矩形选区，按【Ctrl+Del】键填充选区为白色；再在白色区域中间画一条很窄的区域，按【Del】键清除区域内白色；垂直居中位置也按同样的方法处理；按【Ctrl+Del】键取消选区，如图 4-50 所示。

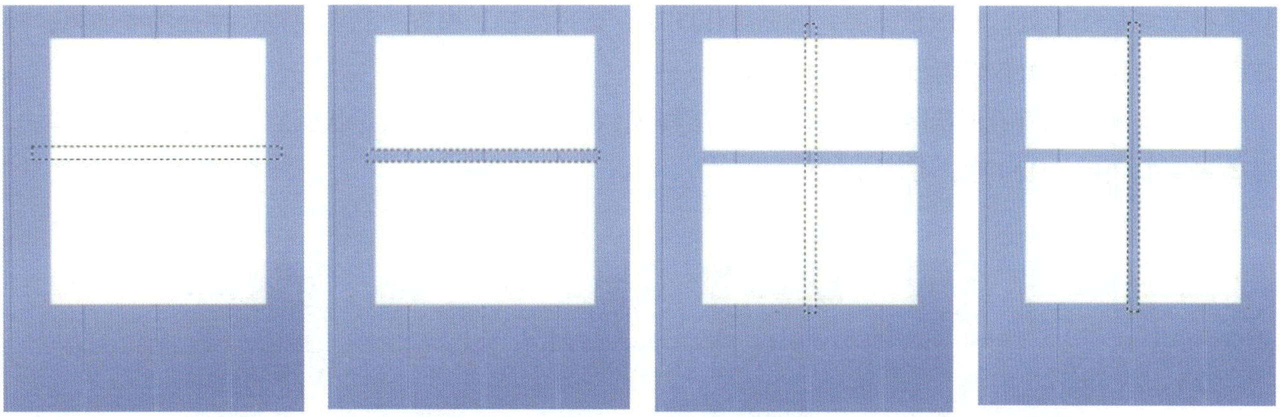

图 4-50 绘制光线轮廓

步骤 7：绘制光效。分别选择编辑 / 变换 / 斜切、自由变换和变形命令，将白色区域拉伸变形；使用移动工具将此形状移动到合适位置，选择滤镜 / 模糊 / 高斯模糊，半径为“10 像素”；在“光线”图层创建蒙版，选择渐变工具，设置默认前景色和背景色（前景为黑色，背景为白色），选“径向”渐变，从白色区域旁边向中间拖出渐变线，用黑色画笔，大小为 700 像素，流量为 18%，对光效做微调处理，如图 4-51 所示。

图 4-51 绘制光效

步骤 8：新建图层，选择矩形工具，设置为“形状”模式，填充颜色为渐变色，左边色标为 #c0d0f4，中间色标为 #bacbf0，右边色标为 #9baedb，角度为 0，描边颜色为无，在合适位置绘制右侧装饰墙板。

按【Ctrl+J】，复制右侧装饰墙板形状图层，选择编辑 / 变换 / 垂直翻转，使用移动工具将该形状下移至墙板倒影处，右击该图层，选栅格化图层，选择滤镜 / 模糊 / 高斯模糊，半径为 4 像素；将该图层顺序移至左侧装饰墙板形状图层的下面。

右击左侧装饰墙板形状图层，选择拷贝图层样式，右击右侧装饰墙板形状图层，选择粘贴图层样式，调整投影的角度为 120 度，如图 4-52 所示。

图 4-52 绘制右侧装饰墙板及投影

步骤 9：新建图层，设置圆拱门形状的参考线，选择钢笔工具，设置为“形状”模式绘制圆拱门，设置填充颜色为 #7e94cb，描边颜色为无。

复制圆拱形状图层，使用移动工具往左边移动至合适位置，回车确定。设置填充颜色为渐变色，左边色标为 #5e70b2，右边色标为 #6e82be，角度为 90，描边颜色为无。创建剪贴蒙版。

将已制作的所有形状图层选中，按【Ctrl+G】，建“背景”组，如图 4-53 所示。

图 4-53 绘制圆拱门

步骤 10：选择椭圆工具，设置为“形状”模式，绘制圆台上面，设置填充颜色为渐变色，左边色标为 #b5c0e1，右边色标为 #7382b1，线性，角度为 20，缩放 300%，描边颜色为无。

按【Ctrl+J】，复制圆台上面形状图层，并更改复制的图层名为“圆台框架上面”；按【Ctrl+J】，复制圆台框架上面形状图层，并更改复制的图层名为“圆台框架下面”；按【Ctrl+T】，向下移动圆台框架下面形状图层到合适位置；选择矩形工具，设置为“形状”模式，绘制圆台框架侧面，与圆台框架上面、下面，构成一个整体；同时选中三个圆台框架形状图层，按右键选合并形状，更改图层名为“圆台框架”，如图 4-54 所示。

步骤 11：选择矩形工具，设置为“形状”模式，绘制圆台侧面光泽形状图层，设置填充颜色为渐变色，左边第一个色标为 #6574a9，第二个色标为 #c2c7dc，第三个色标为 #bdc3d9，第四个色标为 #f7f7fa，最右边色标为 #a5b1d8，线性，角度为 180，缩放 00%；描边颜色为无；创建剪贴蒙版。

选中圆台上面形状图层，改变图层顺序拖到圆台侧面光泽形状图层的上面；选中所有与圆台形状有关的图层，按【Ctrl+G】，建圆台组，如图 4-55 所示。

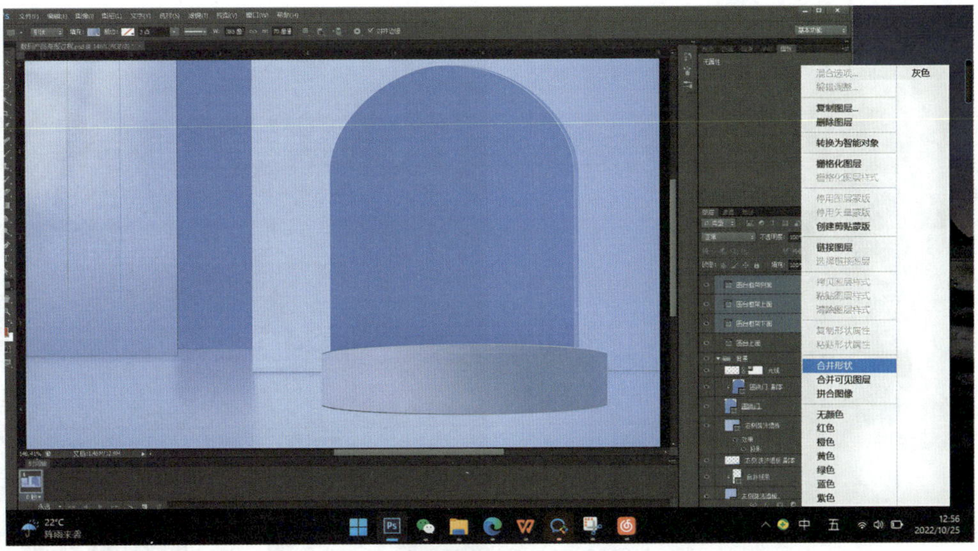

图 4-54 绘制圆台框架

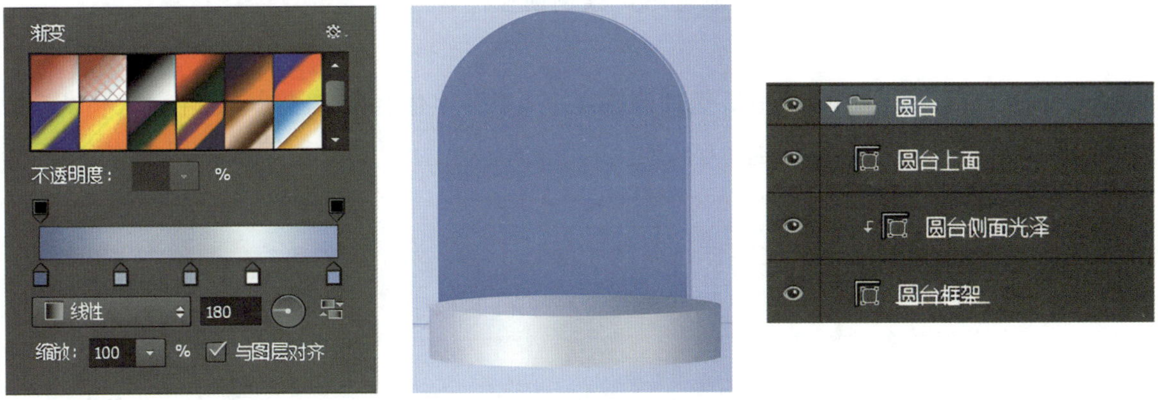

图 4-55 绘制圆台侧面光泽

步骤12：复制圆台组，同时选中“圆台 副本”组中所有图层，按右键选合并形状，更改图层名为“圆台投影”。右击“圆台 副本”组，选择“删除组”，在弹出的对话框中，选择“仅组”。

选中“圆台投影”图层，选择编辑 / 变换 / 垂直翻转，使用移动工具将该形状下移至圆台倒影处，选择滤镜 / 模糊 / 高斯模糊，半径为“7 像素”；创建图层蒙版，设置默认前 / 背景色，选择渐变工具，设置线性渐变，选中由黑色到白色渐变，在蒙版上圆台倒影处垂直向上拖动一个黑白渐变色，遮住没有的投影；需要微调时，可以用黑色或白色画笔在蒙版上继续作细微调整。最后将“圆台投影”图层顺序移至圆台组的下面。

按【Ctrl+J】，复制“圆台上面”形状图层，并更改复制的图层名为“圆台底边勾线”；按【Ctrl+T】，向下移动“圆台底边勾线”形状至圆台底面的下面，设置描边为 #7c87af、4 像素；在图层面板里，将“圆台底边勾线”形状图层顺序移至圆台框架图层的下面，如图 4-56 所示。

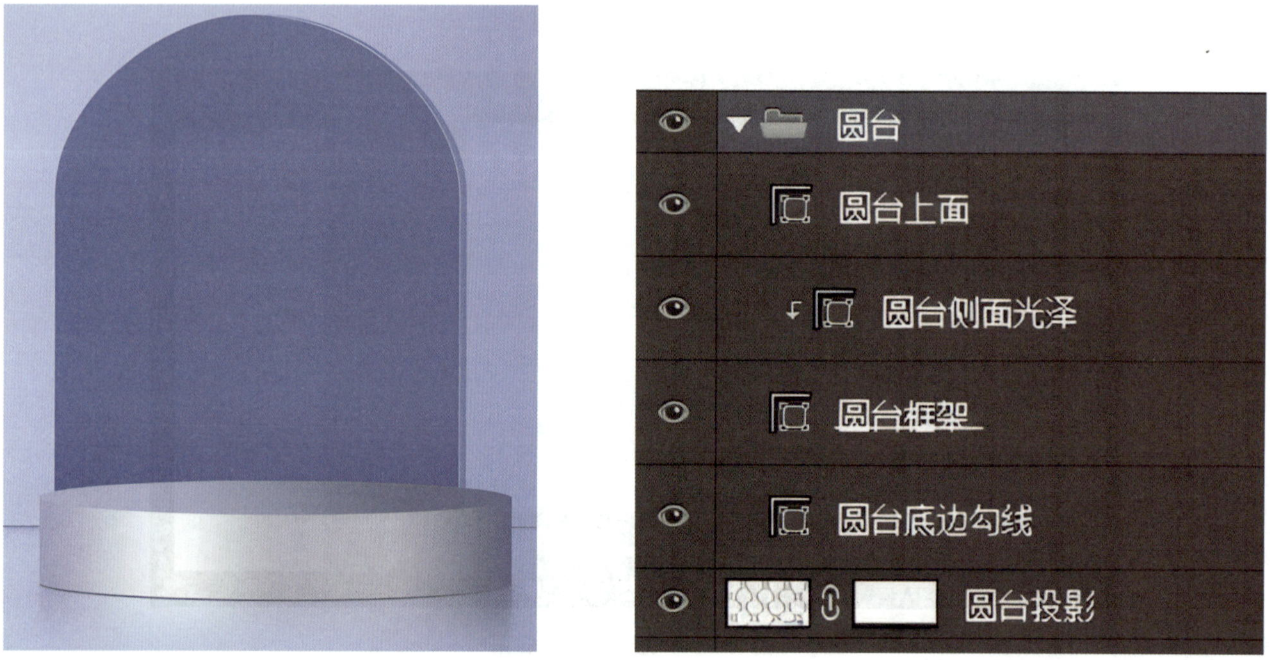

图 4-56 绘制圆台投影

步骤 13：在画面左边设置参考线，选择横排文字工具，字体选微软雅黑、正常，大小设为 16 点，颜色为 #ffffff。在左边参考线以内、垂直方向偏上的位置输入主标题“殿堂级别享受”，在字符面板中，设置水平缩放为 90%。

步骤 14：选择横排文字工具，字体选微软雅黑、正常，大小设为 5 点，颜色为 #ffffff。在主标题上面适当位置，输入“无拘无束 · 典雅唯美”，在字符面板中，设置字符间距为 200，水平缩放为 110%。

步骤 15：选择横排文字工具，字体选微软雅黑、正常，大小设为 6 点，颜色为 #ffffff。在主标题上面适当位置，输入副标题 / 卖点“FreeBudsPro2 蓝牙耳机主动降噪”，在字符面板中，设置字符间距为 0，水平缩放为 90%。

步骤 16 ：选择圆角矩形工具，设置为“形状”模式，半径为 10 像素，绘制副标题下面的渐变形状，设置填充颜色为渐变色，左边色标为 #fec4a8，右边色标为 #ffebdf，线性，角度为 90，缩放 100%，描边为无。

步骤 17 ：选择横排文字工具，字体选微软雅黑、正常，颜色为 #ffffff。在主标题上面适当位置，输入“震撼价 ¥1129”；在字符面板中，设置字符间距为 0，水平缩放为 90%，加粗。选中“震撼价”，大小设为 6 点；选中“¥1129”，大小设为 10 点。选中所有文字图层及其相关形状图层，按【Ctrl+G】，建“文案”组，步骤 13~ 步骤 17 效果参见图 4–57 。

图 4–57 输入海报文案

步骤 18 ：选择文件 / 置入“耳机套件”图像文件，右击该图层，选择“转换为智能对象”；按【Ctrl+T】，调整图片大小，将耳机套件移动到圆台上，回车确定；创建曲线调整图层，调整曲线提高耳机套件的亮度；创建剪贴蒙版，只针对耳机套件图层提亮，如图 4–58 所示。

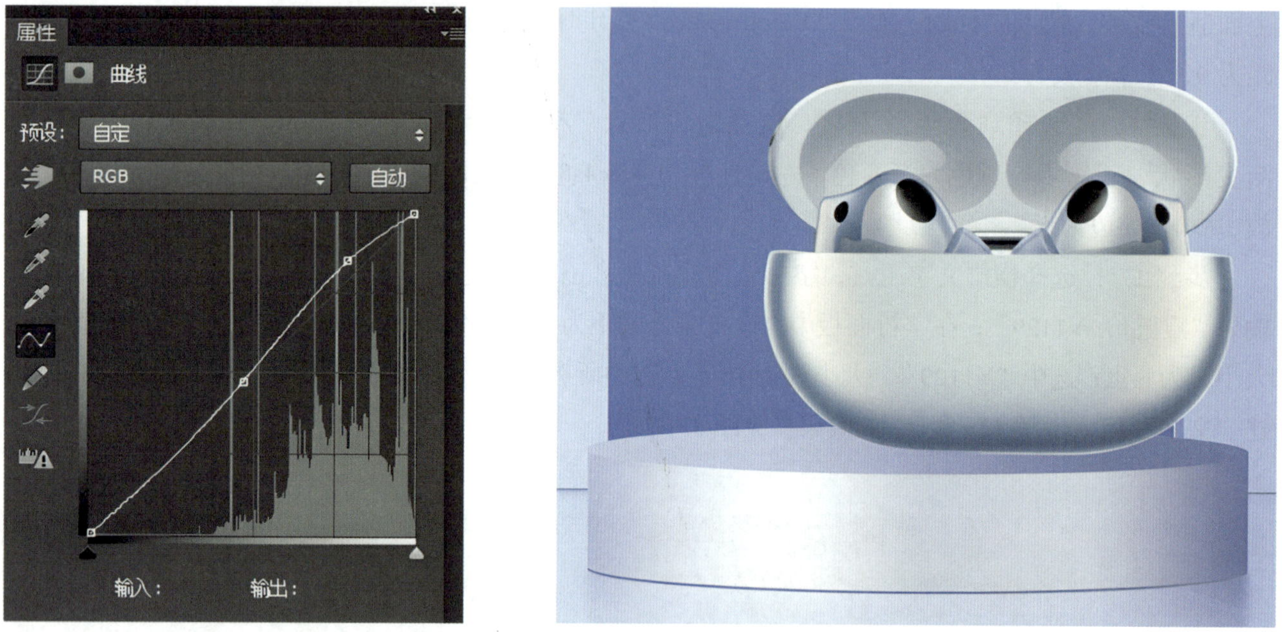

图 4-58 调整耳机套件的亮度

步骤 19 ：按【Ctrl+J】，复制“耳机套件”图层，更改图层名为“耳机套件倒影”；选中“耳机套件倒影”图层，选择编辑 / 变换 / 垂直翻转，使用移动工具将该形状下移至套件倒影处；添加“耳机套件倒影”图层的图层蒙版，设置默认前 / 背景色，选择渐变工具，设置线性渐变，选中由黑色到白色渐变，在蒙版上耳机套件倒影处垂直向上拖动一个黑白渐变色，遮住没有的投影；需要微调时，可以用黑色或白色画笔在蒙版上继续作细微调整。最后将“耳机套件倒影”图层顺序移至“耳机套件提亮 曲线”可调整图层的上面，如图 4-59 所示。

图 4-59 绘制耳机套件的倒影

步骤 20 ：选择文件 / 置入“耳机素材”图像文件，右击该图层，选择“转换为智能对象”；按【Ctrl+T】，调整图片大小，将耳机移动到圆台上合适位置，回车确定。按【Ctrl+J】，复制“耳机素材”图层，更改图层名为“耳机投影”；分别选择编辑 / 变换 / 斜切、编辑 / 自由变换、编辑 / 变换 / 变形，调整耳机形状为投影的效果；右击耳机投影图层，选择“栅格化图层”，选中耳机投影图层缩览图，填充所选区域为黑色。将“耳机投影”图层顺序移至“耳机素材”图层的下面，如图 4-60 所示。

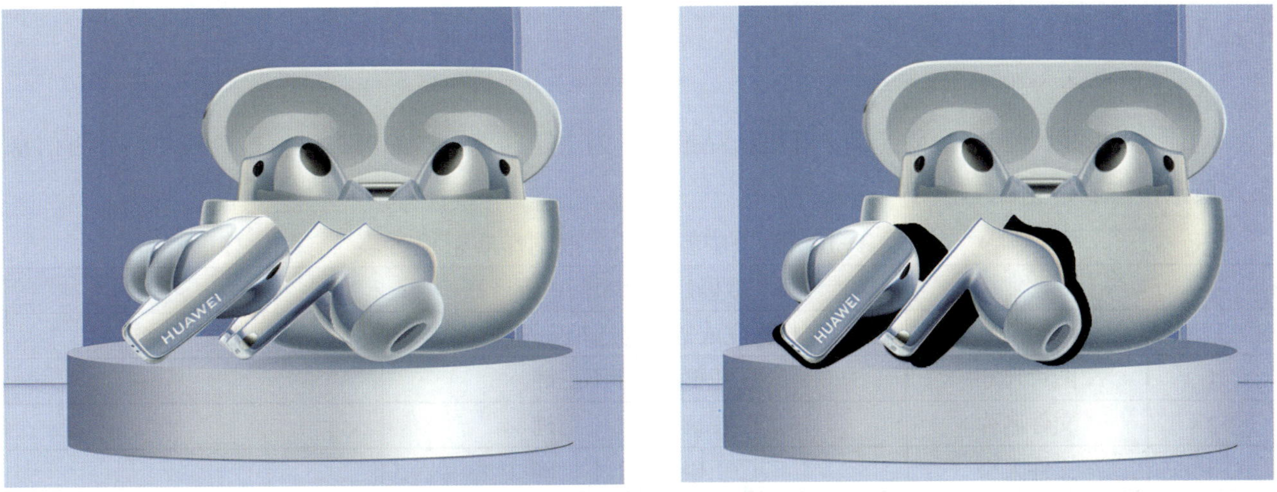

图 4-60 绘制耳机投影过程

步骤 21：添加“耳机投影”图层的图层蒙版，设置默认前 / 背景色，选择渐变工具，设置线性渐变，选中由黑色到白色渐变，在蒙版上耳机投影处斜方向上拖出一个黑白渐变色；调整图层的不透明度和填充。需要微调时，可以用黑色或白色画笔在蒙版上继续作细微调整；将“耳机素材”图层顺序移至所有投影效果图层的上面。选中所有与数码产品有关的图层，按【Ctrl+G】，建“产品”组。保存文件，最终效果如图 4-61 所示。

图 4-61 “国产数码产品 / 耳机新品推广”主题海报最终效果图

4.2.4 质量检查及验收

（1）质量检查。

对制作出的以“国产数码产品 / 耳机新品推广”为主题的首页产品海报进行检查校对，并将信息填入质量检查表，见表 4-10。

表 4-10 首页中幅产品海报制作质量检查表

检查项目：数码产品首页的中幅产品海报			
检查序号	检查项目	根据完成情况勾选相应选项	改进措施
1	图片尺寸	□正确 □ 不正确	
2	文件名称	□正确 □ 不正确	
3	文件大小	□正确 □ 不正确	
4	海报定位	□准确 □一般 □不准确	
5	产品定位	□准确 □一般 □不准确	
6	海报风格	□明确 □一般 □不明确	
7	文案内容	□准确 □一般 □不准确	
8	文案字体	□合理 □一般 □不合理	
9	文案字号	□合理 □一般 □不合理	
10	文案排版	□合理 □一般 □不合理	
11	主题突出	□突出 □一般 □不突出	
12	构图设计	□合理 □一般 □不合理	
13	色彩搭配	□合理 □一般 □不合理	
14	产品融入	□自然 □一般 □不自然	
15	细节处理	□完善 □一般 □不完善	
16	光影效果	□自然 □一般 □不自然	
17	图片清晰	□清晰 □一般 □不清晰	
18	视觉美观	□美观 □一般 □不美观	

（2）交接验收。

根据任务工作情境进行解说，展示以“国产数码产品 / 耳机新品推广”为主题的首页产品海报完成效果，逐项核对任务要求，完成交接验收，并填写验收表，见表 4-11。

表 4-11 首页中幅产品海报制作验收表

验收内容：数码产品首页的中幅产品海报				
序号	验收项目	验收要求	验收情况	整改措施
1	海报定位	（1）海报定位明确，客户一眼能知道商家想要表达的是专题活动还是产品推广销售； （2）产品定位是促销亲民还是高端大气； （3）海报与投放位置周围氛围协调一致	□通过 □不通过	
2	海报风格	（1）海报风格明确，符合活动的要求或者产品的属性； （2）与店铺风格协调、统一	□通过 □不通过	

表 4-11 首页中幅产品海报制作验收表（续表）

验收内容：数码产品首页的中幅产品海报				
序号	验收项目	验收要求	验收情况	整改措施
3	海报背景	（1）左、右侧装饰墙板和展台制作仿真度高，光影效果合理； （2）海报背景与活动主题或活动产品相互映衬，做到突出主题	□通过 □不通过	
4	产品展示	（1）产品无变形； （2）摆放符合常识； （3）产品光影效果合理	□通过 □不通过	
5	海报色彩	（1）海报主色调契合活动主题； （2）主色调与产品色彩协调统一或形成鲜明对比，能突出产品品质和产品卖点	□通过 □不通过	
6	海报品质	（1）海报清晰，不模糊，画面有美感； （2）为了丰富画面添加一些装饰元素（非必需项）； （3）画面上所有物体光效自然、合理； （4）尺寸宽 950 像素，高度根据实际内容来定； （5）文件名规范，保存图片时需要保存两种格式：jpg 和 psd； （6）文件大小在规定范围内，小于 2MB	□通过 □不通过	
7	侵权行为	（1）图片素材无侵权行为； （2）字体无侵权行为	□通过 □不通过	
8	客户验收情况	□合格 □较好，有待改进 □不合格	客户签字	客户签字

小结

【知识目标】

本任务要求学生以团队为单位，根据首页的中幅产品海报的设计要点，即主题突出、风格明确、构图合理和细节完善，进行以“国产数码产品 / 耳机新品推广”为主题的海报创意设计制作，达到吸引用户点击、提高页面转化率的效果。运用相关图形图像处理软件绘制装饰墙板、展台等仿真场景，通过打造逼真的光影效果，突出数码产品 / 耳机的高端品质，营造出简约大气的氛围。

【能力目标】

考核内容见表 4-12。

表 4-12 考核内容表

序号	项目
1	能够分析国产数码产品的特性和卖点，进行以“国产数码产品 / 耳机新品推广”为主题的时尚大气科技风格首页产品海报设计
2	能够分析国产数码产品的特性和卖点，进行时尚大气科技风格的色彩搭配
3	能够根据国产数码产品的特性和卖点，进行首页的中幅产品海报的构图设计
4	能够分析国产数码产品的特性，进行活动文案提炼
5	能够依据时尚大气科技风首页的中幅海报的特点，绘制仿真度高的展台和装饰墙板作为海报背景
6	能够规范上网，有意识规避素材图片和字体的侵权行为
7	能够使用 Photoshop 软件制作出一张时尚大气风格的首页的中幅产品海报

同步实训

【情景描述】

完成以“国产数码产品 / 耳机新品推广”为主题的科技风格首页的中幅产品海报制作后，小组又接到新的任务，要求以“国产数码产品 / 手机新品推广”为主题海报的设计制作，海报风格还是时尚大气的科技风格。在首页的产品海报设计制作时，需要结合“科技创新”的理念，突出这款国产手机领先的创新技术或先进的国产化芯片或操作系统，结合手机高性能、国产化、创新技术的特征，进行海报构图设计、色彩搭配和海报活动文案提炼。

制作“国产数码产品 / 手机新品推广”为主题产品海报时，可以参考图 4-62 。

图 4-62 “国产数码产品 / 手机新品推广”主题海报参考图

【实训内容】

根据某国产数码产品 / 手机的属性，完成产品信息表，见表 4-13。

表 4-13 产品信息表

序号	项目	项目属性值	备注
1	产品编号		网店内产品的编号
2	产品名称		国产手机名称
3	所属产品分类		必填项
4	型号		产品代码
5	品牌		必填项

表 4-13 产品信息表（续表）

序号	项目	项目属性值	备注
6	接口类型		必填项
7	分辨率		必填项
8	CPU 核心数		必填项
9	机身颜色		必填项
10	后置摄像头		必填项
11	生产企业		必填项
12	存储容量		必填项
13	屏幕材质		必填项
14	网络模式		必填项
15	屏幕刷新率		必填项
16	操作系统		必填项
17	款式		必填项
18	CPU		必填项
19	上市时间		必填项
20	屏幕尺寸		必填项
21	电池容量		必填项
22	机身厚度		必填项
23	充电功率		必填项
24	前置摄像头像素		必填项
25	蓝牙版本		必填项
26	解锁方式		必填项
27	是否支持无线充电		必填项
28	是否支持 NFC		必填项
29	版本类型		必填项
30	产品系列		必填项

分组整理和讨论“国产数码产品 / 手机新品推广”主题首页产品海报的制作要点，进行海报主题、风格、文案、构图、色彩以及科技产品 / 手机属性等方面的构思，完成首页的产品海报制作计划表，见表 4-14。

表 4-14 “国产数码产品 / 手机新品推广”主题首页产品海报制作计划表

序号	项目	项目属性值	备注
1	产品编号		网店内产品的编号
2	产品名称		国产手机
3	海报定位		（1）海报定位是专题活动还是单品推广销售； （2）产品定位是促销亲民还是高端大气； （3）海报与投放位置周围氛围协调一致

表 4-14 “国产数码产品 / 手机新品推广”主题首页产品海报制作计划表（续表）

序号	项目	项目属性值	备注
4	海报风格		（1）海报风格明确，符合活动的要求和产品的属性； （2）与店铺风格协调、统一
5	海报文案		（1）主标题、副标题、利益点等文案明确； （2）分别注明字体及其大小； （3）活动主题或产品主要卖点醒目； （4）文案内容精练； （5）字体不要超过三种； （6）数码产品的技术创新有无体现
6	图文布局		（1）画出草图； （2）注明何种构图方式
7	色彩		（1）背景颜色最好不要超过三种； （2）背景主色调与活动主题或活动产品相互映衬，做到主次分明
8	素材文件		（1）整理素材文件； （2）规范文件名
9	绘 图		（1）尽量选择高清大图； （2）文件大小不超过 2MB； （3）绘图中要创建一个新样式图形或者添加文字时都需要先新建图层； （4）把抠好的素材从一个文件插入另一个文件，需要选择转化为智能对象； （5）保存图片时需要保存两种格式：jpg 和 psd
10	细节处理		（1）海报清晰，不模糊，画面有美感； （2）为了丰富画面添加一些装饰元素（非必需项）； （3）画面上光影自然、合理
11	尺寸		中幅产品海报（尺寸宽 950 像素，高度根据实际内容来定）
12	作图环境	Photoshop 软件	
13	作图地点	美工工作室	
14	作图时间		参照格式：2023-01-01
15	作图数量	1 张	
16	作图人员		
17	使用拍摄素材		拍摄产品素材图片 注明：数量、文件名
18	注意事项	（1）搜集参照素材时，不访问来历不明的网站； （2）规避素材图片、字体的侵权行为	

以团队为单位，根据首页的产品海报的设计要点，进行创意设计，吸引用户点击，提高页面转化率。运用相关图形图像处理软件对拍摄的产品进行首页的产品海报制作，突出店铺活动主题或产品卖点。

表 4-15 学生自我总结

<table>
<tr><th colspan="6">任务名称：数码产品首页的产品海报制作总结</th></tr>
<tr><td colspan="6">团队名称：</td></tr>
<tr><td>姓名</td><td></td><td>学号</td><td></td><td>日期</td><td></td></tr>
<tr><td colspan="6">1. 任务描述
本任务要求以“国产数码产品 / 手机新品推广”为主题，制作首页的中幅产品海报，海报风格是时尚大气的科技风格。在设计制作过程中，需要结合“科技创新”的理念，突出国产数码产品在技术方面领先的创新技术，进行海报构图设计、色彩搭配和海报活动文案提炼。熟练使用 Photoshop 软件制作首页的产品海报，能突出国产数码产品的国产化、高性能和创新技术</td></tr>
<tr><td colspan="6">2. 任务实施过程
请记录海报制作的具体过程。
（1）实景图合成海报背景：
（2）背景光效：
（3）主题文案加光效：
（4）产品及其布置：</td></tr>
<tr><td colspan="6">3. 任务总结
请写出在数码产品首页的产品海报制作过程中遇到的困难和解决方法</td></tr>
</table>

任务 4.3　美妆产品海报视觉设计与制作

学习目标

【知识目标】

（1）了解国潮风产品海报的类型。

（2）熟悉国潮风产品海报的设计要点。

【技能目标】

（1）能使用图形图像处理软件制作梅花框、祥云、波浪、梅花等较典型的中式图形。

（2）能使用图形图像处理软件将美妆产品自然地融入海报背景。

【素养目标】

（1）培养学习主动性，学会撰写能抓住受众诉求点的文案。

（2）通过同步实训，培养小组团队合作的意识及精神。

【思政目标】

（1）通过国潮风海报的设计，深入学习电商海报中典型的中国传统文化元素。

（2）使用特殊字体字库时，规避侵权行为。

工作情景描述

某国产品牌美妆产品公司即将迎来店庆，小明是该公司网店美工，部门经理要求小明以公司店庆为契机，设计一张首页中幅产品海报图，要求海报有较为突出的中国传统文化元素。小明接到工作任务后，经过市场调研，将海报风格定为国潮风。随着时代的发展，美妆产品消费人群年轻化趋势越来越明显，国潮风相比于中国风更加年轻化，在色彩使用方面也更为大胆。因为公司引流爆款美妆产品——唇蜜，是绿色包装，所以确定“国潮美妆节”的主题海报为墨绿色调，以店庆活动为促销内容，推出公司美妆产品——唇蜜的首页中幅产品海报。

工作流程与活动

（1）明确任务和知识准备。

（2）制订计划。

（3）教学做一体化训练。

（4）质量检查及验收。

4.3.1　明确任务和知识准备

（1）国潮风产品海报的类型。

近几年，春节前夕的电商大促节日年货节，页面风格趋向于统一的风格——国潮风。由于年货节直接对标的是我国传统的春节，因此在整个设计风格上都会更贴近充满节日氛围和由中国传统元素构成的国潮风。

国潮风产品海报设计通过对产品、文字、色彩与版式的整体归纳与融合，将中国传统文化与精神理念贯穿于作品之中，向大众传达出中国传统文化内涵，引发大众的文化认同感与情感共识。

国潮风产品海报大致分为图形类、文字类、混搭类三大类。

①图形类国潮风海报。

图形作为海报设计常用的一种视觉语言，以流畅的线条、饱满的图形以及丰富的颜色，来强化海报作品本身的视觉层级，使设计作品具有完整的视觉语义与思想内涵。国潮风海报意在将中国传统文化符号，诸如屏风、扇面、丝绸、梅花形、玉兔、月亮这类图形运用到画面中，营造出传统与现代相结合的氛围，使画面形成独特的艺术风格，从而呼唤客户内心的亲切感，引发情感共鸣（图 4-63）。

图 4-63 图形类国潮风海报

②文字类国潮风海报。

汉字书法主要分为篆、隶、楷、行、草五种字体，每种书体都有着它独特的美感和气质。同一个文字用不同字体书写，传递出来的精神和意境是不同的，这使得汉字具有了很高的艺术美学价值。

在国潮风海报设计中，汉字经常以书法字体的造型呈现，显得飘逸洒脱，同时与英文字体结合使用，使海报整体的视觉语言更为丰富（图 4-64）。

图 4-64　文字类国潮风海报

③混搭类国潮风海报。

在国潮风的基础上，通过与现代潮流的碰撞产生创新。我们要学会融会贯通，在点线面的穿插中融入中国文化符号，从内核开始完善国潮风。

现代的国潮风设计不是简单的中国元素符号的堆积，而是一种传统美与现代设计理论结合之后的融合美（图 4-65）。

（2）国潮风产品海报的设计要点。

①中国传统色彩。

国潮风产品海报的设计中，色彩常使用中国传统色彩。我国的古代传统色谱中的色系较为沉稳，所使用的色彩饱和度不会过高，一般在进行配色时会以共性色调进行色彩搭配，为画面营造较为统一和谐的氛围。

图 4-65　混搭类国潮风海

②留白。

大面积的留白在国潮风产品海报设计中被广泛运用，以突显传统、古朴的气质。同时利用留白将视线聚焦在主要想表达的地方，让受众的视线集中在产品、产品卖点等重要信息上（图 4-66）。

图 4-66 留白效果

③居中排版。

居中排版会给人正式、大气、高端、有品质的感觉。同时利用图文并茂的表达方式，可以有效加深受众对版面的认知深度，并提高版面的主题信息（图 4-67）。

图 4-67 居中排版效果

4.3.2 制订计划

本任务要求设计某国产美妆的国潮风格产品海报。在教学做一体化训练中，通过相应的工作流程、操作步骤更好地掌握梅花框、祥云、波浪、梅花等较典型的中式元素制作方法，熟悉国潮风格产品海报的设计风格。

该国潮风格美妆产品海报为首页中幅海报，设计过程中注意事项如下。

（1）海报背景参照样图；海报文案可以参照样图排版，文案内容自拟。

（2）海报定位准确、风格明确。

（3）海报背景、文案、产品相互映衬，主题突出。

（4）构图明快简洁，色彩搭配合理、光效自然。

（5）素材需要抠图，边缘干净平滑，无阴影。

（6）产品需要正面、侧面展现。

（7）图片像素高，美观度高，品质感强。

（8）图片形状为长方形，图片大小宽度为 950 像素，高度根据实际内容来定。

（9）图片为 jpg 格式。

在中幅产品海报设计过程中，构图设计很重要。首先要求填写美妆产品首页中幅产品海报制作计划表，明确需要用到哪些素材和各环节的设计制作要点，见表 4-16。

表 4-16　美妆产品首页中幅产品海报制作计划表

序号	项目	项目属性值	备注
1	产品编号		网店内产品的编号
2	产品名称		唇蜜
3	海报定位		（1）海报定位是专题活动还是单品推广销售； （2）产品定位是促销亲民还是高端大气； （3）海报与投放位置周围氛围协调一致
4	海报风格		（1）海报风格明确，符合活动的要求和产品的属性； （2）与店铺风格协调、统一
5	海报文案		（1）主标题、副标题、利益点等文案明确； （2）分别注明字体及其大小； （3）活动主题或产品主要卖点醒目； （4）文案内容精练； （5）字体不要超过三种
6	图文布局		（1）画出草图； （2）注明何种构图方式
7	色　彩		（1）背景颜色最好不要超过三种； （2）背景主色调与活动主题或活动产品相互映衬，做到主次分明
8	素材文件		（1）整理素材文件； （2）规范文件名
9	绘　图		（1）尽量选择高清大图； （2）文件大小不超过 2MB； （3）绘图中要创建一个新样式图形或者添加文字时都需要先新建图层； （4）把抠好的素材从一个文件插入另一个文件，需要选择转化为智能对象； （5）保存图片时需要保存两种格式：jpg 和 psd

表 4-16 美妆产品首页中幅产品海报制作计划表（续表）

序号	项目	项目属性值	备注
10	细节处理		（1）海报清晰，不模糊，画面有美感； （2）为了丰富画面添加一些装饰元素（非必需项）； （3）画面上光影自然、合理
11	尺　寸		中幅产品海报（尺寸宽 950 像素，高度根据实际内容来定）
12	作图环境	Photoshop 软件	
13	作图地点	美工工作室	
14	作图时间		参照格式：2023-01-01
15	作图数量	1 张	
16	作图人员		
17	使用拍摄素材		拍摄产品素材图片 注明：数量、文件名
18	注意事项	（1）搜集参照素材时，不访问来历不明网站； （2）规避素材图片、字体的侵权行为	

4.3.3 质量检查及验收

（1）质量检查。

对制作出的以“国潮美妆节”为主题的首页产品海报进行检查校对，并将信息填入质量检查表，见表 4-17。

表 4-17 首页中幅产品海报制作质量检查表

检查项目：美妆产品首页中幅产品海报			
检查序号	检查项目	根据完成情况勾选相应选项	改进措施
1	图片尺寸	□正确　□ 不正确	
2	文件名称	□正确　□ 不正确	
3	文件大小	□正确　□ 不正确	
4	海报定位	□准确　□一般　□不准确	
5	产品定位	□准确　□一般　□不准确	
6	海报风格	□明确　□一般　□不明确	
7	文案内容	□准确　□一般　□不准确	
8	文案字体	□合理　□一般　□不合理	
9	文案字号	□合理　□一般　□不合理	
10	文案排版	□合理　□一般　□不合理	
11	主题突出	□突出　□一般　□不突出	
12	构图设计	□合理　□一般　□不合理	

表 4-17　首页中幅产品海报制作质量检查表（续表）

检查项目：美妆产品首页中幅产品海报			
13	色彩搭配	□合理　□一般　□不合理	
14	产品融入	□自然　□一般　□不自然	
15	细节处理	□完善　□一般　□不完善	
16	光影效果	□自然　□一般　□不自然	
17	图片清晰	□清晰　□一般　□不清晰	
18	视觉美观	□美观　□一般　□不美观	

（2）交接验收。

根据任务工作情境进行解说，展示以“国潮美妆节”为主题的首页中幅产品海报完成效果，逐项核对任务要求，完成交接验收，并填写验收表，见表 4-18。

表 4-18　首页中幅产品海报制作验收表

验收内容：美妆产品首页中幅产品海报				
序号	验收项目	验收要求	验收情况	整改措施
1	海报定位	（1）海报定位明确，客户一眼能知道商家想要表达的是专题活动还是产品推广销售； （2）产品定位是促销亲民还是高端大气； （3）海报与投放位置周围氛围协调一致	□通过 □不通过	
2	海报风格	（1）海报风格明确，符合活动的要求或者产品的属性； （2）与店铺风格协调、统一	□通过 □不通过	
3	海报背景	（1）梅花框、祥云、波浪、梅花制作仿真度高； （2）海报背景与活动主题或活动产品相互映衬，做到突出主题	□通过 □不通过	
4	产品展示	（1）产品无变形； （2）摆放符合常识； （3）产品光影效果合理	□通过 □不通过	
5	海报色彩	（1）海报主色调契合活动主题； （2）主色调与产品色彩协调统一或形成鲜明对比，能突出产品品质和产品卖点	□通过 □不通过	
6	海报品质	（1）海报清晰，不模糊，画面有美感； （2）为了丰富画面添加一些装饰元素（非必需项）； （3）画面上所有物体光效自然、合理； （4）尺寸宽 950 像素，高度根据实际内容来定； （5）文件名规范，保存图片时需要保存两种格式：jpg 和 psd； （6）文件大小在规定范围内，小于 2MB	□通过 □不通过	
7	侵权行为	（1）图片素材无侵权行为； （2）字体无侵权行为	□通过 □不通过	
8	客户验收情况	□合格 □较好，有待改进 □不合格	客户签字	客户签字

4.3.4 教学做一体化训练

首页产品海报需要结合客户的需求和网店的整体风格进行设计制作，本任务根据计划表制作，展现在网店首页的国潮风格美妆产品中幅产品海报。要求掌握梅花框、祥云、波浪、梅花等较典型的中式元素制作方法，海报能突出国产美妆产品的特点。

【具体步骤】

步骤 1：新建画布宽 950 像素，高 411 像素，分辨率为 300 像素 / 英寸，背景为透明色，颜色模式为 RGB 模式，名称为“国潮美妆节”。

步骤 2：设置前景色为 #1f5653，背景色为 #174140，选择渐变工具，单击渐变编辑器，弹出渐变编辑器窗口，设置渐变效果，如图 4-68 所示，单击确定。水平方向拖动渐变线，填充渐变背景。

图 4-68 绘制渐变背景

步骤 3：选择椭圆工具，设置为“形状”模式，描边颜色为 #ddcfac，按住【Shift】画一个淡黄色正圆框，如图 4-69 所示。

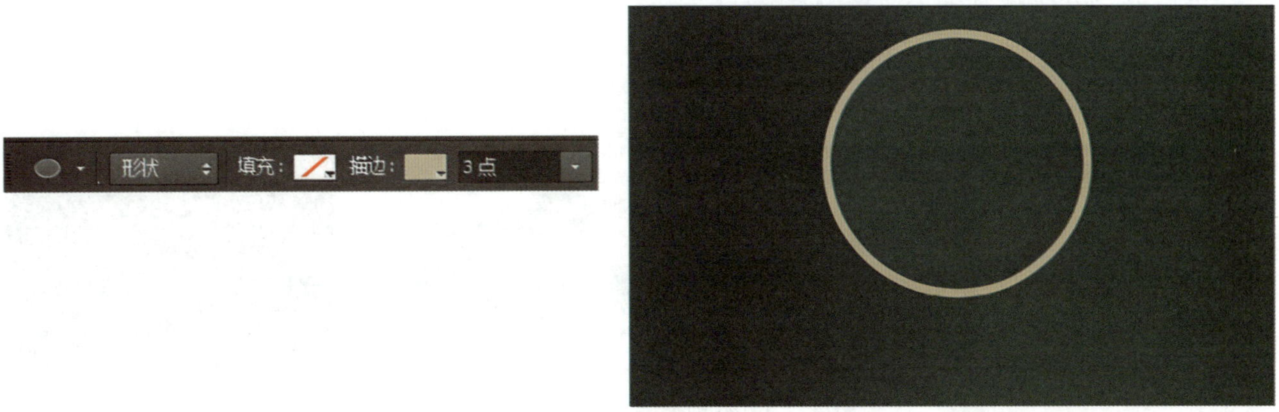

图 4-69 绘制正圆形状

步骤 4：创建参考线，复制 3 个正圆图层，并使用移动工具将 3 个正圆进行合理的移动与摆放，如图 4-70 所示。

图 4-70　4 个正圆摆放样式

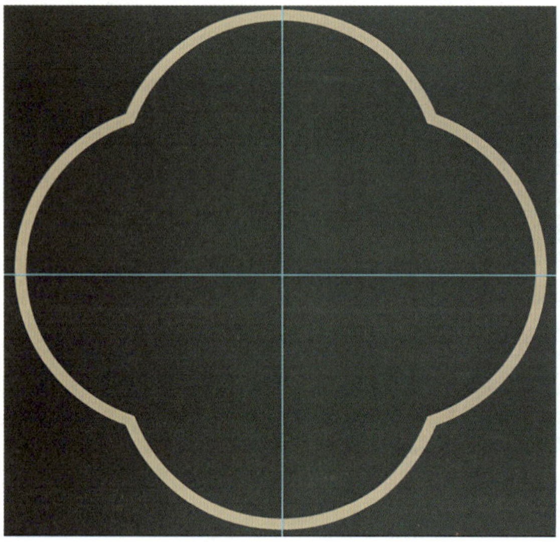

图 4-71　绘制梅花形状

步骤 5：按住【Shift】同时选中 4 个正圆形状图层，右击选择“合并形状”，画出梅花框，如图 4-71 所示，然后清除参考线。

步骤 6：选择钢笔工具，设置钢笔工具模式为“形状”，填充色为 #07948b，描边为渐变色。依次绘制祥云形状 1、2、3、4，如图 4-72 所示。

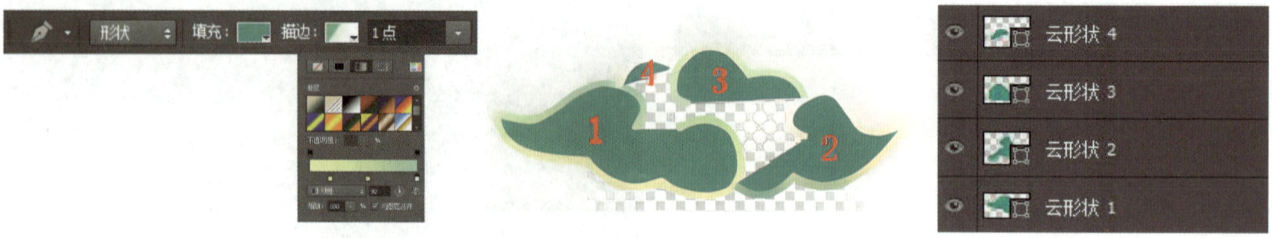

图 4-72　绘制祥云形状 1、2、3、4

步骤 7：设置钢笔工具“形状”模式，描边为无，绘制祥云形状 5，将祥云形状 5 拖至祥云形状 1 的下面，如图 4-73 所示。同时选中 5 个祥云形状图层，按【Ctrl+G】，建“祥云 1”组。

图 4-73 绘制祥云形状

步骤 8：复制“祥云 1”组，更改组名为“祥云 2”，使用移动工具将“祥云 2”组进行合理的移动与摆放，如图 4-74 所示。

图 4-74 绘制两片祥云形状

步骤 9：创建水平、垂直参考线，确定同心圆中心。选择椭圆工具，设置为“形状”模式，填充颜色为 #1f5653，描边为渐变色，按住【Shift+Ctrl】从圆中心开始画一个正圆，如图 4-75 所示。

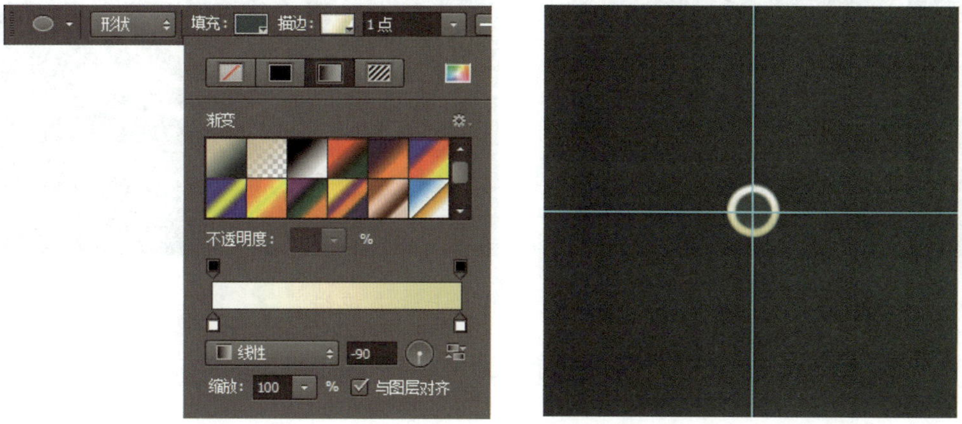

图 4-75 绘制浪花中间正圆形状

步骤 10：用步骤 9 中绘制正圆的方法，绘制一组同心圆并改变各图层顺序，如图 4–76 所示。同时选中 4 个同心圆形状图层，按【Ctrl+G】，建“浪花 1”组。

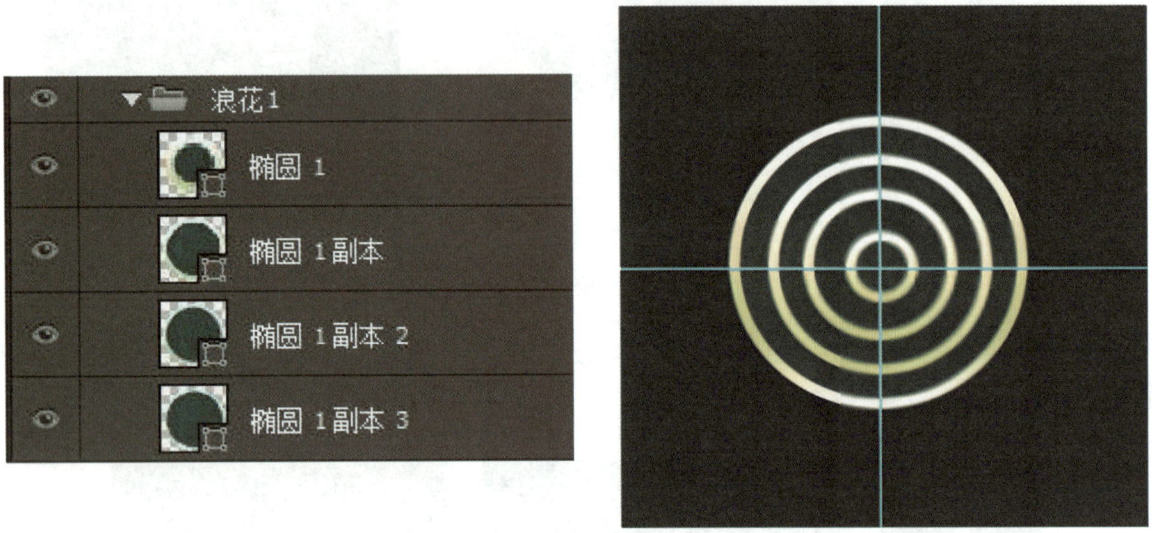

图 4–76　绘制“浪花 1”中间正圆形状

步骤 11：复制“浪花 1”组 3 次，分别更改组名为“浪花 2”“浪花 3”“浪花 4”，使用移动工具将“浪花 2”“浪花 3”“浪花 4”3 个组进行合理的移动与摆放，并改变各组图层顺序，如图 4–77 所示。同时选中 4 个浪花组，按【Ctrl+G】，建“浪花组左上”组。

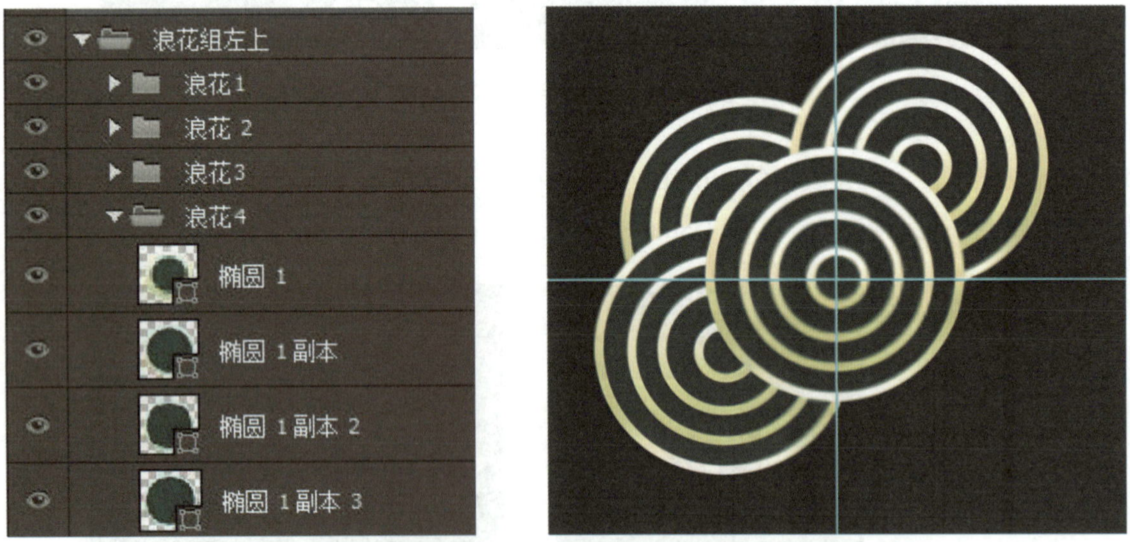

图 4–77　绘制左上方浪花组

步骤 12：将国潮风元素梅花、祥云、浪花叠加后的效果如图 4–78 所示。

图 4-78 梅花、祥云、浪花叠加后效果图

步骤 13：如果字库里没有方正姚体，就将字体“方正姚体 .TTF”复制到 C：/windows/fonts 文件夹中。选择横排文字工具，字体选方正姚体，大小设为 30 点，颜色为 #f6f5d7。在适当位置输入“国潮美妆节”，并在“字符”面板中对文字属性进行设置，如图 4-79 所示。

图 4-79 输入主标题并设置文字属性

步骤 14：选择圆角矩形工具，设置模式为“形状”，填充色为 #2f9e8d，描边为无，依据参考线绘制一个圆角矩形。再依据参考线绘制一个扁圆角矩形。按住【Shift】同时选中 2 个圆角矩形状图层，右击选择“合并形状”，画出长条形梅花框，清除所有参考线，如图 4-80 所示。

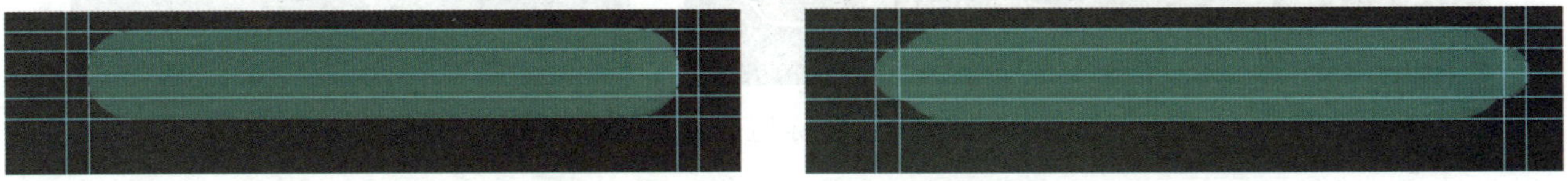

图 4-80 绘制长条形梅花框

步骤 15：设置合并形状“图层样式”，选择“斜面和浮雕”和“光泽”。选择圆角矩形工具，设置模式为“形状”，填充色为 #a20b12，效果如图 4-81 所示。

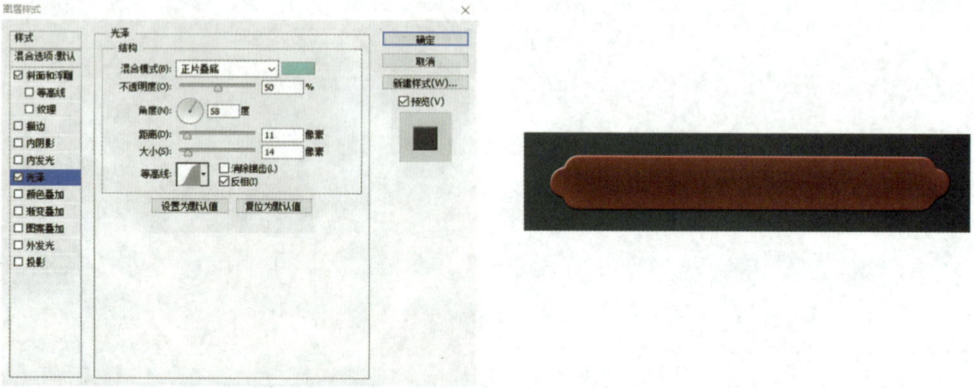

图 4-81　设置长条形梅花框的样式

步骤 16：复制“长条形梅花框”图层，设置“长条形梅花框 副本”图层圆角矩形工具为“形状”模式，填充色为无，描边为 #f5f1d4，线宽 1 点；设置图层样式为斜面浮雕效果，如图 4-82 所示。

图 4-82　长条形梅花框镶黄色边框

步骤 17：选择横排文字工具，字体选微软雅黑，大小设为 6 点，颜色为 #ebd9bd。在适当位置输入“花露沁唇上系列新品”，并在“字符”面板中对文字属性进行设置，如图 4-83 所示。

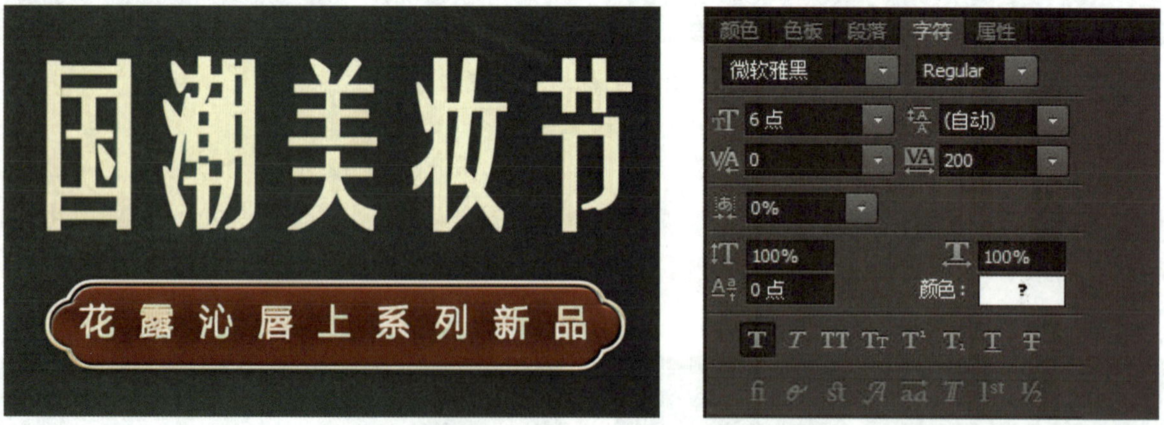

图 4-83　输入副标题并设置文字属性

步骤 18 ：选择椭圆工具，设置为“形状”模式，填充颜色为 #a20b12，描边为无，按住【Shift】画一个正圆，选择直线工具画出直线形状，合并两个形状，形成一个花蕊；复制该形状图层，按

【Ctrl+T】，按住【Alt】键将中心移动到最下边中间点，设置旋转角度为 30 度，回车确定；同时按【Ctrl+Alt+Shift+T】，共计 10 次，绘制一圈花蕊，如图 4-84 所示。

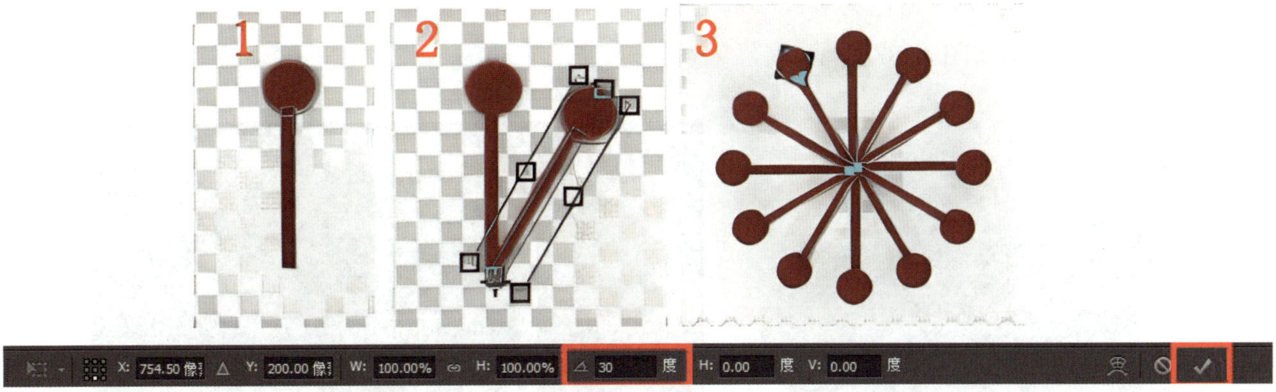

图 4-84 绘制花蕊

步骤 19：绘制花瓣方法类似步骤 18，因为需要画 5 个花瓣，所以设置旋转角度为 72 度；合并两个花瓣形状图层，设置填充颜色为黄橙渐变色，线性，102 度，如图 4-85 所示。

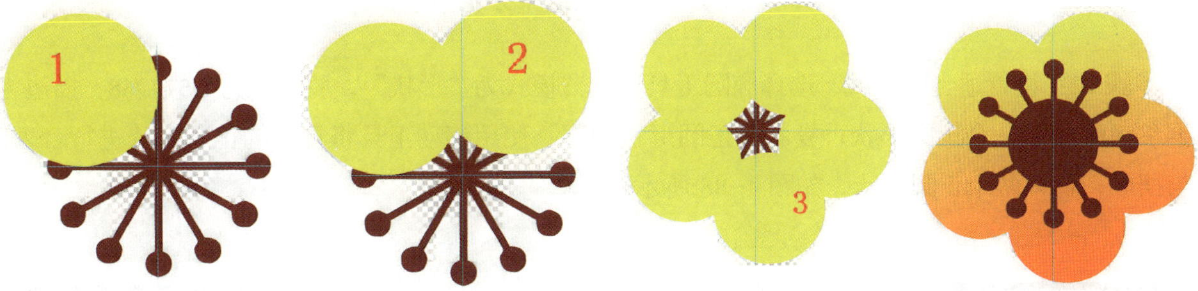

图 4-85 绘制渐变色花瓣

步骤 20：选择椭圆工具，设置为“形状”模式，填充颜色为 #a20b12，描边为无，按住【Shift+Ctrl】从参考线交叉点开始画一个正圆。调整花蕊、花芯、花瓣的图层顺序，呈现花朵形状。同时选中花蕊、花芯和花瓣图层，按【Ctrl+G】，建“左下花朵”组，如图 4-86 所示。

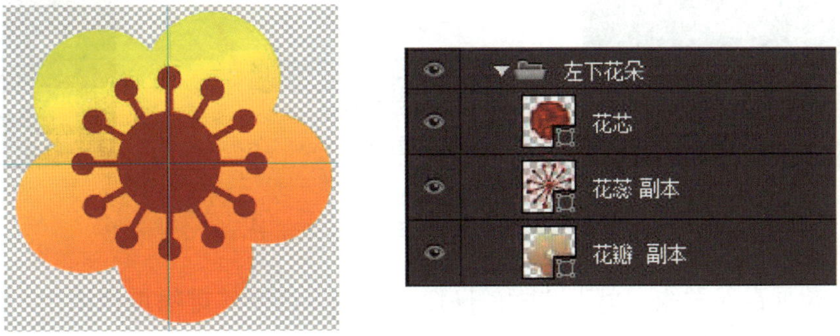

图 4-86 绘制花朵

步骤 21：复制“右上花朵”组，更改组名为“右下花朵”，使用移动工具将“右下花朵”组进行合理的移动与摆放，并调整各形状大小和填充颜色，花蕊填充色为 #0f4643；花芯填充色为 #0f4643；双重花瓣的第一重花瓣填充色为 #41726f，描边为 #3d6b68，线宽 1 像素；第二重花瓣填充色为 #457673，描边为无，如图 4-87 所示。

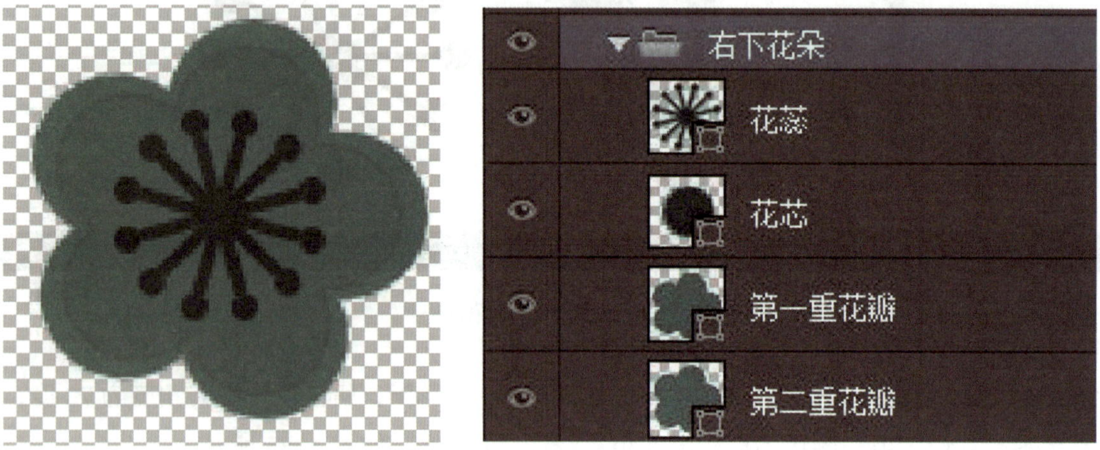

图 4-87　绘制右下方花朵

步骤 22：设置适当参考线，选择椭圆工具，设置模式为“形状”，填充色为 #577968，描边为无，依据参考线绘制一个正圆形状；复制此正圆形状图层，使用移动工具将复制的正圆形状进行合理的移动与摆放；合并两个正圆形状，如图 4-88 所示。

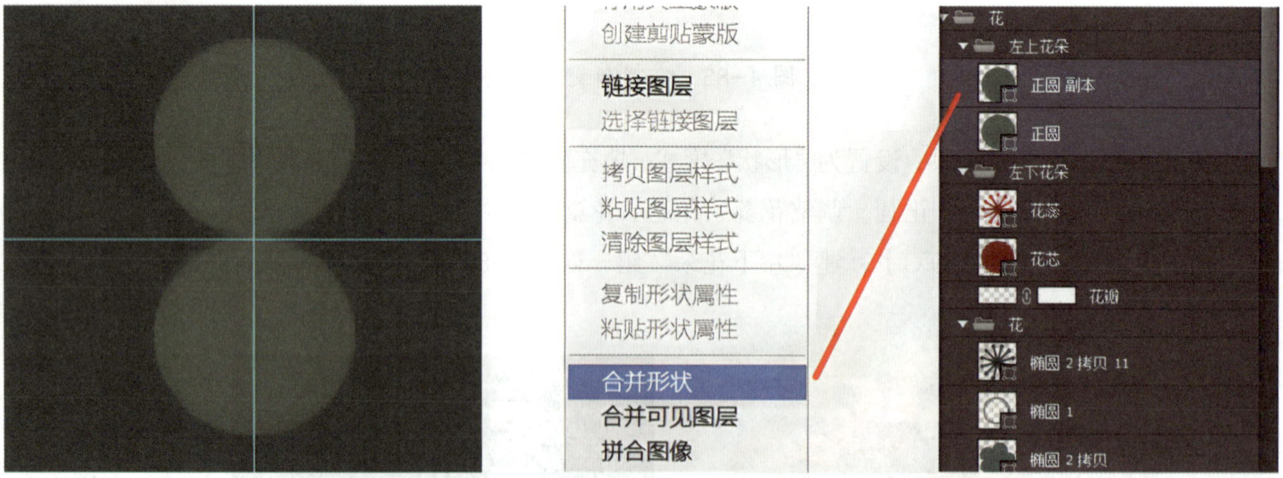

图 4-88　两个正圆形状合并

在右侧添加一条垂直参考线，单击“路径操作”按钮，选择“排除重叠形状”，以红色圆点处为圆心画右边的正圆。同理，画对称的左边的正圆，效果如图 4-89 所示。

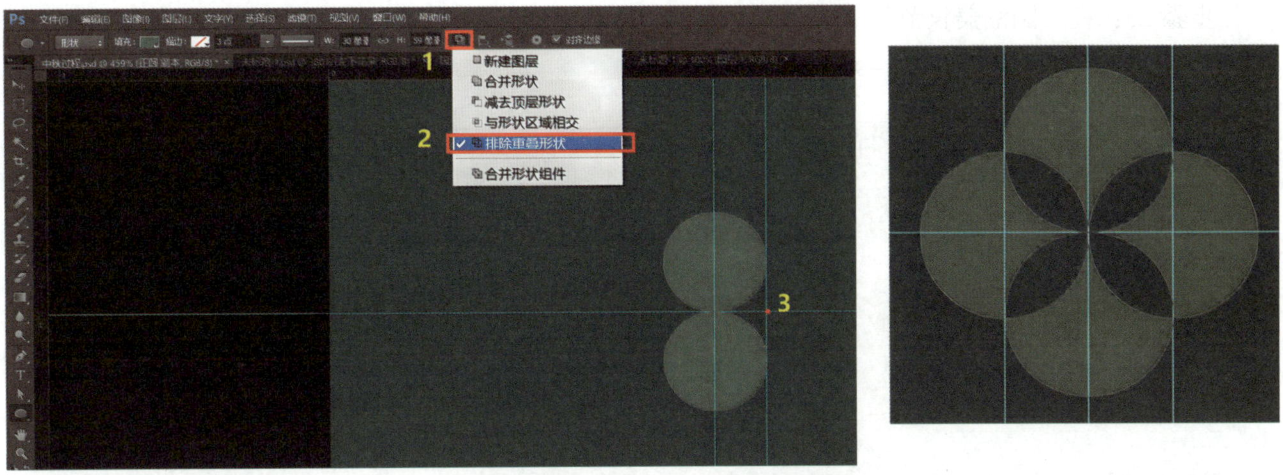

图 4-89 绘制左上方花朵

步骤 23：选中“梅花框”图层；选择钢笔工具，设置“形状”模式，填充为渐变色，描边为无；画一个近似半圆形桌布，要求把下半部分梅花框能遮住；右击“桌布”图层，选择“栅格化图层”，按【Ctrl】+“桌布”图层缩览图，选择“滤镜 / 滤镜库”，选择“艺术效果 / 粗糙蜡笔”，确定。右击“桌布”图层，选择“创建剪贴蒙版”，如图 4-90 所示。

图 4-90 绘制梅花框里桌布

步骤 24：将素材用钢笔工具抠出，使用移动工具对产品进行合理的移动与摆放；使用画笔和橡皮擦绘制美妆产品的阴影，效果如图 4-91 所示。

图 4-91 添加产品及其光效

步骤 25：在“国潮美妆节”文字图层上新建“文字光效”图层，选择渐变工具，拖出渐变效果；创建剪贴蒙版，最终效果如图 4-92 所示。

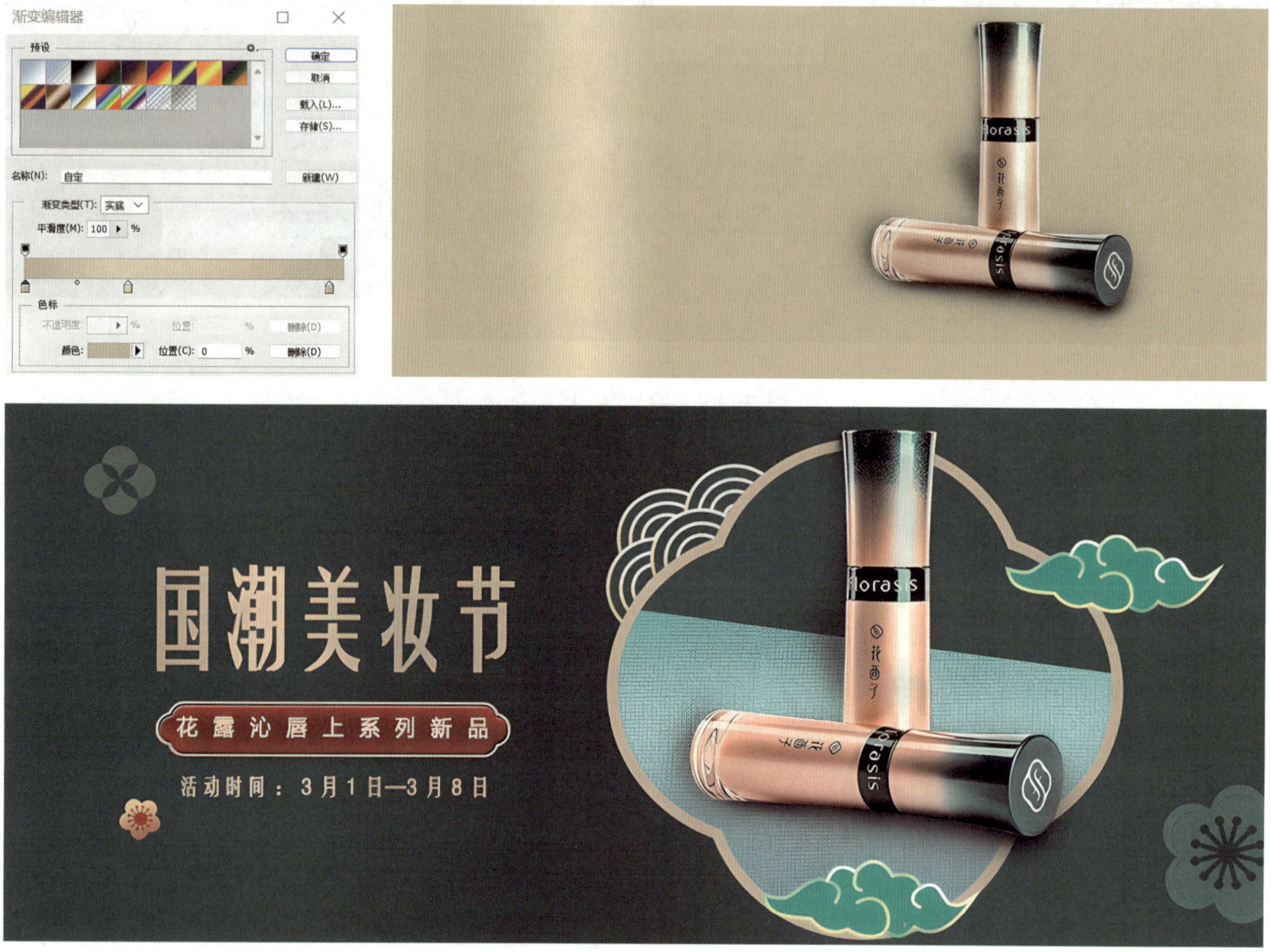

图 4-92　海报最终效果图

小结

【知识目标】

本任务要求学生以团队为单位，根据首页中幅产品海报的设计要点，即主题突出、风格明确、构图合理和细节完善，进行创意设计，吸引客户点击，提高页面转化率。运用相关软件对拍摄的产品进行首页中幅产品海报制作，突出店铺活动主题或活动产品。

【能力目标】

考核内容见表 4-19。

表 4-19 考核内容表

序号	考核内容
1	能够分析国产品牌美妆店铺的特性，进行国潮风首页中幅产品海报风格设计
2	能够分析国产品牌美妆产品的特性，进行国潮风首页中幅产品海报的色彩搭配
3	能够分析店铺首页活动主题的特点，进行首页中幅产品海报的构图设计
4	能够分析店铺首页活动主题的特点，进行活动文案提炼
5	能够分析国潮风首页中幅产品海报的特点，添加一些中式装饰元素
6	能够掌握使用 Photoshop 软件制作出一张国潮风美妆产品首页中幅产品海报
7	能够规范上网，有意识规避素材图片和字体的侵权行为

同步实训

【情景描述】

完成以“国潮美妆节”为主题的国产美妆产品首页中幅产品海报制作后，小组又开始新的以“中秋团圆”为主题海报的制作。海报活动产品还是美妆，海报风格还是国潮风，参加“全场满 300 减 30”的活动。在首页中幅产品海报制作方面，需要结合中秋这个中国传统节日、“满减”活动以及国产美妆产品的特点，融入中国传统文化元素，进行构图设计、色彩搭配和海报活动文案提炼。

制作“中秋团圆”主题海报时，可以参考图 4-93 。

图 4-93 “中秋团圆”主题海报参考图

【实训内容】

根据国产美妆产品的特性，完成产品信息表，见表 4-20。

表 4-20　产品信息表

序号	项目	项目属性值	备注
1	产品编号		店铺内产品的编号
2	产品名称		国产美妆产品名称
3	所属产品分类		必填项
4	货号		产品代码
5	品牌		必填项
6	颜色分类		必填项
7	适合肤质		必填项
8	功效		必填项
9	规格类型		必填项
10	生产厂家		必填项
11	净含量		必填项
12	保质期		必填项
13	产品图片		必填项

分组整理和讨论“中秋团圆”主题首页中幅产品海报的制作要点，进行海报主题、风格、文案、构图、色彩以及中国传统文化元素等构思，完成首页中幅产品海报制作计划表，见表 4-21。

表 4-21　“中秋团圆”主题首页中幅产品海报制作计划表

序号	项目	项目属性值	备注
1	产品编号		网店内产品的编号
2	产品名称		美妆产品名称
3	海报定位		（1）海报定位是专题活动还是单品推广销售； （2）产品定位是促销亲民还是高端大气； （3）海报与投放位置周围氛围协调一致
4	海报风格		（1）海报风格明确，符合活动的要求和产品的属性； （2）与店铺风格协调、统一
5	海报文案		（1）主标题、副标题、利益点等文案明确； （2）分别注明字体及其大小； （3）活动主题或产品主要卖点醒目； （4）文案内容精练； （5）字体不要超过三种
6	图文布局		（1）画出草图； （2）注明何种构图方式
7	色　彩		（1）背景颜色最好不要超过三种； （2）背景主色调与活动主题或活动产品相互映衬，做到主次分明
8	素材文件		（1）整理素材文件； （2）规范文件名
9	绘　图		（1）尽量选择高清大图； （2）文件大小不超过 2MB； （3）绘图中要创建一个新样式图形或者添加文字时都需要先新建图层； （4）把抠好的素材从一个文件插入另一个文件，需要选择转化为智能对象； （5）保存图片时需要保存两种格式：jpg 和 psd

表 4-21 “中秋团圆”主题首页中幅产品海报制作计划表（续表）

序号	项目	项目属性值	备注
10	细节处理		（1）海报清晰，不模糊，画面有美感； （2）为了丰富画面添加一些装饰元素（非必需项）； （3）画面上光影自然、合理
11	尺 寸		中幅产品海报（尺寸宽 950 像素，高度根据实际内容来定）
12	作图环境	Photoshop 软件	
13	作图地点	美工工作室	
14	作图时间		参照格式：2023-01-01
15	作图数量	1 张	
16	作图人员		
17	使用拍摄素材		拍摄产品素材图片 注明：数量、文件名
18	注意事项	（1）搜集参照素材时，不访问来历不明网站； （2）规避素材图片、字体的侵权行为	

以团队为单位，根据首页中幅产品海报的设计要点，进行创意设计，吸引客户点击，提高页面转化率。运用相关图形图像处理软件对拍摄的产品进行首页中幅产品海报制作，突出店铺活动主题或活动产品。

表 4-22 学生自我总结

<table>
<tr><th colspan="6">任务名称：国产美妆产品首页中幅产品海报制作总结</th></tr>
<tr><td colspan="6">团队名称：</td></tr>
<tr><td>姓名</td><td></td><td>学号</td><td></td><td>日期</td><td></td></tr>
<tr><td colspan="6">1. 任务描述
本任务是根据需求对某国产品牌美妆产品进行首页中幅产品海报制作工作。在制作过程中，首先要结合中国传统节日——中秋节、“满减”活动以及国产美妆产品的特点，融入中国传统文化元素，进行构图设计、色彩搭配和海报活动文案提炼。熟练使用 Photoshop 软件制作首页产品海报，突出店铺“中秋团圆”活动主题</td></tr>
<tr><td colspan="6">2. 任务实施过程
请记录海报制作的具体过程。
（1）海报渐变背景：
（2）中国传统文化元素（梅花框、祥云、浪花、花朵等）：
（3）大标题及其装饰元素：
（4）产品及其布置：</td></tr>
<tr><td colspan="6">3. 任务总结
请写出在首页中幅产品海报制作过程中遇到的困难和解决方法</td></tr>
</table>

项目五 店铺首页视觉设计与制作

本项目重点和难点

本项目是以店铺首页视觉设计与制作为案例进行介绍。店铺首页是店铺形象的展示窗口，需要通过视觉效果、氛围和服务，使用户对店铺有直观的了解；同时好的产品排列分类展示，能够吸引用户，提升转化率，提高客单价；运用相关图形图像处理软件进行店铺首页的制作，对店铺首页进行合理布局，让用户能够对店铺进行深度访问。

项目导图

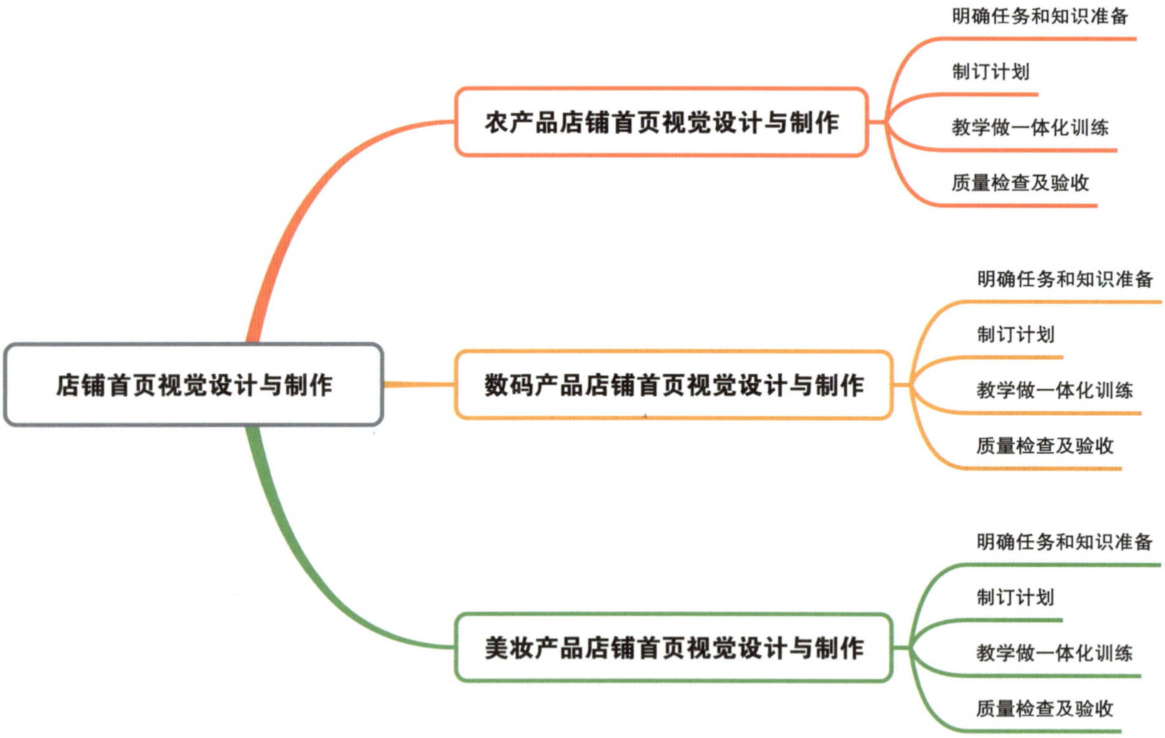

引例

农村电商作为一种新兴的商业模式，已经渗透到农村产业链全过程，农村电商被业内视为电商的最后一片蓝海。李经理是秭归某乡镇企业的负责人，为打开秭归当地农产品的销路，准备开一家卖农产品的网店。在开店过程中，他会面临到几个问题：网店首页中包括哪些板块，如何设计各个板块？如何体现农产品网店的特点？

任务 5.1 农产品店铺首页视觉设计与制作

学习目标

【知识目标】

（1）了解店铺首页的作用。

（2）熟悉店铺首页的设计思路。

【技能目标】

（1）能根据产品特点，对店铺首页的色彩、布局等进行定位。

（2）能使用图形图像处理软件进行店铺首页的框架布局和文字排版。

（3）能掌握农产品店铺首页设计中的各种技术要点和操作技巧。

【素养目标】

（1）培养分析问题、解决问题的能力。

（2）通过同步实训，培养小组团队合作的意识及精神。

【思政目标】

（1）能在设计制作店铺首页过程中，体现“绿水青山就是金山银山”的理念。

（2）遵守机房管理制度，安全上网，不访问来历不明网站。

工作情景描述

小王是秭归某乡镇企业美工，部门经理要求小王为本企业的农产品网店设计首页，首页中要突出当地热销的秭归脐橙，要求结合“绿水青山就是金山银山”的理念，采用自然田园风格，进行店铺首页主题、风格、构图和配色的设计。小王接到工作任务后，经过市场调研和客户需求分析，提炼出地方农产品的特色——自然、绿色、有机、健康。确定以“秭归脐橙”为促销产品，进行电脑端店铺首页的设计制作。

工作流程与活动

（1）明确任务和知识准备。

（2）制订计划。

（3）教学做一体化训练。

（4）质量检查及验收。

5.1.1 明确任务和知识准备

店铺首页是店铺形象的展示窗口，就像实体店铺的门面，用于体现店铺形象，展示商品和导购信息。在店铺首页中，客户可以看到商家提供的各种产品、服务、品牌信息，了解商家的特色、实力和信誉等。

同时，店铺首页也是商家进行品牌宣传和推广的一个重要渠道，通过设计、布局、内容等多方面的优化，提高页面的用户访问和购买转化率，实现商业价值的最大化（图 5-1）。

（1）店铺首页的作用。

①展示店铺品牌形象。

店铺首页是店铺的整体实力展示板，顾客进入店铺以后，首先看到的是店铺的首页。好的首页会引发顾客的兴趣，增加顾客在店铺停留的时间，从而提高店铺的转化率。同时，店铺首页作为店铺的门面，通过统一的视觉设计，能够展示店铺的品牌形象，将店铺的品牌理念传递给顾客。

②网店流量的中转站。

店铺首页是店铺流量的中转站，顾客从某一款商品进入首页时，意味着顾客有可能有其他商品的消费需求，当顾客有明确的购买目的时，店铺首页需要有搜索导购功能，帮助顾客快速、方便地找到所需要的商品和类别，顺利下单，以降低店铺的跳失率。

③传达店铺活动信息。

店铺首页是网店信息量最大、最集中的地方，顾客了解商品往往是从店铺首页开始的。当顾客无明确购买需求时，需要一些推荐和活动来激发顾客的潜在购买需求，如新品推荐、促销打折、减价。如果店铺正在做这些活动，可在首页上进行明确的展示，将信息传递给顾客提高店铺的转化率。

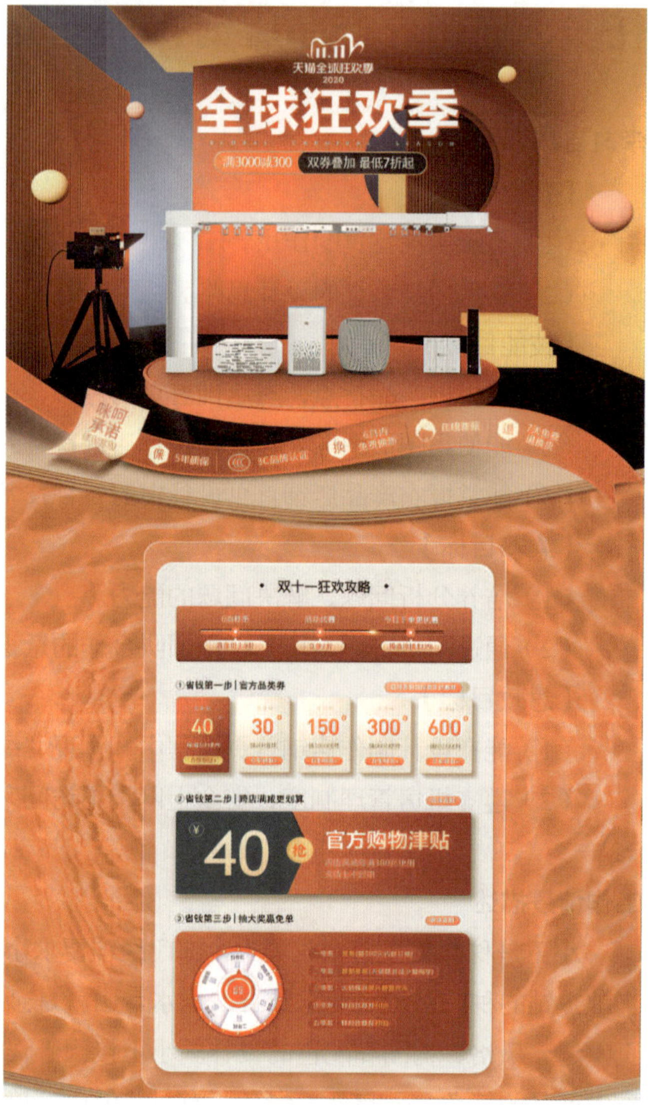

图 5-1　店铺首页示例

（2）店铺首页的设计思路。

①页面风格统一。

页面风格以产品定位为中心。在前期做好目标人群精准细分的基础上，进行产品定位，确定店铺的风格特点。整洁统一的风格和色彩能够给顾客一种舒适感。店铺商家可以按照自身产品的特性进行风格打造，定一个适合的风格调性和颜色基调。如图 5-2 所示，页面风格统一，产品与背景相融合。通过背景来展示水果给夏季带来的清凉感，既给顾客带来了视觉上的舒适性，又突出了商品的卖点。

图 5-2 页面风格统一

②页面结构合理。

在设计店铺首页时，一般会利用形状构图来将页面生动地分割为几个区域模块，然后通过这些区域引导用户视线，供用户选择，以达到引导用户按照既定路径预览页面的效果。或者在设计页面时使用线条、形状，制造出活动气氛。如图 5-3 中的女装首页，就是利用形状构图将页面进行区域分割，每一个区域会有不同的主题进行商品展示。而化妆品首页，利用丝带进行视觉引导和连接，让页面更加统一、协调。

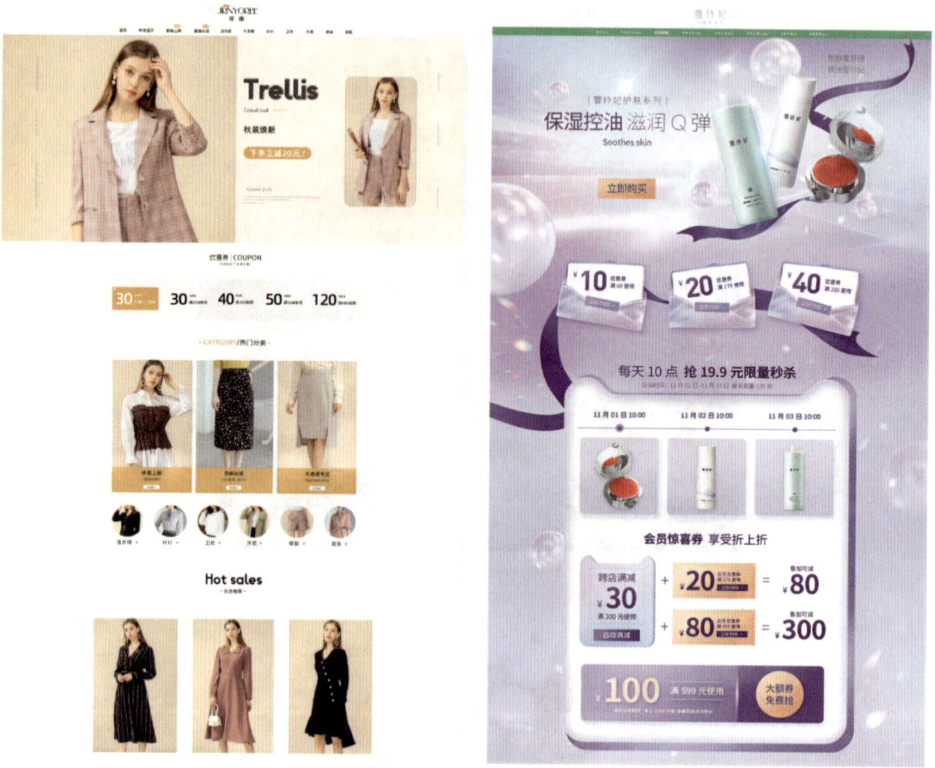

图 5-3　店铺首页模板

图 5-4　色彩搭配协调

③色彩搭配协调。

色彩搭配合理，能达到意想不到的效果。在设计店铺首页时，页面色调要与店铺相统一、与产品相匹配，做好配色方案，确定好主、辅色。同时根据产品亮点来确定背景色，背景色不能单纯当页面设计，要做出一张漂亮的图片，就要做到产品与背景的呼应。如图 5-4 所示，为了衬托空调产品带给人们的清凉感，整个页面以蓝色为基调，进行深浅的变化，并运用了少量的橙色进行优惠券的绘制，起到了醒目的作用。页面颜色统一、协调，给人舒适的感觉。

④产品展示有序。

店铺首页设计要做到布局清晰、板块明确，色调鲜明，给客户较好的视觉体验。同时，良好的产品展示可以很好地传递产品信息，刺激产品销售，方便购买，提高客户体验。产品的展示应是相关的，相互补充，幅度不能相差太大或毫不相关（图 5–5）。

图 5–5 产品展示有序

5.1.2 制订计划

本任务要求设计某地方农产品的清新自然风店铺首页。在教学做一体化训练中，通过相应的工作流程、操作步骤，更好地掌握店铺首页的框架布局、店铺色调统一等较典型的店铺首页制作方法，熟悉清新自然的店铺首页设计风格。

本任务为设计清新自然风农产品店铺首页，在设计过程中注意事项如下。

（1）店铺首页背景参照样图。

（2）店铺首页文案可以参照样图排版。

（3）店铺首页定位准确、风格明确。

（4）店铺首页布局合理，页面内容主次得当。

（5）店铺首页背景、文案、商品相互映衬，主题突出。

（6）构图明快简洁，色彩搭配合理、光效自然。

（7）图片像素高，美观度高，品质感强。

（8）图片形状为长方形，图片大小宽度为 1920 像素，高度根据实际内容来定。

（9）图片为 jpg 格式。

在店铺首页的设计过程中，构图设计很重要。首先要求填写农产品首页的制作计划表，明确需要用到哪些素材和各环节的设计制作要点，见表 5-1 。

表 5-1　农产品店铺首页的制作计划表

序号	项目	项目属性值	备注
1	店铺名称		乐优鲜果旗舰店
2	店铺广告语		与店铺的理念相统一
3	店铺定位		（1）店铺定位是专题活动还是单品推广销售； （2）产品定位是促销亲民还是高端大气
4	首页风格		（1）首页风格明确，符合活动的要求和商品的属性； （2）与店铺风格协调、统一
5	首页文案		（1）主标题、副标题、利益点等文案明确； （2）分别注明字体及其大小； （3）活动主题或商品主要卖点醒目； （4）文案内容精练； （5）字体不要超过三种
6	图文布局		（1）画出草图； （2）注明何种构图方式
7	色彩		整个页面色调统一和谐，背景主色调与活动主题或活动商品相互映衬，做到主次分明
8	素材文件		（1）整理素材文件； （2）规范文件名
9	绘图		（1）尽量选择高清大图； （2）实景图合成时，过渡要自然合理； （3）文件大小不超过 3MB； （4）绘图中要创建一个新样式图形或者添加文字时都需要先新建图层； （5）把抠好的素材从一个文件插入另一个文件，需要选择转化为智能对象； （6）保存图片时需要保存两种格式：jpg 和 psd
10	细节处理		（1）首页图像清晰，不模糊，画面有美感； （2）为了丰富画面添加一些装饰元素（非必需项）； （3）画面上光影自然、合理
11	尺寸		全屏店铺（尺寸宽 1920 像素，高度根据实际内容来定）
12	作图环境	Photoshop 软件	
13	作图地点	美工工作室	
14	作图时间		参照格式：2023-01-01
15	作图数量	1 张	
16	作图人员		
17	使用拍摄素材		拍摄产品素材图片 注明：数量、文件名
18	注意事项	（1）搜集参照素材时，不访问来历不明网站； （2）规避素材图片、字体的侵权行为	

5.1.3 教学做一体化训练

店铺首页需要结合网店的整体风格、专题活动的要求进行制作，本任务根据计划表制作农产品店铺首页。

【具体步骤】

步骤1：新建画布宽1920像素，高4000像素，分辨率为72像素/英寸，背景为白色，颜色模式为RGB模式，名称为“农产品首页”。设置前景色为#f8f1e1，用前景色填充图像。

步骤2：新建图层组，命名为“店招”。在此图层组内选择矩形工具，绘制宽1920像素，高200像素的矩形。矩形的颜色设置为#448a10，描边无。再次选择矩形工具，绘制长方形，颜色为#63aa11，描边无。将颜色设置为# ffff00，绘制两个小矩形及三条竖直线，如图5-6所示。

图5-6 绘制店招形状

步骤3：将橙子素材1和橙子素材2置入店招中，并放置在合适的位置上，如图5-7所示。

图5-7 置入橙子素材图

步骤4：将颜色设置为# ffff00，字体设置为黑体，输入文字“乐优鲜果旗舰店”“颗颗甄选 口口鲜甜”“秭归特产脐橙”。将前景色设置为#f9961e，输入文字“【高品质3年挂果】热销”。将前景色设置为#63aa11，在黄色矩形上分别输入文字“首页”和“收藏我们”。将前景色设置为#ffff00，输入文字“所有产品”“热卖专区”“新品上市”“品牌介绍”，如图5-8所示。

图5-8 店招添加文字后效果图

步骤5：在店招下方置入项目四中制作完成的商品海报图片“脐橙海报图”，如图5-9所示。

图 5-9 置入海报后效果图

步骤 6：新建图层组，命名为“店铺大礼包”。将前景色设置为 #448a10，绘制两条直线；选择圆角矩形工具，半径设置为 10 像素，绘制圆角矩形，填充为无，描边 16 像素；选择直线工具，绘制一条直线，直线粗细为 15 像素；选择矩形工具，绘制三个矩形，描边无。将前景色设置为 #ffff00，选择椭圆工具，绘制三个正圆形，如图 5-10 所示。

图 5-10 绘制“店铺大礼包”模块形状

步骤 7：置入柚子、奇异果、杨梅的素材图，并放置在合适的位置上，如图 5-11 所示。

图 5-11 置入水果素材图

步骤 8：选择自定形状工具，选择形状横幅 3，形状填充选择线性渐变，渐变角度为 180，渐变颜色分别为 #ddb962、#f0e5ca、#ddb962，并为形状添加混合模式；投影，将横幅 3 形状进行自由变换，调整角度。在奇异果图像上，用椭圆绘制一个红色的正圆形，描边无，效果如图 5-12 所示。

图 5-12 自定形状添加后效果图

步骤 9：将前景色设置为 #448a10，字体为方正舒体，字体大小为 80 点，输入文字“店铺”和“大礼包”。将前景色设置为 #ffff00，字体为微软雅黑，字体大小为 40 点，输入文字“蜜柚一个”“猕猴桃 ￥9.9”“杨梅 ￥29.9”。将前景色设置为 #448a10，字体为微软雅黑，输入文字“大礼包”“每日前 10 名”“付款送大礼包”。将前景色设置为 #ffffff，字体为微软雅黑，输入文字“秒杀”，效果如图 5-13 所示。

图 5-13　店铺大礼包模块添加文字后效果图

步骤 10：新建图层组，命名为“店铺热卖”。将前景色设置为 #448a10，绘制两条直线；选择椭圆工具，绘制两个正圆，描边无；再次选择椭圆工具，绘制两个正圆，填充无，描边 10 像素，描边选项为虚线；选择圆角矩形工具，半径为 10 像素，绘制两个圆角矩形，描边无。将前景色设置为 #ffff00，选择椭圆工具，绘制两个正圆形，描边无；选择圆角矩形工具，半径为 10 像素，绘制两个圆角矩形，描边无，效果如图 5-14 所示。

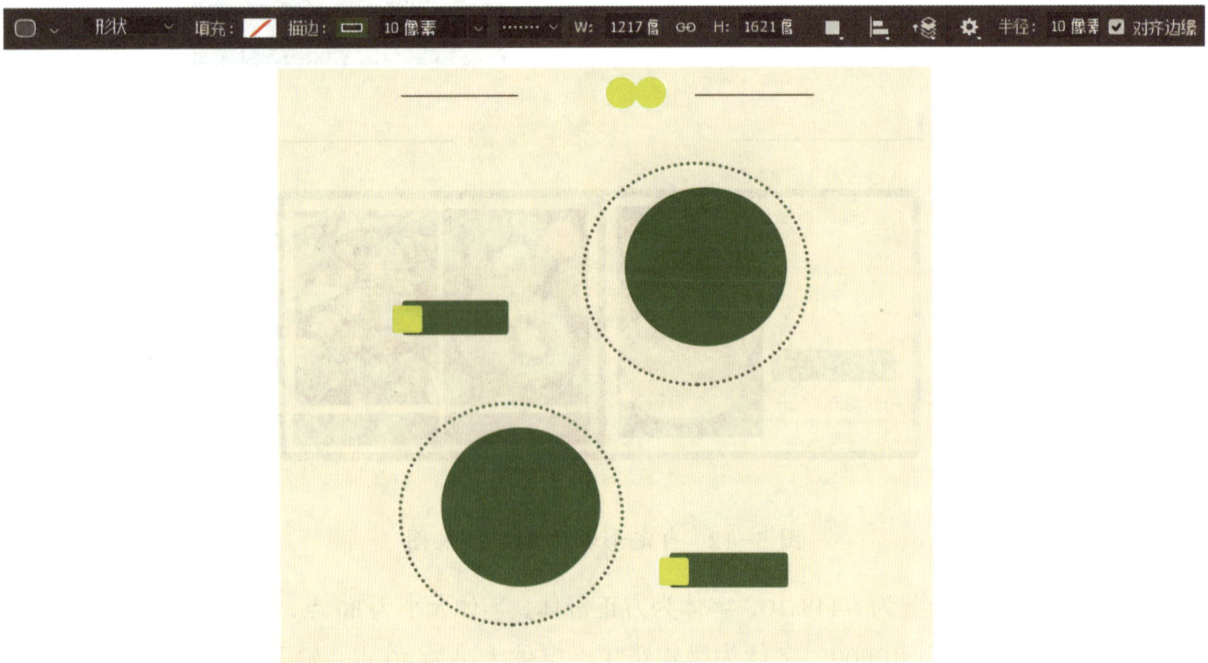

图 5-14　绘制“店铺热卖”模块形状

步骤 11：置入椪柑和荸荠的素材图，分别放置在绿色正圆形图层上方，并创建剪贴蒙版，效果如图 5-15 所示。

图 5-15 置入水果素材图

步骤 12：将前景色设置为 #448a10，字体为方正舒体，字体大小为 80 点，输入文字“店铺”“大礼包”。将前景色设置为 #448a10，字体为微软雅黑，输入文字“长阳清江椪柑”“尝鲜特价”。将前景色设置为 #000000，字体为微软雅黑，输入文字“果形端正、色泽鲜艳、香甜可口、产地直供”。将前景色设置为 # ffff00，字体为微软雅黑，输入文字“￥30.00/5 斤”。用以上同样的设置，完成荸荠部分的文字输入，效果如图 5-16 所示。

图 5-16 “店铺热卖”模块添加文字后效果图

步骤 13：新建图层组，命名为“服务与评价”。将前景色设置为 #448a10，选择矩形工具，绘制三个矩形，填充无，描边 5 像素；再次选择矩形工具，绘制三个矩形，描边无；选择矩形工具，在页面最下端绘制一个 W 为 1920 像素，H 为 64 像素的矩形，效果如图 5-17 所示。

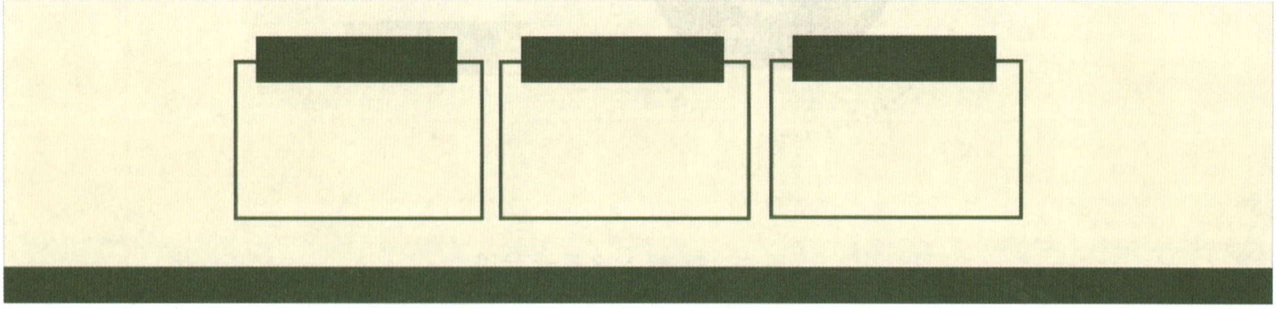

图 5-17 绘制“服务与评价”模块形状

步骤 14：将前景色设置为 #ffffff，字体为黑体，字体大小为 40 点，输入文字“关于快递”“关于包装”“关于评价”。将前景色设置为 #448a10，字体为黑体，字体大小为 32 点，输入图 5-18 中的相应文字。最终展示效果见图 5-19。

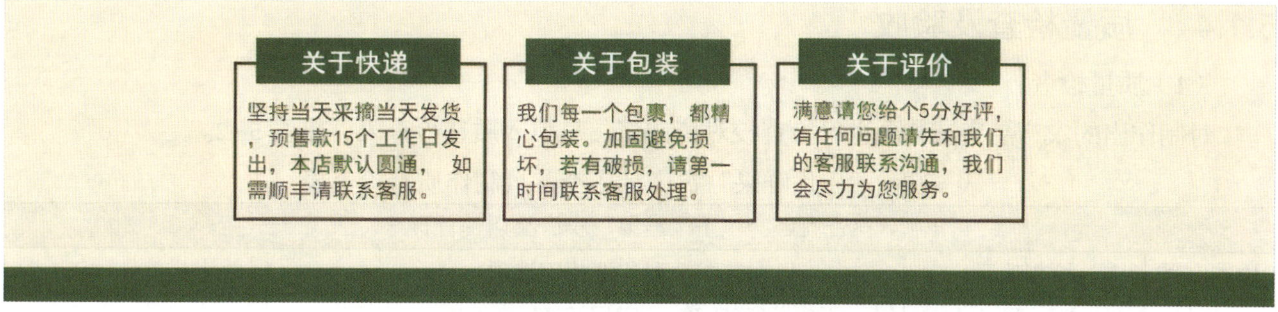

图 5-18 “服务与评价”模块添加文字后效果图

图 5-19 “乐优鲜果”农产品店铺首页最终效果图

5.1.4 质量检查及验收

（1）质量检查。

对制作出的农产品店铺首页进行检查校对，并将信息填入质量检查表，见表 5-2。

表 5-2 “乐优鲜果”农产品店铺首页制作质量检查表

检查项目：“乐优鲜果”农产品店铺首页			
检查序号	检查项目	根据完成情况勾选相应选项	改进措施
1	图片尺寸	□正确 □不正确	
2	文件名称	□正确 □不正确	
3	文件大小	□正确 □不正确	
4	店铺定位	□准确 □一般 □不准确	
5	商品定位	□准确 □一般 □不准确	
6	店铺风格	□明确 □一般 □不明确	
7	文案内容	□准确 □一般 □不准确	
8	文案字体	□合理 □一般 □不合理	
9	文案字号	□合理 □一般 □不合理	
10	文案排版	□合理 □一般 □不合理	
11	主题突出	□突出 □一般 □不突出	
12	构图设计	□合理 □一般 □不合理	
13	色彩搭配	□合理 □一般 □不合理	
14	商品融入	□自然 □一般 □不自然	
15	细节处理	□完善 □一般 □不完善	
16	光影效果	□自然 □一般 □不自然	
17	图片清晰	□清晰 □一般 □不清晰	
18	实景合成	□自然 □一般 □不自然	
19	视觉美观	□美观 □一般 □不美观	

（2）交接验收。

根据任务工作情境进行解说，展示农产品店铺首页完成效果，逐项核对任务要求，完成交接验收，并填写验收表，见表 5-3 。

表 5-3 “乐优鲜果”农产品店铺首页制作验收表

验收内容：“乐优鲜果”农产品店铺首页				
序号	验收项目	验收要求	验收情况	整改措施
1	店铺定位	（1）店铺定位明确，客户一眼能知道商家想要表达的是专题活动还是商品推广销售； （2）商品定位是促销亲民还是高端大气	□通过 □不通过	
2	首页风格	（1）首页风格明确，符合活动的要求或者商品的属性； （2）店铺整体风格协调、统一	□通过 □不通过	
3	首页文案	（1）主标题、副标题、利益点等文案明确； （2）分别注明字体及其大小； （3）活动主题或商品主要卖点醒目	□通过 □不通过	

表 5-3 “乐优鲜果”农产品店铺首页制作验收表（续表）

验收内容：“乐优鲜果”农产品店铺首页				
序号	验收项目	验收要求	验收情况	整改措施
4	商品展示	（1）商品无变形； （2）摆放符合常识； （3）商品光影效果合理	□通过 □不通过	
5	店铺色彩	（1）店铺主色调契合活动主题； （2）主色调与商品色彩协调统一或形成鲜明对比，能突出商品品质和商品卖点	□通过 □不通过	
6	海报品质	（1）海报清晰，不模糊，画面有美感； （2）为了丰富画面添加一些装饰元素（非必需项）； （3）画面上所有物体光效自然、合理； （4）尺寸宽 1920 像素，高度根据实际内容来定； （5）文件名规范，保存图片时需要保存两种格式：jpg 和 psd； （6）文件大小在规定范围内，小于 3MB	□通过 □不通过	
7	侵权行为	（1）图片素材无侵权行为； （2）字体无侵权行为	□通过 □不通过	
8	客户验收情况	□合格 □较好，有待改进 □不合格	客户签字	客户签字

小结

【知识目标】

本任务要求学生以团队为单位，根据店铺首页的设计要点，即风格统一、布局合理、搭配协调和展示有序，进行“乐优鲜果”农产品店铺首页的设计制作，达到吸引用户点击，提高页面转化率的效果。运用相关图形图像处理软件完成店铺首页的制作，突出店铺销售的农产品“有机健康”的品质，营造出自然田园的氛围。

【能力目标】

考核内容见表 5-4。

表 5-4 考核内容表

序号	考核内容
1	能够分析某地方农产品网店的特性，进行店铺首页的主题设计
2	能够分析某地方农产品的特性，进行自然田园风格店铺首页的色彩搭配
3	能够分析某地方农产品的特性，进行产品及活动文案的提炼
4	能够分析自然田园风格店铺首页的特点，进行合理的排版布局
5	能够规范上网，有意识规避素材图片和字体的侵权行为
6	能够掌握使用 Photoshop 软件制作出一张自然田园风格的农产品店铺首页

图 5-20 “百农汇生态农业”农产品店铺首页制作参考图

同步实训

【情景描述】

完成“乐优鲜果”农产品店铺首页制作后，小组又开始“百农汇生态农业”农产品店铺首页的制作。店铺产品以水果为主，店铺风格还是自然田园风格。在店铺首页的制作方面，需要结合“绿水青山就是金山银山”的理念、地方农产品和“满减”活动的特点，融入新清、自然的元素，突出绿色、有机、新鲜的特征，进行构图设计、色彩搭配和营销活动文案的提炼。

制作“百农汇生态农业”农产品店铺首页时，可以参考图 5-20。

【实训内容】

分组整理和讨论“百农汇生态农业”农产品店铺首页的制作要点，进行首页风格、布局、文案、构图、色彩以及附加价值等方面的构思，完成农产品首页的制作计划表，见表 5-5。

表 5-5 “百农汇生态农业”农产品店铺首页制作计划表

序号	项目	项目属性值	备注
1	店铺名称		百农汇生态农业
2	店铺广告语		与店铺的理念相统一

表 5-5 “百农汇生态农业”农产品店铺首页制作计划表（续表）

序号	项目	项目属性值	备注
3	店铺定位		（1）店铺定位是专题活动还是单品推广销售； （2）产品定位是促销亲民还是高端大气
4	首页风格		（1）首页风格明确，符合活动的要求和商品的属性； （2）与店铺风格协调、统一
5	首页文案		（1）主标题、副标题、利益点等文案明确； （2）分别注明字体及其大小； （3）活动主题或商品主要卖点醒目； （4）文案内容精练； （5）字体不要超过三种
6	图文布局		（1）画出草图； （2）注明何种构图方式
7	色 彩		整个页面色调统一和谐，背景主色调与活动主题或活动商品相互映衬，做到主次分明
8	素材文件		（1）整理素材文件； （2）规范文件名
9	绘 图		（1）尽量选择高清大图； （2）实景图合成时，过渡要自然合理； （3）文件大小不超过 3MB； （4）绘图中要创建一个新样式图形或者添加文字时都需要先新建图层； （5）把抠好的素材从一个文件插入到另一个文件，需要选择转化为智能对象； （6）保存图片时需要保存两种格式：jpg 和 psd
10	细节处理		（1）首页图像清晰，不模糊，画面有美感； （2）为了丰富画面添加一些装饰元素（非必需项）； （3）画面上光影自然、合理
11	尺 寸		全屏店铺（尺寸宽 1920 像素，高度根据实际内容来定）
12	作图环境	Photoshop 软件	
13	作图地点	美工工作室	
14	作图时间		参照格式：2023-01-01
15	作图数量	1 张	
16	作图人员		
17	使用拍摄素材		拍摄产品素材图片 注明：数量、文件名
18	注意事项	（1）搜集参照素材时，不访问来历不明网站； （2）规避素材图片、字体的侵权行为	

以团队为单位，根据店铺首页的设计要点，进行创意设计，吸引用户点击，提高页面转化率。运用相关图形图像处理软件对店铺首页进行制作，突出店铺的主题或商品卖点。

表 5-6　学生自我总结

<table>
<tr><th colspan="6">任务名称：农产品店铺首页制作总结</th></tr>
<tr><td colspan="6">团队名称：</td></tr>
<tr><td>姓名</td><td></td><td>学号</td><td></td><td>日期</td><td></td></tr>
<tr><td colspan="6">1. 任务描述
本任务是根据需求对某地方农产品进行店铺首页的制作工作。在制作过程中，要结合“绿水青山就是金山银山”的理念、店铺“满减”活动以及地方特色农产品水果的特点，融入自然、绿色、有机、健康的文化元素，进行构图设计、色彩搭配和首页文案提炼。熟练使用 Photoshop 软件制作农产品店铺首页，突出店铺活动主题或活动商品</td></tr>
<tr><td colspan="6">2. 任务实施过程
请记录店铺首页制作的具体过程。
（1）利用形状工具绘制出首页中所需要的修饰形状：
（2）利用剪贴蒙版对图像的显示进行控制：
（3）主题文案：
（4）装饰元素：
（5）商品及其布置：</td></tr>
<tr><td colspan="6">3. 任务总结
请写出在农产品店铺首页制作过程中遇到的困难和解决方法</td></tr>
</table>

任务 5.2　数码产品店铺首页视觉设计与制作

学习目标

【知识目标】

（1）熟悉店铺首页的框架布局。

（2）熟悉店铺首页的页面布局类型。

【技能目标】

（1）能够根据数码产品的风格和特点制作出独具特色的店铺首页。

（2）能掌握数码店铺首页设计中的各种技术要点和操作技巧。

【素养目标】

（1）培养学习主动性，学会通过合理的布局来突显广告产品，展示出数码产品的特点。

（2）通过同步实训，培养小组团队合作的意识及精神。

【思政目标】

（1）在首页设计中体现数码产品的技术创新点，体会高科技给生活带来的幸福感。

（2）在搜集使用素材图片过程中，规避侵权行为。

工作情景描述

小赵是某数码产品公司的淘宝旗舰店的视觉设计师，公司即将推出一款 FreeBudsPro2 主动降噪蓝牙耳机。为了力推这款耳机，公司主管运营的经理找到小赵，要求其重新设计淘宝旗舰店的店铺首页。

店铺首页采用时尚大气科技风格，对首页进行布局、文案、构图和配色的设计，体现公司商品的高科技和好品质。小赵经过市场调研和客户需求分析，决定使用淡紫色的冷色调作为背景，着力细节刻画，突出数码产品的创新点和品质。

工作流程与活动

（1）明确任务和知识准备。

（2）制订计划。

（3）教学做一体化训练。

（4）质量检查及验收。

5.2.1　明确任务和知识准备

（1）店铺首页的框架布局。

店铺首页按照区域和功能的划分，一般来说有店招、页面导航、轮播海报/首页海报、商品展示区、店铺页尾区等几个区域，每一个区域都有自己的功能和作用。

①店招。

店招即店铺的招牌，位于店铺首页的最顶端，也是打开页面后最显眼的位置。店招需要向顾客传递明确的信息，如店铺名称、店铺 logo、店铺广告语、店铺活动等重要信息，这些对顾客是否选择进入店铺首页浏览其他商品起到了一定的作用。在设计店招时，遵循的基本原则是与首页的设计风格保持统一，这样在店铺的整体风格上会有一个延续以及良好的视觉效果（图 5–21）。

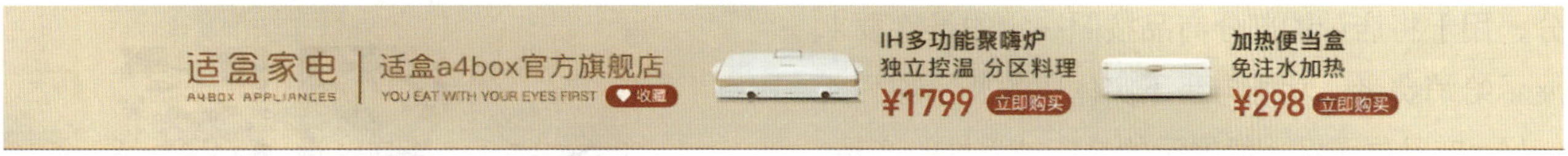

图 5–21　店招图

②页面导航。

页面导航主要是给顾客一个引导的功能，方便顾客能够更加精准地找到所需要的产品，同时使整个店铺首页更加整洁清晰。页面导航一般有首页、宝贝页（可根据产品功能和系列细分为多个页面）以及其他品牌相关介绍，如店铺活动介绍、品牌故事介绍、会员礼、正品保障。卖家可以根据店铺情况和近期活动，添加合适的导航按钮（图 5–22）。

图 5–22　页面导航图

③轮播海报/首页海报。

首页海报在整个店铺首页中占用面积较大，是顾客最先关注的位置。首页海报的设计是整个店铺首页设计的重中之重，它承载着较多的信息内容及丰富的产品图片。通过产品图片与文案相结合，向顾客传递最新的商品信息、店铺活动、店铺理念等，更好地引起顾客的关注，从而提升整个店铺的转化率。

轮播海报数量最好选择三张以上，可以是店铺热推产品，也可以是品牌的介绍或者优惠活动的介绍。轮播海报往往是带有链接属性的，放在首页轮播展示区的商品也需要商家做好选择，策略优化好了能带动商品的销售量（图 5-23）。

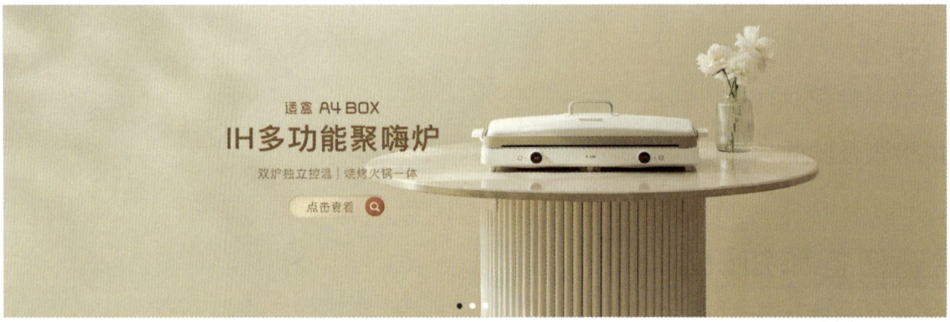

图 5-23 轮播海报图

④商品展示区。

商品展示区是店铺首页布局不可缺少的一部分，用于将店铺的部分商品按照一定的维度要求展示给消费者，功能与线下实体店的展示陈列架一样。商品展示区一般展示的是店铺主推的产品，可以按照系列划分，也可以按照功能划分，还可以相互组合。在进行商品展示时，要尽量避免出现重复的商品，并及时根据实际销量和销售目标对展示的商品进行调整（图 5-24）。

图 5-24 商品展示区

⑤店铺页尾区。

店铺页尾区让店铺首页的结构更加完整，页尾模块相对页头会少，因此利用好页尾能为店铺起到良好的分流作用。店铺页尾区一般使用自定义区域，可以为店铺介绍和品质保障，也可以在最底端设置图片链接引导买家收藏店铺或点击进入商品区（图 5-25）。

图 5-25 店铺页尾图

（2）店铺首页的页面布局类型。

店铺首页中的页面布局已经表明了店铺的战略方向，根据店铺流量、产品品类、用户群体等不同，需要选择不同的页面布局类型。常规的页面布局大致分为三类：分流型、聚流型、品牌推广型。

①分流型店铺首页布局（图 5-26）。

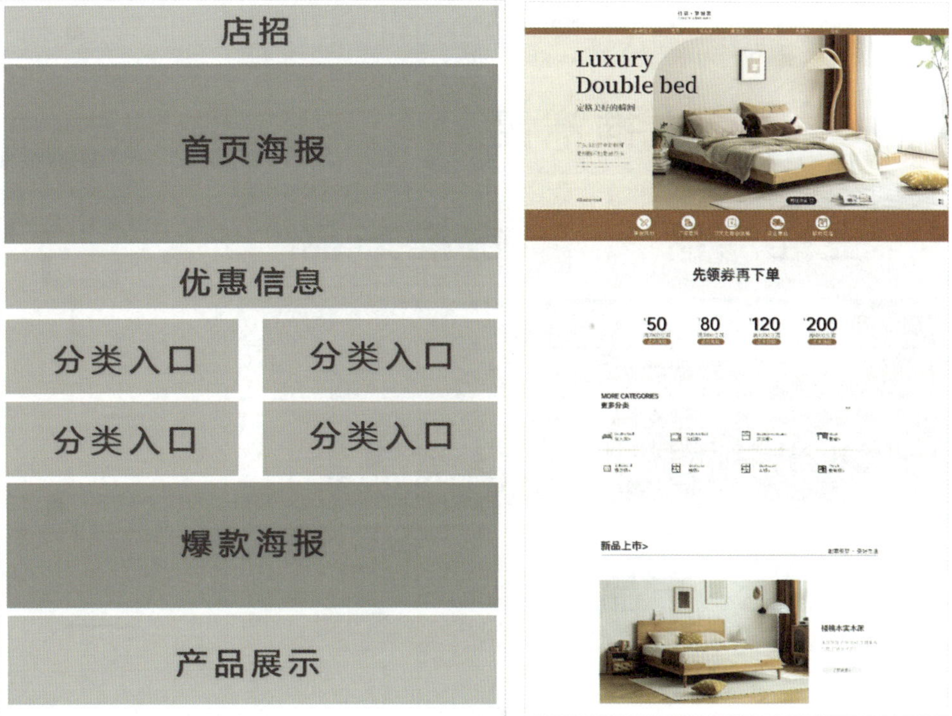

图 5-26 分流型店铺首页布局图

分流型店铺首

页布局主要用于大流量、产品品类较多的店铺，目的是展示更多的产品，提高曝光率和访问深度。这种类型的首页要做好活动内容展示，强化购物场景，通过产品的分类，进行明确的指引，让顾客能够按需选择。

分流型店铺首页布局的优点：通过强化购物场景来唤醒顾客购买欲望；通过店铺优惠促进加购；通过爆款推荐让顾客优先选择。

②聚流型店铺首页布局（图 5-27）。

聚流型店铺首页布局主要用于产品数量较少、产品品类较单一的网店，属于爆款 / 主推款型，多适用于标品。在这类店铺的首页布局上，要尽可能做到氛围的展现，对店铺主推产品进行展示推选。

聚流型店铺首页布局设计的优点：营造热销气氛，增强店铺氛围，进行首推产品、店铺热销产品的推荐。

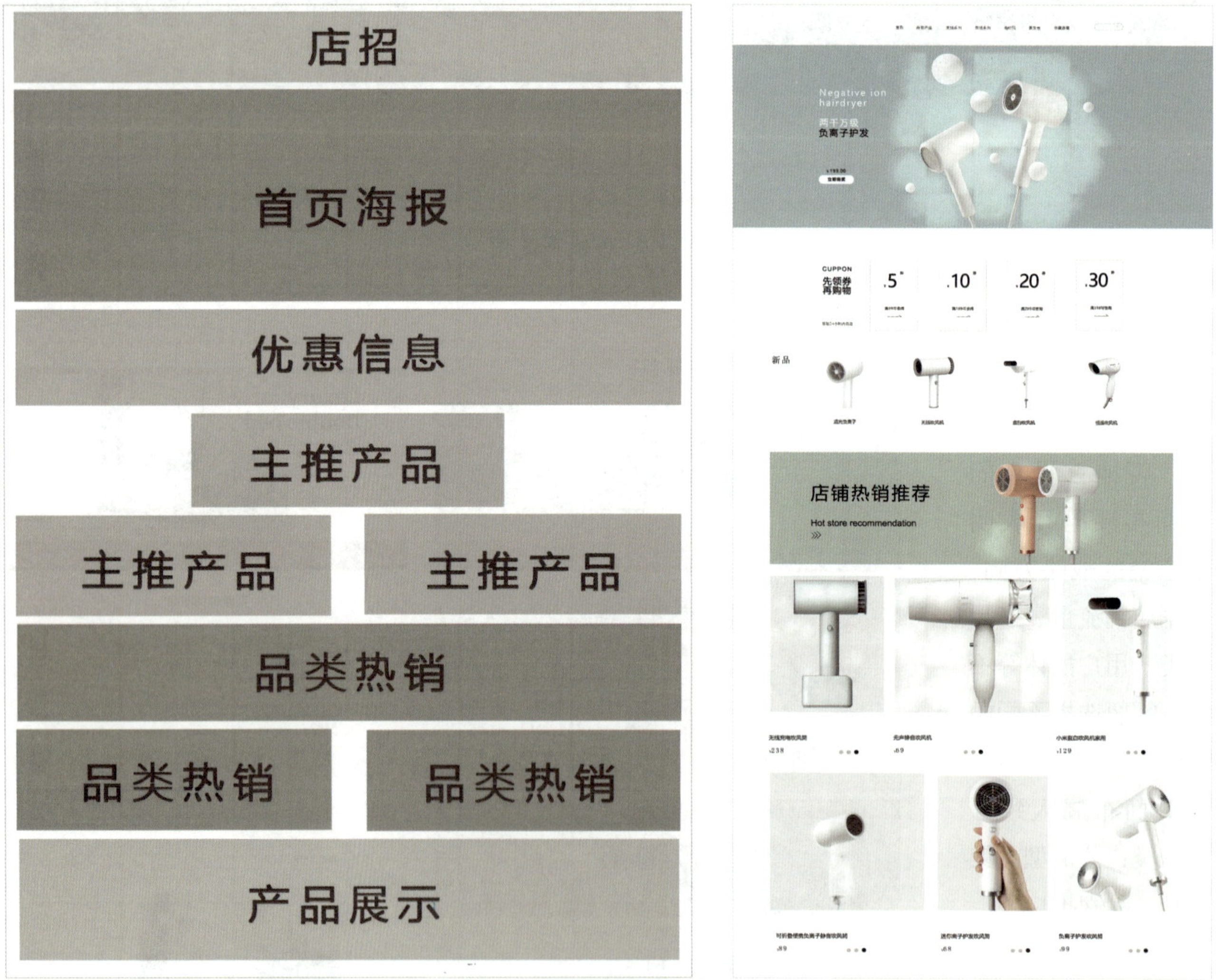

图 5-27　聚流型店铺首页布局图

（3）品牌推广店铺首页布局（图 5-28）。

品牌推广店铺首页布局，适用于基础较好的网店，具有一定的品牌知名度和店铺流量，在店铺优化过程中需要将店铺流量进行合理分配，将流量的转化率做到最大化。其作用主要是加深品牌化运营。

图 5-28　品牌推广店铺首页布局图

5.2.2　制订计划

本任务要求设计以“国产数码产品”为主题的时尚大气店铺首页。在教学做一体化训练中，通过相应的工作流程、操作步骤，掌握店铺首页中店招及功能模块的制作方法，熟悉科技风店铺首页视觉设计风格。

本任务为设计科技风数码产品店铺首页，在设计过程中注意事项如下。

（1）店铺首页背景参照样图；店铺首页文案可以参照样图排版。

（2）店铺首页定位准确、风格明确。

（3）店铺首页布局合理，页面内容主次得当。

（4）店铺首页背景、文案、商品相互映衬，主题突出。

（5）构图明快简洁，色彩搭配合理、光效自然。

（6）图片像素高，美观度高，品质感强。

（7）图片形状为长方形，图片大小宽度为1920像素，高度根据实际内容来定。

（8）图片为jpg格式。

在店铺首页的设计过程中，构图设计很重要。首先要求填写数码产品店铺首页的制作计划表，明确需要用到哪些素材和各环节的设计制作要点，见表5-7。

表5-7　数码产品店铺首页的制作计划表

序号	项目	项目属性值	备注
1	店铺名称		智联数码旗舰店
2	店铺广告语		与店铺的理念相统一
3	店铺定位		（1）店铺定位是专题活动还是单品推广销售； （2）产品定位是促销亲民还是高端大气
4	首页风格		（1）首页风格明确，符合活动的要求和商品的属性； （2）与店铺风格协调、统一
5	首页文案		（1）主标题、副标题、利益点等文案明确； （2）分别注明字体及其大小； （3）活动主题或商品主要卖点醒目； （4）文案内容精练； （5）字体不要超过三种
6	图文布局		（1）画出草图； （2）注明何种构图方式
7	色彩		整个页面色调统一和谐，背景主色调与活动主题或活动商品相互映衬，做到主次分明
8	素材文件		（1）整理素材文件； （2）规范文件名
9	绘图		（1）尽量选择高清大图； （2）实景图合成时，过渡要自然合理； （3）文件大小不超过3MB； （4）绘图中要创建一个新样式图形或者添加文字时都需要先新建图层； （5）把抠好的素材从一个文件插入另一个文件，需要选择转化为智能对象； （6）保存图片时需要保存两种格式：jpg和psd

表 5-7 数码产品店铺首页的制作计划表（续表）

序号	项目	项目属性值	备注
10	细节处理		（1）首页图像清晰，不模糊，画面有美感； （2）为了丰富画面添加一些装饰元素（非必需项）； （3）画面上光影自然、合理
11	尺寸		全屏店铺（尺寸宽 1920 像素，高度根据实际内容来定）
12	作图环境	Photoshop 软件	
13	作图地点	美工工作室	
14	作图时间		参照格式：2023-01-01
15	作图数量	1 张	
16	作图人员		
17	使用拍摄素材		拍摄产品素材图片 注明：数量、文件名
18	注意事项	（1）搜集参照素材时，不访问来历不明网站； （2）规避素材图片、字体的侵权行为	

5.2.3 教学做一体化训练

店铺首页需要结合网店的整体风格、专题活动的要求进行制作，本任务根据计划表制作数码产品店铺首页。

【具体步骤】

步骤 1：新建画布宽 1920 像素，高 4450 像素，分辨率为 72 像素 / 英寸，背景为白色，颜色模式为 RGB 模式，名称为“数码产品首页”。设置前景色为 #a2b3e1，用前景色填充图像。

步骤 2：新建图层组，命名为“店招”。在此图层组内选择矩形工具，绘制宽 1920 像素，高 280 像素的矩形。矩形的颜色设置为 # a2b3e1，描边无。再次选择矩形工具，绘制长方形，颜色为 #ffffff，描边无。将颜色设置为 #ffffff，半径设置为 20 像素，绘制一个圆角矩形。将颜色设置为 #97c4ed，字体为微软雅黑，输入文字，制作导航栏，如图 5-29 所示。

图 5-29 绘制店招形状

步骤 3：将颜色设置为 #ffffff，字体为微软雅黑，输入店铺名称。用椭圆选框工具绘制正圆形选区，设置菜单栏中的“选择”→“修改”→“羽化”，羽化值设置为 20，用白色对羽化后的选区进行填充。

将刚绘制的虚化圆形复制两份，分别放到合适的位置上，如图 5-30 所示。

图 5-30　绘制产品的虚化背景

步骤 4：将素材图“平板电脑素材”“手机素材”“耳机素材”置入，分别放在合适的位置上，如图 5-31 所示。

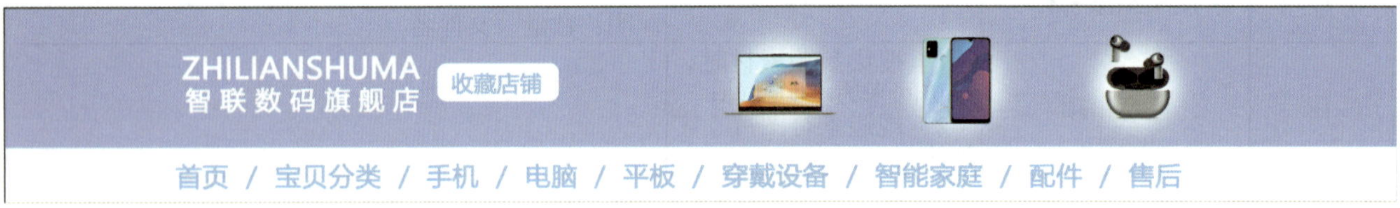

图 5-31　店招置入素材图后效果图

步骤 5：在店招下方置入项目四中制作完成的“国产数码商品 / 耳机新品推广”主题海报图片，如图 5-32 所示。

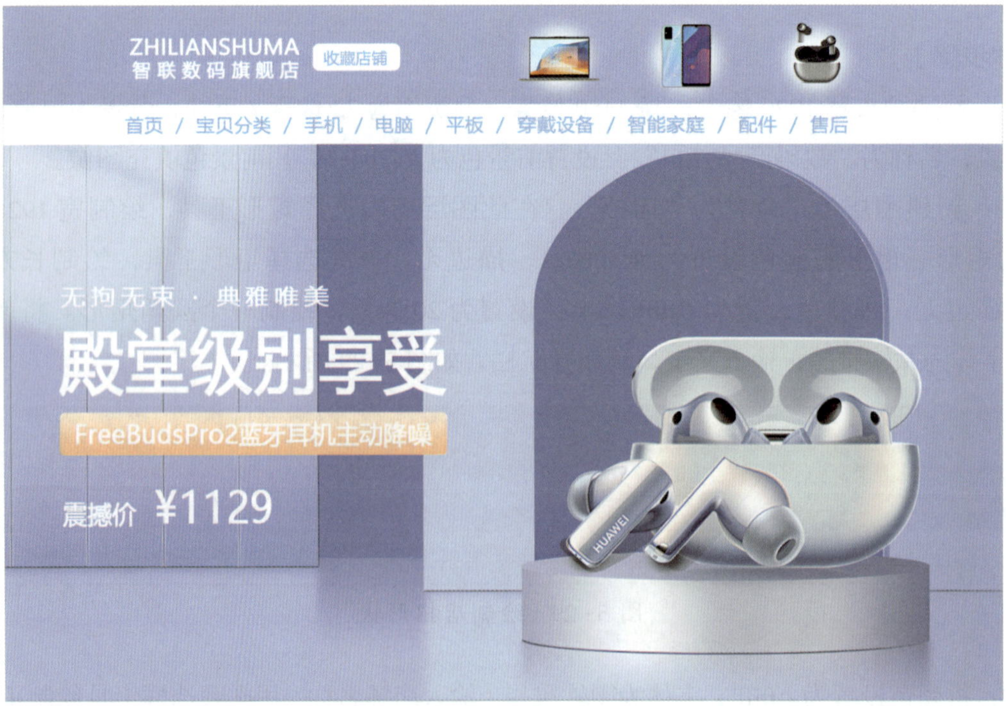

图 5-32　置入“国产数码商品 / 耳机新品推广”主题海报后效果图

步骤 6：新建图层组，命名为“优惠套餐”。绘制圆角矩形，半径设置为 20 像素。将颜色设置为 # 58b0ff，输入文字。绘制两个矩形，颜色为白色。用矩形选框工具绘制两个矩形，双击图层，颜色叠加，色号分别为 #76c5ff、50acff、b5e2ff、a1ddff，如图 5-33 所示。

图 5-33 绘制“优惠套餐”模块形状

步骤 7：将颜色设置为 #ffbf51，绘制三个圆角矩形，并用白色在圆角矩形上添加文字“立即购买”，字体大小为 42 点，字体为微软雅黑。将颜色设置为 #ffbf51，在圆角矩形上方输入文字“套餐 A”“套餐 B”“套餐 C”，字体大小为 55 点，字体为微软雅黑。将以上两步中的图层进行复制，放置在下方白色矩形中，如图 5-34 所示。

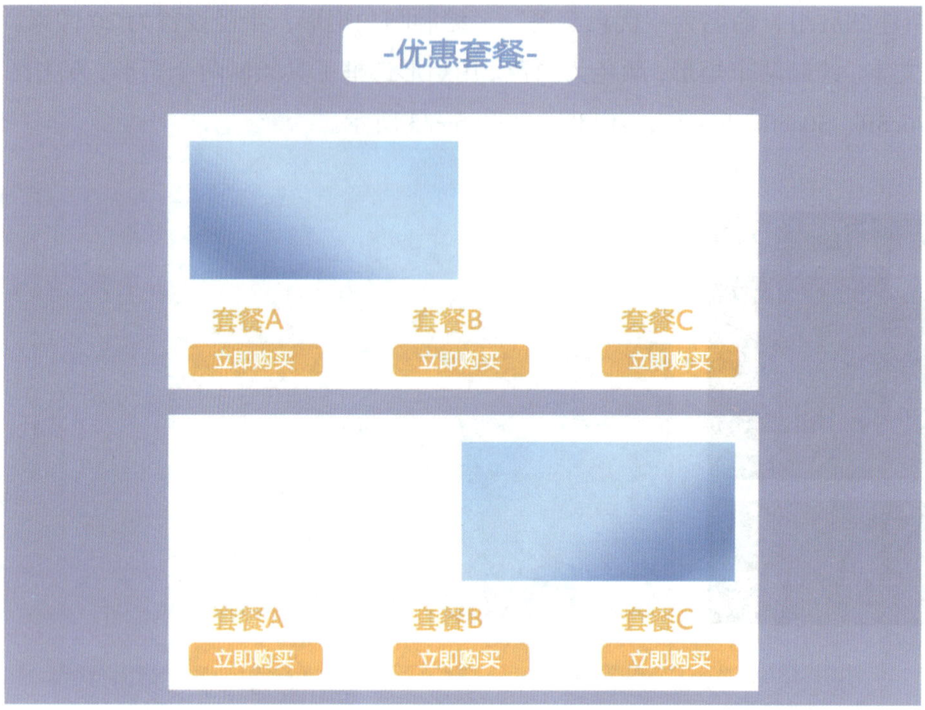

图 5-34　“优惠套餐”模块中添加套餐信息后效果图

步骤 8：将颜色设置为白色，字体选择微软雅黑，分别添加两个产品的文字介绍；分别置入素材图片“套餐手表”和“套餐平板”，放在合适的位置上，效果如图 5-35 所示。

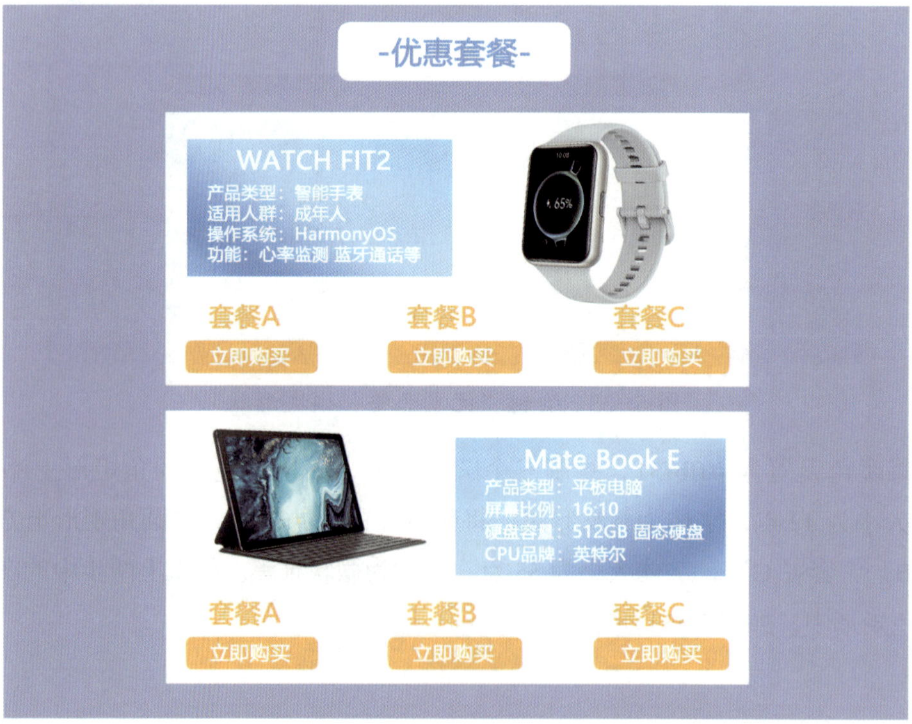

图 5-35　“优惠套餐”模块添加产品后效果图

步骤 9：新建图层组，命名为“新品专区”。绘制圆角矩形，半径设置为 20 像素。将颜色设置为 # 58b0ff，输入文字“新品专区”；绘制两个矩形，颜色为白色；将颜色设置为 #ffbf51，绘制两个圆角矩形，半径设置为 30 像素，分别在圆角矩形上输入文字，如图 5-36 所示。

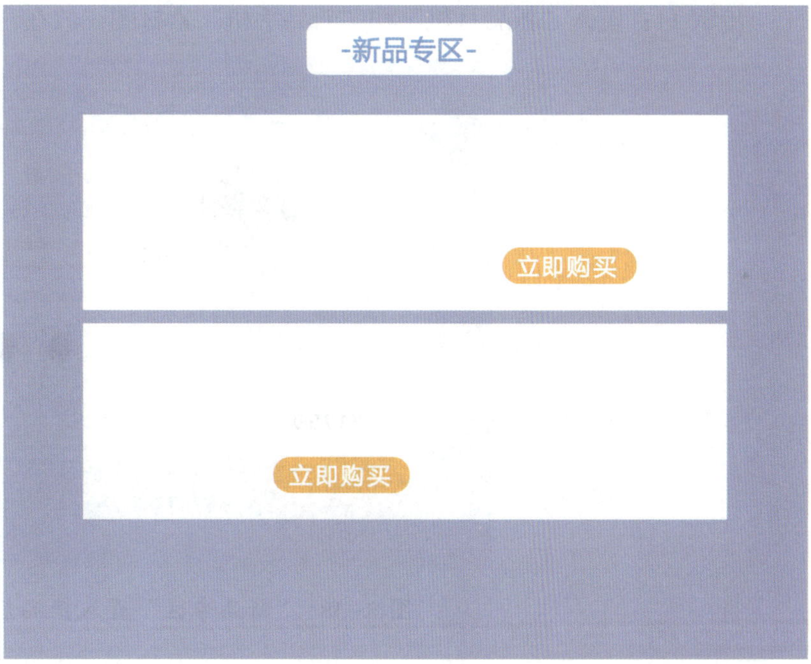

图 5-36 绘制“新品专区”模块形状

步骤 10：将颜色设置为 # 58b0ff，字体为微软雅黑，字体大小为 70 点，输入产品名称文字；将颜色设置为 #ababab，字体为微软雅黑，字体大小为 47 点，输入产品信息文字；将颜色设置为 #000000，字体为微软雅黑，字体大小为 62 点，输入产品价格文字，效果如图 5-37 所示。

图 5-37 “新品专区”模块添加文字后效果图

步骤 11：置入“新品耳机”和“新品手机”素材图，放在合适的位置上，效果如图 5-38 所示。

图 5-38 “新品专区”置入产品后效果图

步骤 12：将前景色设置为 #7084c3，字体为微软雅黑，字体大小为 76 点，输入文字“更多宝贝点击查看”。将前景色设置为 #ffffff，字体为微软雅黑，输入文字“立即购买”，如图 5-39 所示，最终效果图如图 5-40 所示。

图 5-39 “新品专区”模块添加购买链接文字后效果图

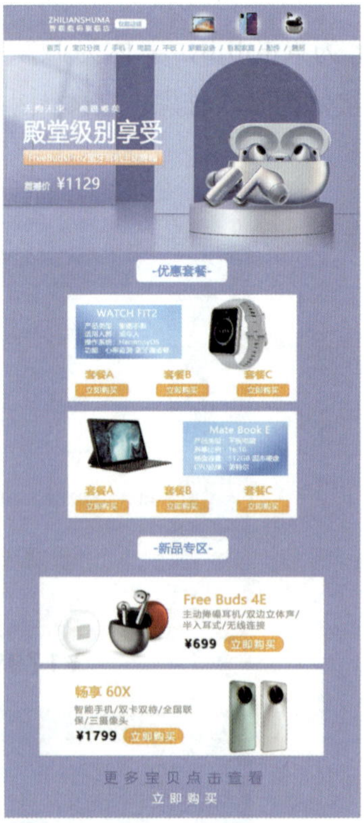

图 5-40 “智联数码”数码产品店铺首页最终效果图

5.2.4 质量检查及验收

（1）质量检查。

对制作出的数码产品店铺首页进行检查校对，并将信息填入质量检查表，见表5-8。

表5-8 “智联数码”数码产品店铺首页制作质量检查表

检查项目：“智联数码”数码产品店铺首页			
检查序号	检查项目	根据完成情况勾选相应选项	改进措施
1	图片尺寸	□正确 □不正确	
2	文件名称	□正确 □不正确	
3	文件大小	□正确 □不正确	
4	店铺定位	□准确 □一般 □不准确	
5	商品定位	□准确 □一般 □不准确	
6	店铺风格	□明确 □一般 □不明确	
7	文案内容	□准确 □一般 □不准确	
8	文案字体	□合理 □一般 □不合理	
9	文案字号	□合理 □一般 □不合理	
10	文案排版	□合理 □一般 □不合理	
11	主题突出	□突出 □一般 □不突出	
12	构图设计	□合理 □一般 □不合理	
13	色彩搭配	□合理 □一般 □不合理	
14	商品融入	□自然 □一般 □不自然	
15	细节处理	□完善 □一般 □不完善	
16	光影效果	□自然 □一般 □不自然	
17	图片清晰	□清晰 □一般 □不清晰	
18	实景合成	□自然 □一般 □不自然	
19	视觉美观	□美观 □一般 □不美观	

（2）交接验收。

根据任务工作情境进行解说，展示数码产品店铺首页完成效果，逐项核对任务要求，完成交接验收，并填写验收表，见表5-9。

表5-9 “智联数码”数码产品店铺首页制作验收表

验收内容：“智联数码”数码产品店铺首页				
序号	验收项目	验收要求	验收情况	整改措施
1	店铺定位	（1）店铺定位明确，客户一眼能知道商家想要表达的是专题活动还是商品推广销售； （2）商品定位是促销亲民还是高端大气	□通过 □不通过	
2	首页风格	（1）首页风格明确，符合活动的要求或者商品的属性； （2）店铺整体风格协调、统一	□通过 □不通过	
3	首页文案	（1）主标题、副标题、利益点等文案明确； （2）分别注明字体及其大小； （3）活动主题或商品主要卖点醒目	□通过 □不通过	

表 5-9 “智联数码”数码产品店铺首页制作验收表（续表）

验收内容：“智联数码”数码产品店铺首页				
序号	验收项目	验收要求	验收情况	整改措施
4	商品展示	（1）商品无变形； （2）摆放符合常识； （3）商品光影效果合理	□通过 □不通过	
5	店铺色彩	（1）店铺主色调契合活动主题； （2）主色调与商品色彩协调统一或形成鲜明对比，能突出商品品质和商品卖点	□通过 □不通过	
6	海报品质	（1）海报清晰，不模糊，画面有美感； （2）为了丰富画面添加一些装饰元素（非必需项）； （3）画面上所有物体光效自然、合理； （4）尺寸宽 1920 像素，高度根据实际内容来定； （5）文件名规范，保存图片时需要保存两种格式：jpg 和 psd； （6）文件大小在规定范围内，小于 3MB	□通过 □不通过	
7	侵权行为	（1）图片素材无侵权行为； （2）字体无侵权行为	□通过 □不通过	
8	客户验收情况	□合格 □较好，有待改进 □不合格	客户签字	客户签字

小结

【知识目标】

本任务要求学生以团队为单位，根据店铺首页的设计要点，即风格统一、布局合理、搭配协调和展示有序，进行“智联数码”数码产品店铺首页的设计制作，达到吸引用户点击，提高页面转化率的效果。运用相关图形图像处理软件完成店铺首页的制作，突出店铺销售的数码产品的高端品质，营造出简约大气的氛围。

【能力目标】

考核内容见表 5-10 所示。

表 5-10 考核内容表

序号	考核内容
1	能够分析国产数码产品的定位和特点，进行时尚大气科技风格店铺首页的设计
2	能够分析国产数码商品的定位和特点，进行时尚大气科技风格的色彩搭配
3	能够分析国产数码商品的特性，进行活动文案提炼
4	能够分析时尚大气科技风格店铺首页的特点，进行合理的排版布局
5	能够规范上网，有意识规避素材图片和字体的侵权行为
6	能够掌握使用 Photoshop 软件制作出一张时尚大气风格的数码产品店铺首页

同步实训

【情景描述】

完成“智联数码”店铺首页制作后，小组又开始“奥帆数码”店铺首页的制作。要求店铺首页设计制作中，仍然延续时尚大气的科技风格。同时需要结合“科技创新”的理念，突出国产数码品牌的技术创新，进行店铺首页构图设计、色彩搭配和营销活动的文案提炼。

制作“奥帆数码”数码产品店铺首页时，可以参考图 5-41 。

图 5-41 “奥帆数码”数码产品店铺首页制作参考图

【实训内容】

分组整理和讨论“奥帆数码”数码产品店铺首页的制作要点，进行首页风格、布局、文案、构图、色彩等方面的构思，完成数码产品首页的制作计划表，见表 5-11。

表 5-11　“奥帆数码”数码产品店铺首页制作计划表

序号	项目	项目属性值	备注
1	店铺名称		奥帆数码
2	店铺广告语		与店铺的理念相统一
3	店铺定位		（1）店铺定位是专题活动还是单品推广销售； （2）产品定位是促销亲民还是高端大气
4	首页风格		（1）首页风格明确，符合活动的要求和商品的属性； （2）与店铺风格协调、统一
5	首页文案		（1）主标题、副标题、利益点等文案明确； （2）分别注明字体及其大小； （3）活动主题或商品主要卖点醒目； （4）文案内容精练； （5）字体不要超过三种
6	图文布局		（1）画出草图； （2）注明何种构图方式
7	色　彩		整个页面色调统一和谐，背景主色调与活动主题或活动商品相互映衬，做到主次分明
8	素材文件		（1）整理素材文件； （2）规范文件名
9	绘　图		（1）尽量选择高清大图； （2）实景图合成时，过渡要自然合理； （3）文件大小不超过 3MB； （4）绘图中要创建一个新样式图形或者添加文字时都需要先新建图层； （5）把抠好的素材从一个文件插入另一个文件，需要选择转化为智能对象； （6）保存图片时需要保存两种格式：jpg 和 psd
10	细节处理		（1）首页图像清晰，不模糊，画面有美感； （2）为了丰富画面添加一些装饰元素（非必需项）； （3）画面上光影自然、合理
11	尺　寸		全屏店铺（尺寸宽 1920 像素，高度根据实际内容来定）
12	作图环境	Photoshop 软件	
13	作图地点	美工工作室	
14	作图时间		参照格式：2023-01-01
15	作图数量	1 张	
16	作图人员		
17	使用拍摄素材		拍摄产品素材图片 注明：数量、文件名
18	注意事项	（1）搜集参照素材时，不访问来历不明网站； （2）规避素材图片、字体的侵权行为	

以团队为单位，根据店铺首页的设计要点，进行创意设计，吸引用户点击，提高页面转化率。运用相关图形图像处理软件对店铺首页进行制作，突出店铺的主题或商品卖点。

表 5-12 学生自我总结

任务名称：国产美妆产品首页中幅产品海报制作总结					
团队名称：					
姓名		学号		日期	
1. 任务描述 本任务根据数码产品的特点，进行时尚大气的科技风格店铺首页的设计与制作。在设计制作过程中，需要结合“科技创新”的理念，突出国产数码商品的技术创新，进行店铺首页构图设计、色彩搭配和营销活动的文案提炼。熟练使用 Photoshop 软件制作店铺首页，能突出国产数码商品的国产化、高性能和创新技术					
2. 任务实施过程 请记录店铺首页制作的具体过程。 （1）利用形状工具绘制出首页中所需要的修饰形状： （2）产品背景光效： （3）形状中的渐变效果： （4）装饰元素： （5）商品及其布置：					
3. 任务总结 请写出在数码产品店铺首页制作过程中遇到的困难和解决方法					

任务 5.3　美妆产品店铺首页视觉设计与制作

学习目标

【知识目标】

（1）熟悉店铺首页中店招的设计。

（2）熟悉店铺首页中促销活动区设计。

【技能目标】

（1）能够根据美妆产品的风格和特点制作出国潮风的店铺首页。

（2）能掌握美妆产品店铺首页设计中的各种技术要点和操作技巧。

【素养目标】

（1）培养学习主动性，学会通过配色、元素的运用来突显国潮风首页的特点。

（2）通过同步实训，培养小组团队合作的意识及精神。

【思政目标】

（1）通过国潮风首页的设计，深入学习店铺首页中典型的中国传统文化元素。

（2）在搜集使用素材图片过程中，规避侵权行为。

工作情景描述

某国产品牌美妆商品公司即将迎来店庆，小明是该公司网店美工，部门经理要求小明以公司店庆为契机，重新设计店铺首页，要求首页有较为突出的中国传统文化元素。

小明接到工作任务后，经过市场调研，将海报风格定为国潮风。随着时代的发展，美妆商品消费人群年轻化趋势越来越明显，国潮风相比于中国风更加年轻化，在色彩使用方面也更为大胆。因为公司引流爆款美妆商品——唇蜜，是绿色包装，所以确定店铺首页为墨绿色调，以店庆活动为促销内容，在首页中进行优惠券的展示和爆款的推荐。

工作流程与活动

（1）明确任务和知识准备。

（2）制订计划。

（3）教学做一体化训练。

（4）质量检查及验收。

5.3.1 明确任务和知识准备

（1）店铺首页中店招的设计。

店招就是店铺的招牌，是店铺首页的一个模块，店铺信息展示的重要窗口。主题鲜明、有特点的店招对于店铺品牌理念的传递及展示商品定位具有不可替代的作用。

①店招的作用。

介绍店铺信息：店招能用来介绍店铺的详细信息，让顾客进入网店后第一时间对店铺有所了解。店招中包含店铺名称、店铺 logo、广告语等，通过店铺信息的展示来传递店铺形象，给来访顾客留下深刻的印象，以此将本店铺与其他店铺区分开来。

宣传营销活动：店招位于店铺中最醒目的位置，在店招中发布店铺近期的营销活动，能够让顾客进店后一眼就看到，进而起到一定的宣传作用。

曝光推广产品：店铺在每个阶段都会精心打造一两款属于自己店铺的爆款，利用店招对相应的产品进行宣传，能够提升产品的曝光效果。店招的醒目位置也能够让更多的顾客看到上新产品或推广产品。

平台权重加持：店招中包含了店铺的关注和收藏模块。当店铺被较多的顾客关注和收藏时，表明这家店铺的受欢迎程度高，进而延伸到店铺产品质量好、服务好，平台会给店铺及产品更多的流量支持。

②店招的构成要素。

网店店招中一般包括店铺名称、店铺标志、促销商品、优惠信息、收藏和关注、优惠券等要素，这些要素组合在一起能够吸引顾客，将店铺理念及营销信息传递出去。

店铺标志：店铺标志是店铺的第一形象。一个符合店铺风格或者符合顾客属性的店标能够带来更好的视觉体验，顾客可以通过店标直观地了解店铺及产品，产生好感及加深印象。在店标设计上应简洁明了，并能传递品牌理念（图 5-42）。

图 5-42　logo 图

促销商品：在店招中添加促销商品信息，可以让顾客在进入店铺后立即能够看到，从而引导顾客直接进入促销商品的页面，增加此类商品的销量。在店招中促销商品的添加可以是一个，也可以是多个（图 5-43）。

图 5-43 店招图

收藏和关注：收藏和关注模块在店招中也非常重要，能够建立与顾客之间的信息传达，是每个店铺运营的一项长期工作。通过收藏和关注模块，商家如果有任何活动信息发布，顾客在关注后是可以收到的，增加了商家与顾客主动沟通的可能性（图 5-44）。

图 5-44　可收藏关注模块

优惠券：优惠券是店铺常用的一种促销方式，是能够促成交易的一个关键因素。在店招中放置优惠券，能够增加优惠券的曝光率，方便顾客快速查看优惠信息，并进一步点击优惠信息，促成购买，提高转化率（图 5-45）。

图 5-45　优惠券标

③店招的设计要点。

简洁明了：店招主要是让顾客迅速了解店铺的主营业务和特色。在设计上视觉重点不要太多，应该简洁明了，突出店铺的品牌和特色。可以使用文字、颜色等方式，将店铺的核心卖点凸显出来。

色彩搭配：色彩的运用不要过多，太多的色彩会使顾客产生视觉疲劳。在色彩运用上，尽量不要超过三种以上色彩，同时避免使用刺激性比较强的颜色。在色彩搭配上，可以根据店铺的风格选择相应的颜色。

引人注目：店招是以一种简洁的形式来宣传店铺的品牌。好的店招能够吸引用户的眼球，激发用户的购买欲望。在设计店招时可以使用一些吸引人的图片或者文字，突出店铺的特色产品或者促销活动。

定期更新：好的店招需要定期更新，保持与店铺实际情况的一致性。可以根据店铺的运营情况、季节变化等因素进行相应的调整，以保持店铺的新鲜感。如服装类店铺会有季节的变化，需要根据季节及时调整店招内的元素。

（2）店铺首页中促销活动区设计。

店铺首页中的促销活动区主要是由优惠券、分类区等组成，在实际设计的过程中，可以根据本店铺的具体情况进行删减。下面将对优惠券及分类区的设计要点进行介绍。

①优惠券的设计要点。

优惠券位于海报的下方，是商家为了促销或吸引顾客而推出的抵扣或赠送的一种购物优惠方式。优惠券的设计应遵循店铺主题，能够吸引顾客的眼球，并突出店铺特点。在设计优惠券的内容时，想要传达的信息需要简洁明了，可以让顾客更好地领取使用。同时，优惠券的信息应尽可能完整，如使用门槛、优惠范围、使用期限等（图 5-46）。

优惠券类型：优惠券可以分为折扣券、代金券、兑换券等，以满足不同顾客的需求。优惠券可以设置不同的面额，以满足不同顾客的消费习惯。

使用条件：优惠券的使用条件可以设置为消费满足一定金额或者购买指定商品时使用，以提高顾客购买意愿。

使用期限：优惠券可以设置使用期限，以鼓励顾客在有效期内进行消费。

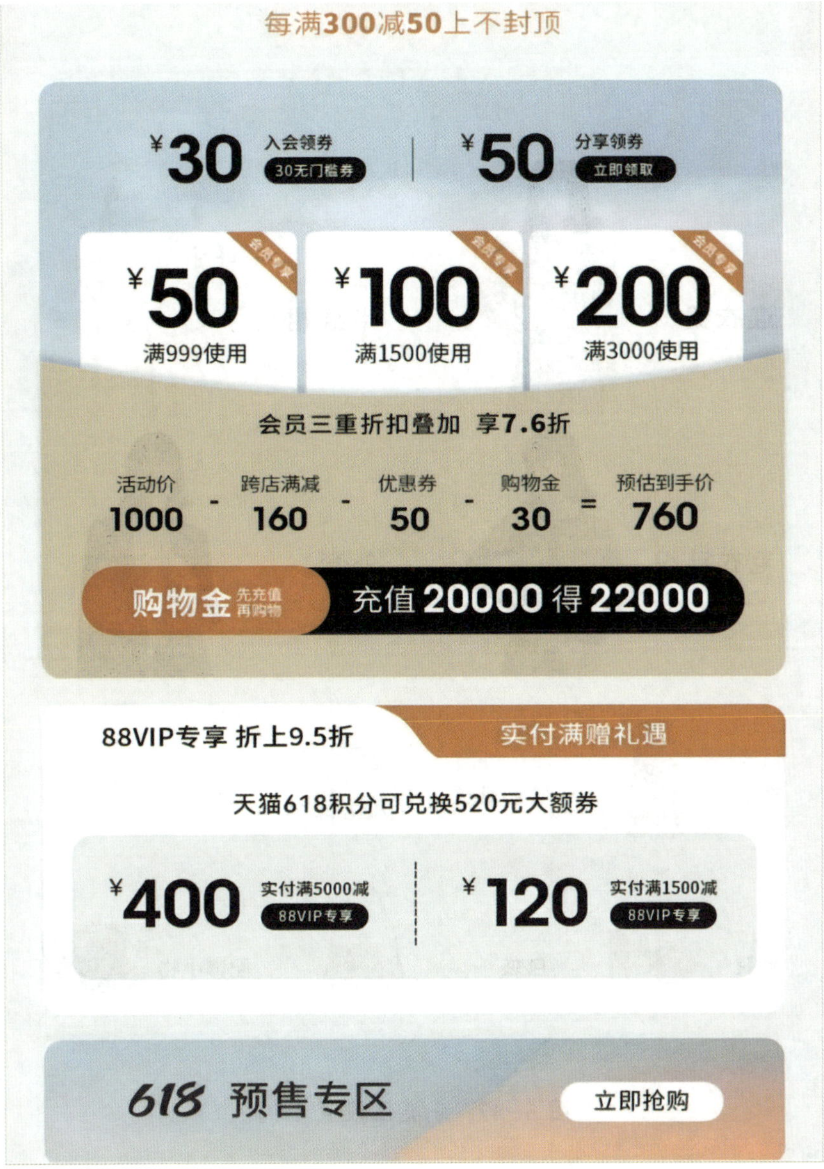

图 5-46 优惠券设置示例

②分类区的设计要点。

分类区一般位于优惠券的下方，为顾客检索产品提供便捷性。分类区的设计要呈现两个维度：产品属性维度和消费者场景维度。产品属性维度包括款式、风格、功能等。消费者场景维度，是用户思维方式的一种表现，根据消费者购买时的心理状态以及实际购买需求来做分类，例如，优惠购买、最新活动、三口之家、差旅必备之类。分类区的视觉呈现以店铺的风格为基础，在整个分类区中要做到分类名称完整，分类图标与类型相吻合，分类不宜过长，便于顾客的浏览和查找（图 5-47）。

图 5-47　分类区设置示例

5.3.2　制订计划

本任务要求设计某国产美妆的国潮风格店铺首页。在教学做一体化训练中，通过相应的工作流程、操作步骤更好地掌握梅花框、祥云等较典型的中式元素的运用，熟悉国潮风格店铺首页的设计风格。

本任务为设计国潮风格美妆产品店铺首页，在设计过程中注意事项如下。

（1）店铺首页背景参照样图，店铺首页文案可以参照样图排版。

（2）店铺首页定位准确、风格明确。

（3）店铺首页布局合理，页面内容主次得当。

（4）店铺首页背景、文案、商品相互映衬，主题突出。

（5）构图明快简洁，色彩搭配合理、光效自然。

（6）图片像素高，美观度高，品质感强。

（7）图片形状为长方形，图片大小宽度为 1920 像素，高度根据实际内容来定。

（8）图片为 jpg 格式。

在店铺首页的设计过程中，构图设计很重要。首先要求填写美妆产品首页的制作计划表，明确需要用到哪些素材和各环节的设计制作要点，见表 5-13。

表 5-13 数码商品店铺首页制作计划表

序号	项目	项目属性值	备注
1	店铺名称		美诗美妆旗舰店
2	店铺广告语		与店铺的理念相统一
3	店铺定位		（1）店铺定位是专题活动还是单品推广销售； （2）产品定位是促销亲民还是高端大气
4	首页风格		（1）首页风格明确，符合活动的要求和商品的属性； （2）与店铺风格协调、统一
5	首页文案		（1）主标题、副标题、利益点等文案明确； （2）分别注明字体及其大小； （3）活动主题或商品主要卖点醒目； （4）文案内容精练； （5）字体不要超过三种
6	图文布局		（1）画出草图； （2）注明何种构图方式
7	色彩		整个页面色调统一和谐，背景主色调与活动主题或活动商品相互映衬，做到主次分明
8	素材文件		（1）整理素材文件； （2）规范文件名
9	绘图		（1）尽量选择高清大图； （2）实景图合成时，过渡要自然合理； （3）文件大小不超过 3MB； （4）绘图中要创建一个新样式图形或者添加文字时都需要先新建图层； （5）把抠好的素材从一个文件插入另一个文件，需要选择转化为智能对象； （6）保存图片时需要保存两种格式：jpg 和 psd
10	细节处理		（1）首页图像要清晰，不能模糊，画面有美感； （2）为了丰富画面添加一些装饰元素（非必需项）； （3）画面上光影自然、合理
11	尺寸		全屏店铺（尺寸宽 1920 像素，高度根据实际内容来定）
12	作图环境	Photoshop 软件	
13	作图地点	美工工作室	
14	作图时间		参照格式：2023-01-01
15	作图数量	1 张	
16	作图人员		
17	使用拍摄素材		拍摄产品素材图片 注明：数量、文件名
18	注意事项	（1）搜集参照素材时，不访问来历不明网站； （2）规避素材图片、字体的侵权行为	

5.3.3　教学做一体化训练

店铺首页需要结合网店的整体风格、专题活动的要求进行制作，本任务根据计划表制作美妆产品店铺首页。

【具体步骤】

步骤 1：新建画布宽 1920 像素，高 3700 像素，分辨率为 72 像素 / 英寸，背景为白色，颜色模式为 RGB 模式，名称为“美妆产品首页”。设置前景色为 #184443，用前景色填充图像。

步骤 2：新建图层组，命名为“店招”。在此图层组内选择矩形工具，绘制宽 1920 像素，高 280 像素的矩形。矩形选择渐变填充，渐变颜色分别设置为 #1a3d36、#225e52、#184139，选择线性渐变，角度为 0。再次选择矩形工具，绘制长方形，颜色为 # 184443，描边无。将素材图“店招云”置入两次，分别放置在合适的位置。将颜色设置为 #ffffff，字体为微软雅黑，输入文字，制作导航栏，如图 5–48 所示。

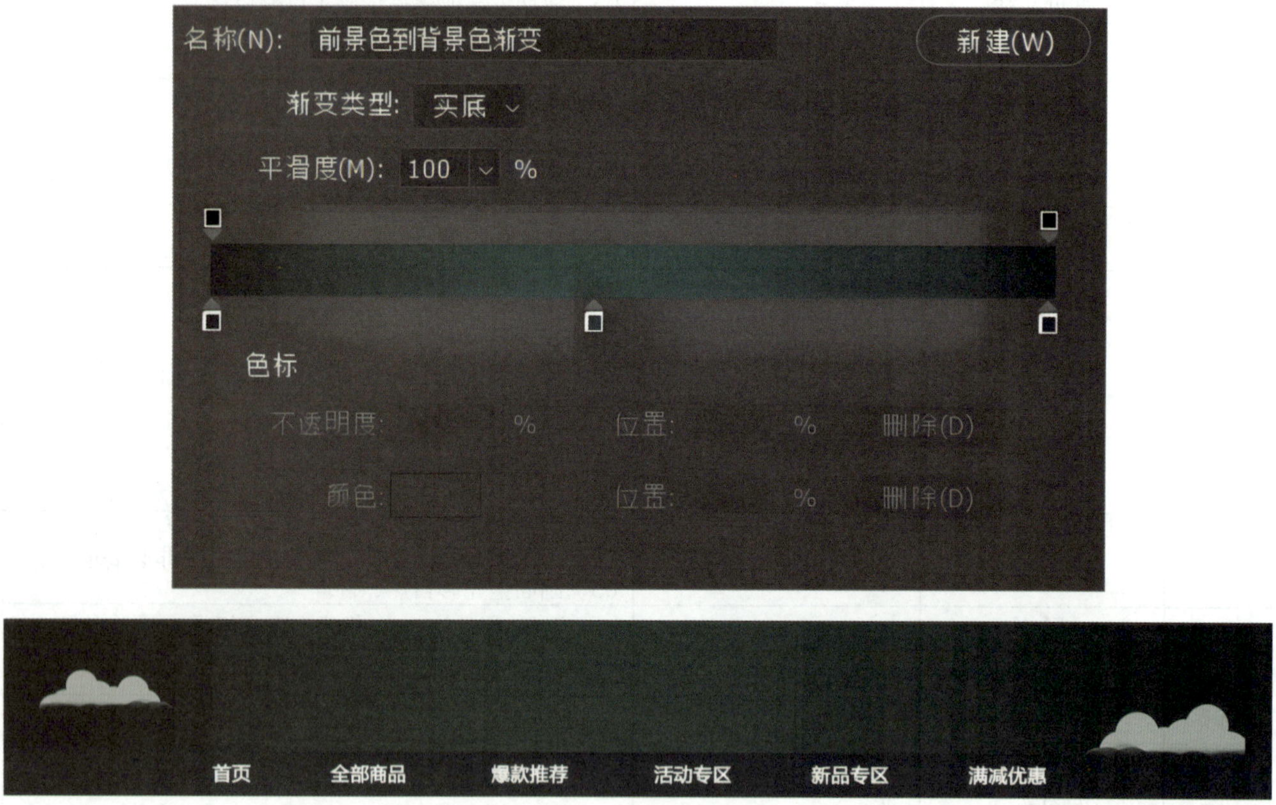

图 5–48　绘制店招形状

步骤 3：将颜色设置为白色，选择直线工具，绘制粗细为 5 像素的直线段。选择椭圆工具，绘制正圆形，并为图层添加渐变叠加样式，渐变颜色为 #ffcfa4、#fffbef、# ffcfa4。在渐变圆形上添加文字“收藏店铺”，文字颜色为 #194138。选择字体微软雅黑，输入文字“美诗美妆旗舰店”，为文字图层添加渐变叠加样式，渐变颜色为 #ffcfa4、# fffbef、#ffcfa4，如图 5–49 所示。

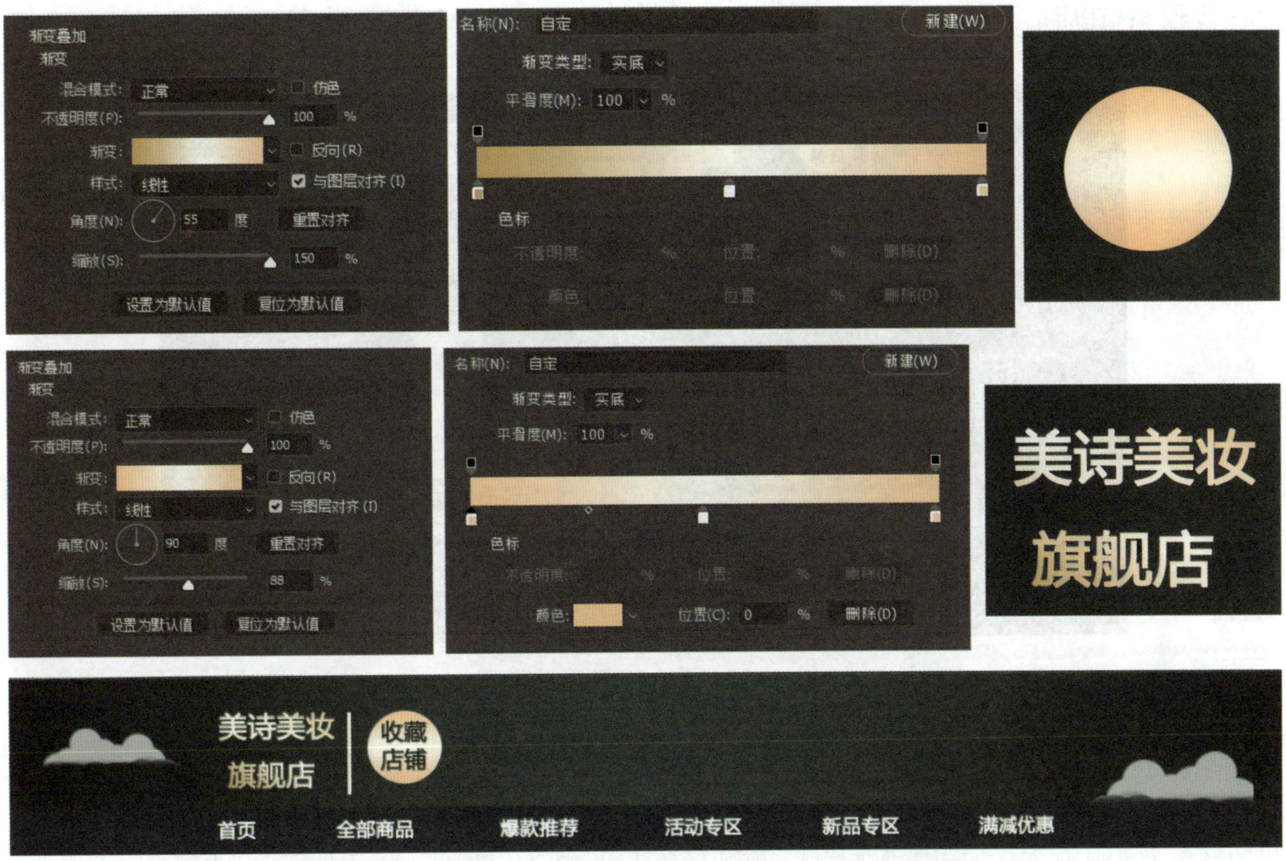

图 5-49 绘制店招中的“店铺名称”和“收藏店铺”

步骤 4：将素材图“店招腮红”置入，放在合适的位置上。将颜色设置为 #fffbef，绘制圆角矩形。字体选择微软雅黑，输入文字，如图 5-50 所示。

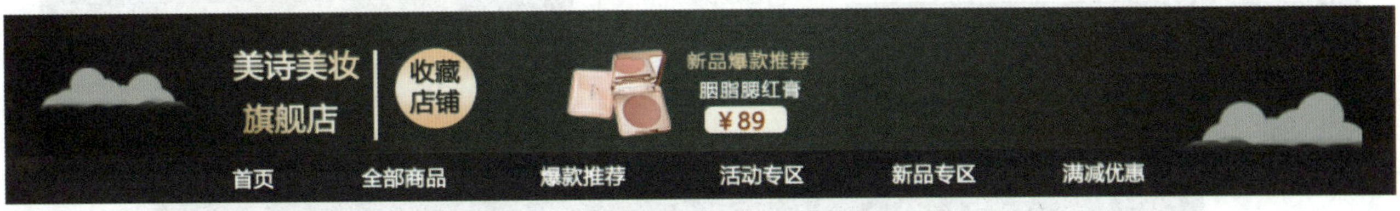

图 5-50 绘制店招中的“爆款推荐”

步骤 5：绘制圆角矩形，为图层添加渐变叠加样式，渐变角度为 55 度，渐变颜色分别为 # dda96d、#fffbef、#fed3a8。将颜色设置为 #28877f，绘制矩形。字体选择微软雅黑，输入文字，如图 5-51 所示。

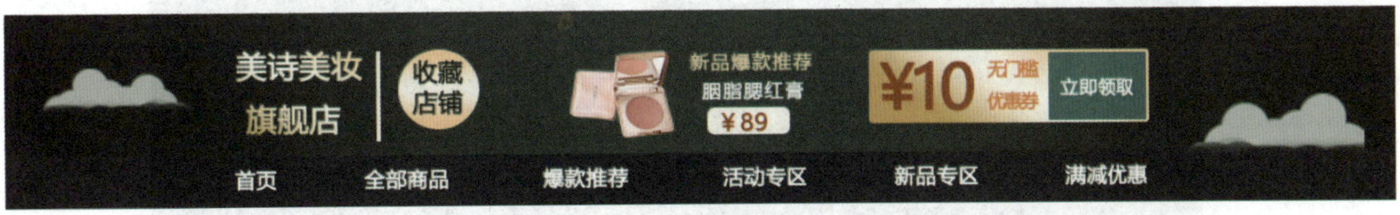

图 5-51 店招效果图

步骤 6：在店招下方置入项目四中制作完成的美妆商品海报，如图 5-52 所示。

图 5-52　置入海报后效果图

步骤 7：新建图层组，命名为“优惠券”。选择圆角矩形工具，绘制圆角矩形 1，选择工具属性栏中的“合并形状”，再绘制圆角矩形 2，让两个圆角矩形叠加在一起。图层混合模式中添加描边模式，描边颜色为 #ddcfac；添加渐变叠加模式，渐变颜色为 #b02e3a、#880a12。添加文字“先领券 再购物”，如图 5-53 所示。

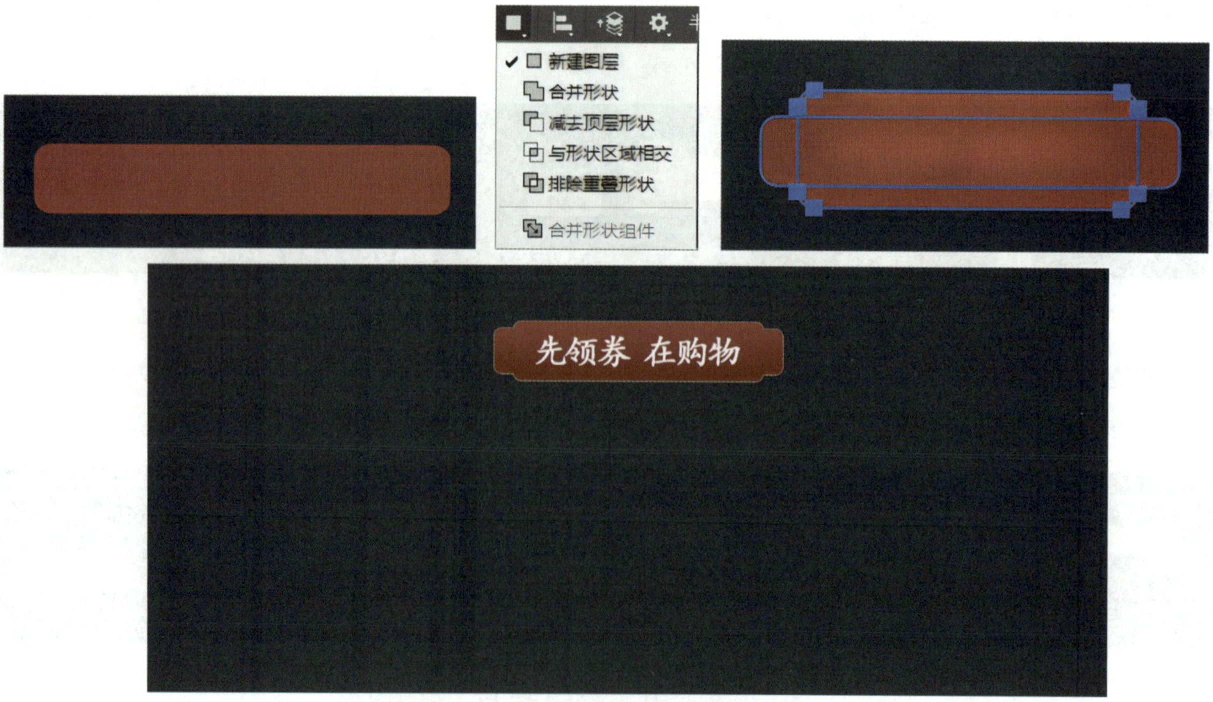

图 5-53　“优惠券”模块中的招牌绘制

步骤 8：添加四张素材图“优惠券”，分别放置在合适的位置上。在素材图上添加文字信息，效果如图 5-54 所示。

图 5-54 “优惠券”模块效果图

步骤 9：新建图层组，命名为“爆款推荐”。将素材图“祥云素材 1”“祥云素材 2”“国风框架”置入，放置在合适的位置上。用步骤 7 的方法，制作爆款推荐招牌，效果如图 5-55 所示。

图 5-55 绘制“爆款推荐”模块形状

步骤 10：置入产品图片“爆款口红”“爆款粉底液”“爆款散粉”，分别放置在每个“国风框架”中，效果如图 5-56 所示。

图 5-56 “爆款推荐”模块置入产品后效果图

步骤 11：将颜色设置为 #074c47，绘制三个圆角矩形，并用白色添加文字“立即抢购”。将文字颜色设置为 # af2e39，字体选择微软雅黑，添加每个产品相应的文案信息，效果如图 5-57 所示。最终呈现效果见图 5-58。

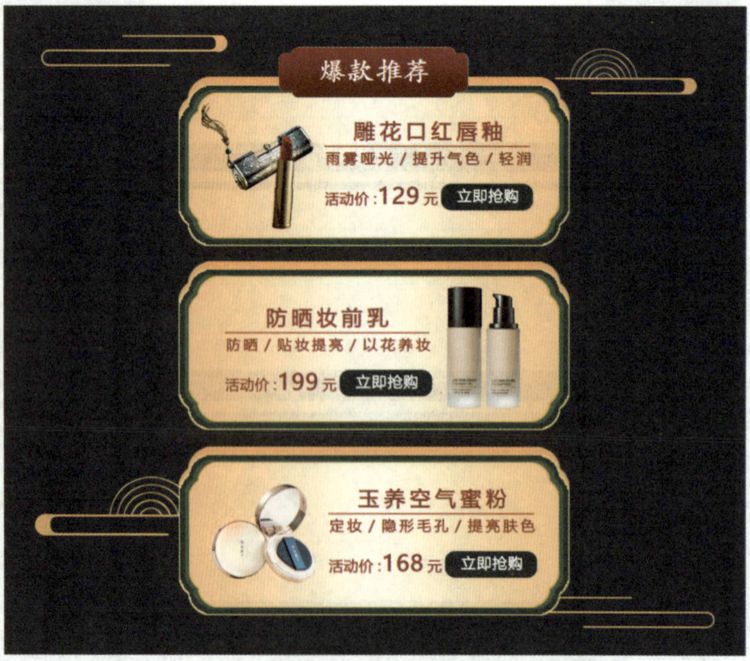

图 5-57 “爆款推荐”模块添加文字后效果图

图 5-58 “美诗美妆”美妆产品店铺首页最终效果图

5.3.4　质量检查及验收

（1）质量检查。

对制作出的美妆产品店铺首页进行检查校对，并将信息填入质量检查表，见表 5-14。

表 5-14　“美诗美妆”美妆产品店铺首页制作质量检查表

检查项目：“美诗美妆”美妆产品店铺首页			
检查序号	检查项目	根据完成情况勾选相应选项	改进措施
1	图片尺寸	□正确　□ 不正确	
2	文件名称	□正确　□ 不正确	
3	文件大小	□正确　□ 不正确	
4	店铺定位	□准确　□一般　□不准确	
5	商品定位	□准确　□一般　□不准确	
6	店铺风格	□明确　□一般　□不明确	
7	文案内容	□准确　□一般　□不准确	
8	文案字体	□合理　□一般　□不合理	
9	文案字号	□合理　□一般　□不合理	
10	文案排版	□合理　□一般　□不合理	
11	主题突出	□突出　□一般　□不突出	
12	构图设计	□合理　□一般　□不合理	
13	色彩搭配	□合理　□一般　□不合理	
14	商品融入	□自然　□一般　□不自然	
15	细节处理	□完善　□一般　□不完善	
16	光影效果	□自然　□一般　□不自然	
17	图片清晰	□清晰　□一般　□不清晰	
18	实景合成	□自然　□一般　□不自然	
19	视觉美观	□美观　□一般　□不美观	

（2）交接验收。

根据任务工作情境进行解说，展示美妆产品店铺首页完成效果，逐项核对任务要求，完成交接验收，并填写验收表，见表 5-15 。

表 5-15　“美诗美妆”美妆产品店铺首页制作验收表

验收内容：“美诗美妆”美妆产品店铺首页				
序号	验收项目	验收要求	验收情况	整改措施
1	店铺定位	（1）店铺定位明确，客户一眼能知道商家想要表达的是专题活动还是商品推广销售； （2）商品定位是促销亲民还是高端大气	□通过 □不通过	
2	首页风格	（1）首页风格明确，符合活动的要求或者商品的属性； （2）店铺整体风格协调、统一	□通过 □不通过	
3	首页文案	（1）主标题、副标题、利益点等文案明确； （2）分别注明字体及其大小； （3）活动主题或商品主要卖点醒目	□通过 □不通过	

表 5-15 "美诗美妆"美妆产品店铺首页制作验收表（续表）

验收内容："美诗美妆"美妆产品店铺首页				
序号	验收项目	验收要求	验收情况	整改措施
4	商品展示	（1）无变形； （2）摆放符合常识； （3）商品光影效果合理	□通过 □不通过	
5	店铺色彩	（1）店铺主色调契合活动主题； （2）主色调与商品色彩协调统一或形成鲜明对比，能突出商品品质和商品卖点	□通过 □不通过	
6	海报品质	（1）海报清晰，不模糊，画面有美感； （2）为了丰富画面添加一些装饰元素（非必需项）； （3）画面上所有物体光效自然、合理； （4）尺寸宽 1920 像素，高度根据实际内容来定； （5）文件名规范，保存图片时需要保存两种格式：jpg 和 psd； （6）文件大小在规定范围内，小于 3MB	□通过 □不通过	
7	侵权行为	（1）图片素材无侵权行为 （2）字体无侵权行为	□通过 □不通过	
8	客户验收情况	□合格 □较好，有待改进 □不合格	客户签字	客户签字

小结

【知识目标】

本任务要求学生以团队为单位，根据店铺首页的设计要点，即风格统一、布局合理、搭配协调和展示有序，进行"美诗美妆"美妆产品店铺首页的设计制作，达到吸引用户点击，提高页面转化率的效果。运用相关图形图像处理软件完成店铺首页的制作，突出首页的国潮风风格。

【能力目标】

考核内容见表 5-16。

表 5-16 考核内容表

序号	考核内容
1	能够分析国产品牌美妆店铺的特性，进行国潮风店铺首页风格设计
2	能够分析国产品牌美妆商品的特性，进行国潮风店铺首页的色彩搭配
3	能够分析国产品牌美妆商品的特性，进行活动文案的提炼
4	能够分析美妆国潮风店铺首页的特点，添加一些中式装饰元素
5	能够规范上网，有意识规避素材图片和字体的侵权行为
6	能够掌握使用 Photoshop 软件制作出一张国潮风格的美妆产品店铺首页

同步实训

【情景描述】

完成“美诗美妆”美妆产品店铺首页制作后，小组又开始“欣颜美”美妆产品店铺首页的制作。店铺主营美妆产品，店铺首页的风格还是国潮风，在店铺首页制作方面，需要结合店铺活动、优惠券以及国产美妆商品的特点，融入中国传统文化元素，进行构图设计、色彩搭配和海报活动文案提炼。

制作 “欣颜美”美妆产品店铺首页时，可以参考图 5-59。

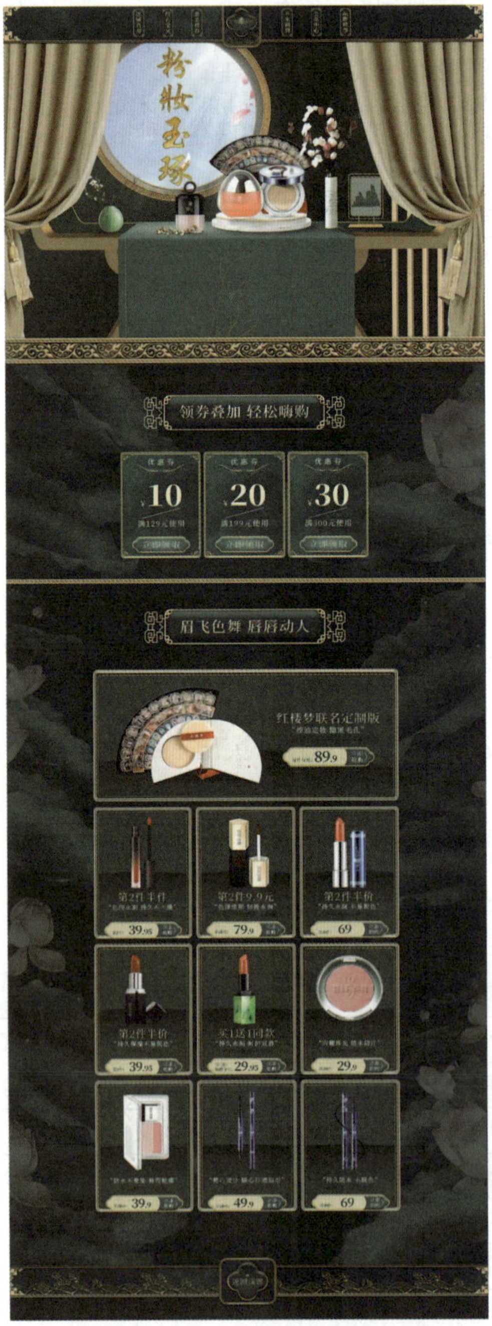

图 5-59 “欣颜美”美妆产品店铺首页制作参考图

【实训内容】

分组整理和讨论"欣颜美"美妆产品店铺首页的制作要点，进行首页风格、布局、文案、构图、色彩以及附加价值等方面的构思，完成美妆产品首页的制作计划表，见表 5-17 。

表 5-17 "欣颜美"美妆产品店铺首页制作计划表

序号	项目	项目属性值	备注
1	店铺名称		欣颜美
2	店铺广告语		与店铺的理念相统一
3	店铺定位		（1）店铺定位是专题活动还是单品推广销售； （2）产品定位是促销亲民还是高端大气
4	首页风格		（1）首页风格明确，符合活动的要求和商品的属性； （2）与店铺风格协调、统一
5	首页文案		（1）主标题、副标题、利益点等文案明确； （2）分别注明字体及其大小； （3）活动主题或商品主要卖点醒目； （4）文案内容精练； （5）字体不要超过三种
6	图文布局		（1）画出草图； （2）注明何种构图方式
7	色　彩		整个页面色调统一和谐，背景主色调与活动主题或活动商品相互映衬，做到主次分明
8	素材文件		（1）整理素材文件； （2）规范文件名
9	绘　图		（1）尽量选择高清大图； （2）实景图合成时，过渡要自然合理； （3）文件大小不超过 3MB； （4）绘图中要创建一个新样式图形或者添加文字时都需要先新建图层； （5）把抠好的素材从一个文件插入另一个文件，需要选择转化为智能对象； （6）保存图片时需要保存两种格式：jpg 和 psd
10	细节处理		（1）首页图像清晰，不模糊，画面有美感； （2）为了丰富画面添加一些装饰元素（非必需项）； （3）画面上光影自然、合理
11	尺　寸		全屏店铺（尺寸宽 1920 像素，高度根据实际内容来定）
12	作图环境	Photoshop 软件	
13	作图地点	美工工作室	
14	作图时间		参照格式：2023-01-01
15	作图数量	1 张	
16	作图人员		
17	使用拍摄素材		拍摄产品素材图片 注明：数量、文件名
18	注意事项	（1）搜集参照素材时，不访问来历不明网站； （2）规避素材图片、字体的侵权行为	

以团队为单位，根据店铺首页的设计要点，进行创意设计，吸引用户点击，提高页面转化率。运用相关图形图像处理软件对店铺首页进行制作，突出店铺的主题或商品卖点。

表 5-18　学生自我总结

<table>
<tr><th colspan="6">任务名称：美妆产品店铺首页制作总结</th></tr>
<tr><td colspan="6">团队名称：</td></tr>
<tr><td>姓名</td><td></td><td>学号</td><td></td><td>日期</td><td></td></tr>
<tr><td colspan="6">1. 任务描述
本任务是根据需求对某国产品牌美妆商品进行店铺首页制作工作。在制作过程中，首先要结合店铺活动以及国产美妆商品的特点，融入中国传统文化元素，进行构图设计、色彩搭配和活动文案提炼。熟练使用 Photoshop 软件制作美妆产品店铺首页，突出国潮风的店铺风格</td></tr>
<tr><td colspan="6">2. 任务实施过程
请记录店铺首页制作的具体过程。
（1）利用形状工具绘制出首页中所需要的修饰形状：
（2）店招渐变背景：
（3）中国传统文化元素：
（4）主题文案：
（5）商品及其布置：</td></tr>
<tr><td colspan="6">3. 任务总结
请写出在美妆产品店铺首页制作过程中遇到的困难和解决方法</td></tr>
</table>

项目六 详情页视觉设计与制作

本项目重点和难点

本项目是以产品详情页视觉设计与制作为案例进行介绍。产品详情页是整个网店的亮点和聚焦点，通常情况下买家在网购时是看了产品详情页之后再下单购买的。一个充满设计感的产品详情页能够刺激买家的消费欲望，促使其快速下单购买。本项目重点是了解产品详情页的设计思路，能够根据产品特点设计出服务消费者的产品详情页。难点是将中华传统文化融入设计中，用作品提升品牌形象，用作品体现服务与担当，增强对国家文化的自信与认同。

项目导图

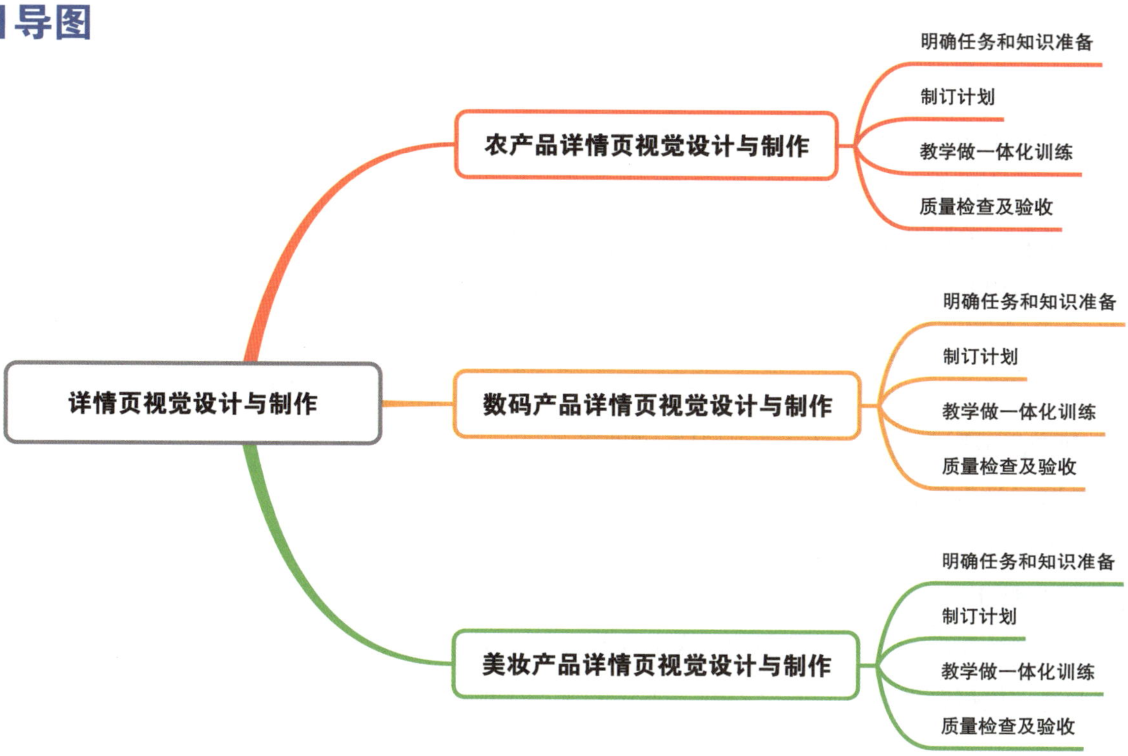

引例

国家提出实施“数商兴农”工程，推进电子商务进乡村。农村电商的蓬勃发展，为广阔乡村架设了农产品流通新平台，拓宽了农民增收路径，激活了乡村振兴潜能。市场上的农产品五花八门，同一种类产品还有产地、品质等差异，如何脱颖而出、获得消费者青睐？这离不开产品详情页的打造。叫响名号，凸显优势，形成地方特色，才能助力产品成为好产品。

小余是湖北省宜昌市郭家坝镇烟灯堡村村民，几年前开始在网上卖自家产的秭归脐橙，常常遇到消费者提问“怎么证明你卖的橙子就是秭归的脐橙？”小余只好把身份证拍照给人看。好东西还愁卖，让不少农民既困惑又无奈。如今，“销农货，找电商”成为许多农民的共识老乡最了解自家产品，但不擅长网络营销。产品详情页是所有网店营销的落地点，产品详情页除了满足买家的需求外，还要解决消费者的实际问题，才能让农产品“种得好”也“卖得火”。如何才能设计出一款促使买家下单的详情页呢？

任务 6.1　农产品详情页视觉设计与制作

学习目标

【知识目标】

（1）了解详情页的规格和模块。

（2）熟悉详情页的重要性和设计思路。

【技能目标】

（1）能使用图形图像处理软件将绘制路径形状契合产品。

（2）能对详情页的模块进行选择和排列。

（3）能使用图形图像处理软件对产品文案进行排版。

（4）能使用图形图像处理软件统一光线阴影和颜色风格。

【素养目标】

（1）详情页设计应符合《中华人民共和国电子商务法》《中华人民共和国广告法》的要求，全面、准确地展现产品或服务信息，不得欺骗误导消费者。

（2）培养学生独立思考，坚持原创的精神。

（3）培养懂设计懂产品的农村电商从业者。

【思政目标】

（1）理解农村电子商务是我国加快农业农村现代化发展的国家级策略。

（2）遵守机房管理制度，安全上网，不访问来历不明网站。

工作情景描述

小余是湖北省宜昌市郭家坝镇烟灯堡村村民，恰逢脐橙大丰收，采摘运输忙得热火朝天。自家网店首页刚刚更新了脐橙的全屏海报图，产品主图也已经上架，网店积累了不少人气，但是很多买家进店之后却因为没有展示产品细节信息的产品详情页，而没有下单购买，再好的产品也无法打动买家的心。现在急需将产品图像和产品信息通过精心设计与排版，使产品详情页更美观，更具吸引力，引导消费者下单，提高店铺的转化率。

工作流程与活动

（1）明确任务和知识准备。

（2）制订计划。

（3）教学做一体化训练。

（4）质量检查及验收。

6.1.1 明确任务和知识准备

产品详情页是网店营销的落地点。买家通过搜索产品进入网店，首先看到的就是产品详情页。买家在购买前会对产品详情页仔细看、反复看，甚至对比看，才决定是否咨询卖家、是否最终下单。

如果产品详情页不能满足买家的需求，不能解决买家的实际问题，那么其他工作做得再好，都会功亏一篑。所以，无论是什么类型的网店，都需要对产品详情页进行重点设计。产品详情页主要作用是展示单个产品的细节信息，它的精致程度和设计感直接影响买家对产品的认知。

（1）详情页的作用。

如果把店铺比作实体商铺的话，详情页就相当于店铺的导购员，热情服务的最终目的是把东西卖出去。详情页的作用大致分为提高转化率的入口、激发用户的消费欲望、建立客户对店铺的信任感、打消顾客顾虑、最后促使顾客下单。优化产品详情页对转化率具有提升的作用，但是起决定性作用的还是产品本身。

（2）详情页的尺寸。

各主要平台详情页尺寸见表 6–1。

表 6–1 各主要平台详情页尺寸

淘宝	宽 750 像素 × 高度不限
天猫	宽 790 像素 × 高度不限
阿里巴巴	宽 750 像素 × 高度不限
京东	宽 990 像素 × 高度不限

建议：总长度、总高度最好不超过 20000 像素，单张切片高度不超过 1500 像素。如果一家公司天猫和淘宝都有店铺，应该先做天猫的，最后把 790 像素图片同比例缩小到 750 像素，平时我们以 PC 最小字体像素不能小于 14 像素，移动端在最小 20 像素进行设计。

（3）详情页的设计模块。

详情页一般由以下几个部分组成：产品首焦图、产品规格信息、产品特点、产品卖点、适用人群、产品对比、细节展示、支付与配送、售后信息、资质证书、评价信息等。值得注意的是表 6–2 中的 12 个模块并非每个模块都必须用上，商家应该根据自身特点和产品需要，挑选合适的模块进行组合展示。

表 6–2 详情页常用的 12 个模块

产品首焦图	规格信息	产品特点	产品卖点
适用人群	产品对比	细节展示	支付与配送
营销优惠	售后信息	资质证书	评价信息

（4）详情页的设计原则。

①首焦图要吸引人。

②整体风格要连贯。

③整体气质要协调。

④排版布局要人性化。

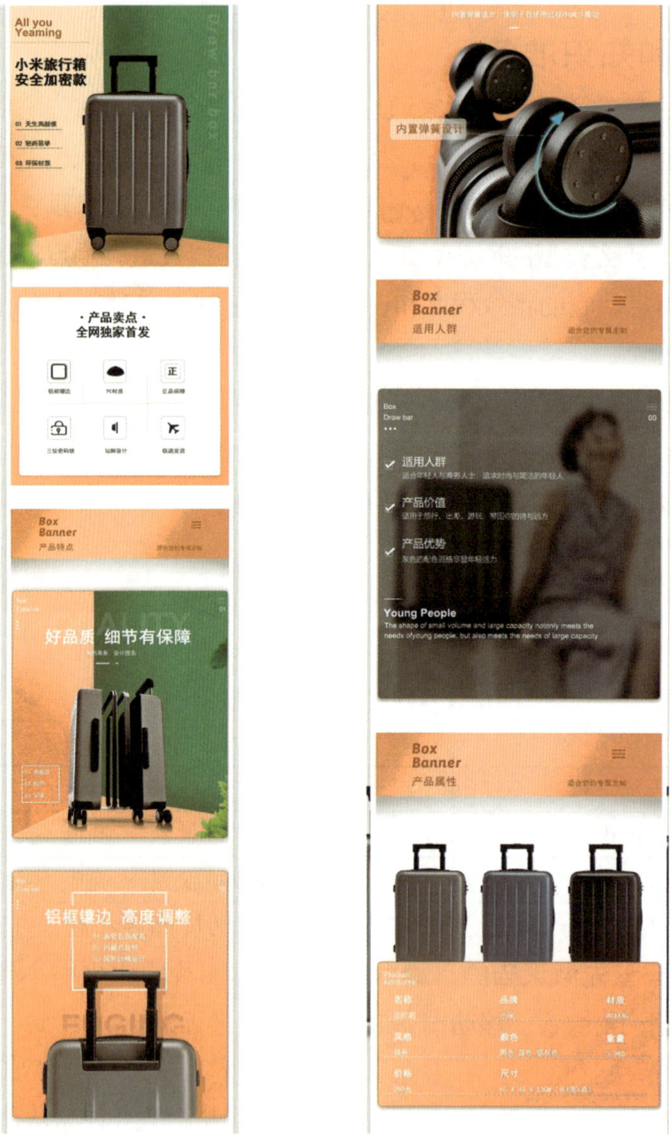

图 6-1 详情页模板

6.1.2 制订计划

本任务要求设计某地方农产品的产品详情页。在教学做一体化训练中，以秭归脐橙为例，通过相应的工作流程、操作步骤，更好地掌握农产品类典型的详情页制作方法。设计过程中注意事项如下。

（1）产品详情首焦图有视觉冲击力，设计色调搭配协调，与店铺整体风格统一。

（2）产品规格信息充分，排版规范。

（3）产品详情能突出产品的特点及卖点，具体内容与产品相关度高，且简洁明了。

（4）详情页图片大小宽度为 750 像素，高度根据实际内容来定。

（5）图片为 jpg 格式。

在产品详情图制作过程中，首焦图的制作和模块的选择尤其重要。首先要求填写农产品详情页制作计划表，明确需要用到哪些素材和各环节的设计制作要点，见表 6-3。

表 6-3 农产品详情页制作计划表

序号	项目	项目属性值	备注
1	产品编号		网店内产品的编号
2	产品名称		秭归脐橙
3	详情模块		（1）详情页模块的选择； （2）详情页模块的逻辑； （3）详情页模块的顺序
4	详情风格		（1）详情风格明确，符合活动的要求和产品的属性； （2）与店铺风格协调、统一
5	详情文案		（1）主标题、副标题、利益点等文案明确； （2）分别注明字体及其大小； （3）活动主题或产品主要卖点醒目； （4）文案内容精练； （5）字体不要超过三种； （6）农产品的有机、健康的优点有无体现
6	图文布局		（1）画出草图； （2）注明何种构图方式
7	色彩		背景主色调与活动主题或活动产品相互映衬，做到主次分明
8	素材文件		（1）整理素材文件； （2）规范文件名
9	绘图		（1）尽量选择高清大图； （2）实景图合成时，过渡要自然合理； （3）文件大小不超过 2MB； （4）绘图中要创建一个新样式图形或者添加文字时都需要先新建图层； （5）把抠好的素材从一个文件插入另一个文件，需要选择转化为智能对象； （6）保存图片时需要保存两种格式：jpg 和 psd
10	细节处理		（1）产品清晰，不模糊，画面有美感； （2）为了丰富画面添加一些装饰元素（非必需项）； （3）画面上光影自然、合理
11	尺寸		详情页（尺寸宽 750 像素，高度根据实际内容来定）
12	作图环境	Photoshop 软件	
13	作图地点	美工工作室	
14	作图时间		参照格式：2023-01-01

表 6-3　农产品详情页制作计划表（续表）

序号	项目	项目属性值	备注
15	作图数量	1 张	
16	作图人员		
17	使用拍摄素材		拍摄产品素材图片 注明：数量、文件名
18	注意事项	（1）搜集参照素材时，不访问来历不明网站；（2）规避素材图片、字体的侵权行为	

6.1.3　教学做一体化训练

本次秭归脐橙详情页选择四个模块进行练习，依次是详情首焦图、产品特点、产品卖点、规格信息（图 6-2）。

图 6-2　秭归脐橙详情页效果图

【具体步骤】

步骤 1：新建画布宽 750 像素，高 4800 像素，分辨率为 300 像素 / 英寸，背景为透明色，颜色模式为 RGB 模式，名称为“秭归脐橙”。

步骤 2：新建矩形，选取，选择渐变工具，将前景色设置为 dea76a，背景色设置为 fddcb4，从左下角到右上角渐变，如图 6-3 所示。

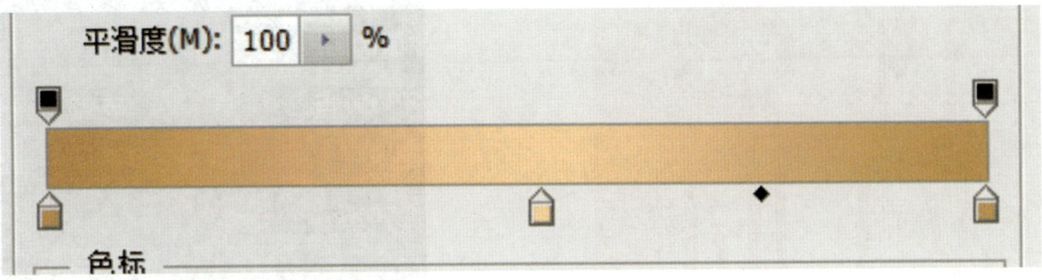

图 6-3 首焦图背景渐变

步骤 3：选择椭圆工具按住【Shift】绘制一个正圆，颜色填充为 fde7cf，按【Ctrl+J】复制一个等比缩小，再画一个正圆，双击图层渐变叠加，将前景色设置为 ee6504，背景色设置为 e69312，选择描边，2 像素，颜色为白色，移到合适的位置，如图 6-4 所示。

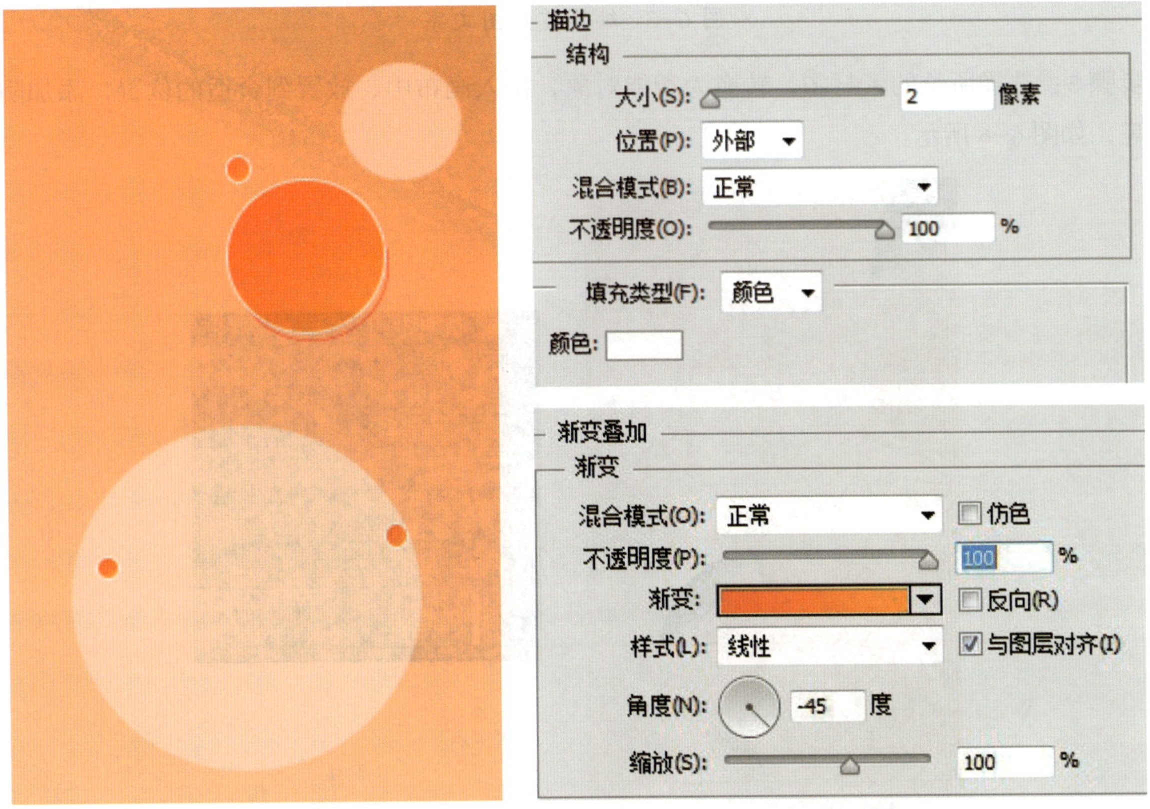

图 6-4 绘制首焦图背景图案

步骤 4：选择竖排文字，字体华文中宋，字号 150 点，双击图层渐变叠加，将前景色设置为 ee6504，背景色设置为 e69312，选择描边，2 像素，颜色为白色，在适当的位置编辑为“秭归脐橙”，选择横排文字，字体微软雅黑，字号 30 点，字体颜色为 8d8d8d，在适当的位置编辑为“好果新鲜美味”，如图 6-5 所示。

图 6-5　编辑首焦图文字

步骤 5：选择所给的素材图，转换为智能对象，拖入画布中，放置到合适的位置，添加阴影、光效等，如图 6-6 所示。

图 6-6　添加素材图片、阴影、光效等

步骤 6：选用椭圆工具，设置为无填充，描边 15 点，按住【Shift】绘制小的正圆，描边 2 点，填充为白色，复制多层放到合适位置，如图 6-7 所示。

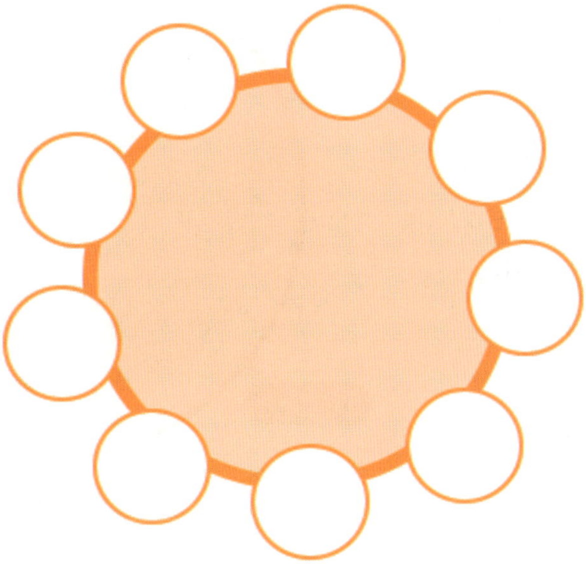

图 6-7 绘制形状

步骤 7：添加文字，选择横排文字，字体微软雅黑，字号 35 点，字体颜色为 ee6604，移动到合适位置，选中中间的圆形，拖入素材图片，创建剪贴蒙版，如图 6-8 所示。

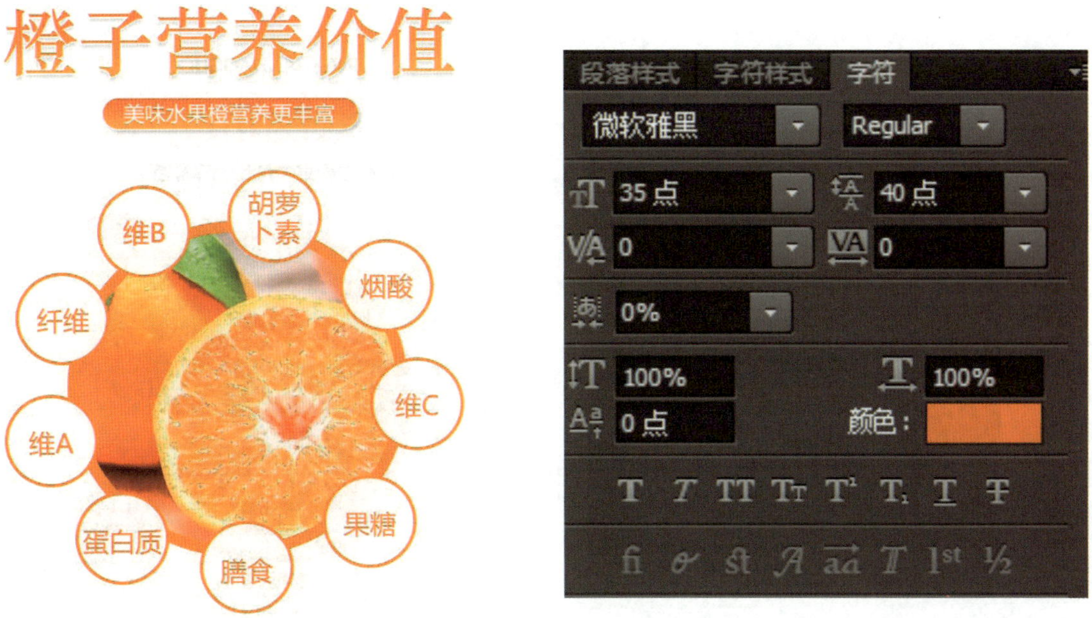

图 6-8 添加主标题文字

步骤 8：用椭圆工具按住【Shift】绘制正圆，颜色填充为 ffeccf，【Ctrl+J】复制一层，按住【Shift】等比缩放，描边 2 像素；选择圆角矩形工具，圆角设置为 35 像素，渐变叠加，将前景色设置为 ee6504，背景色设置为 e69312，如图 6-9 所示。

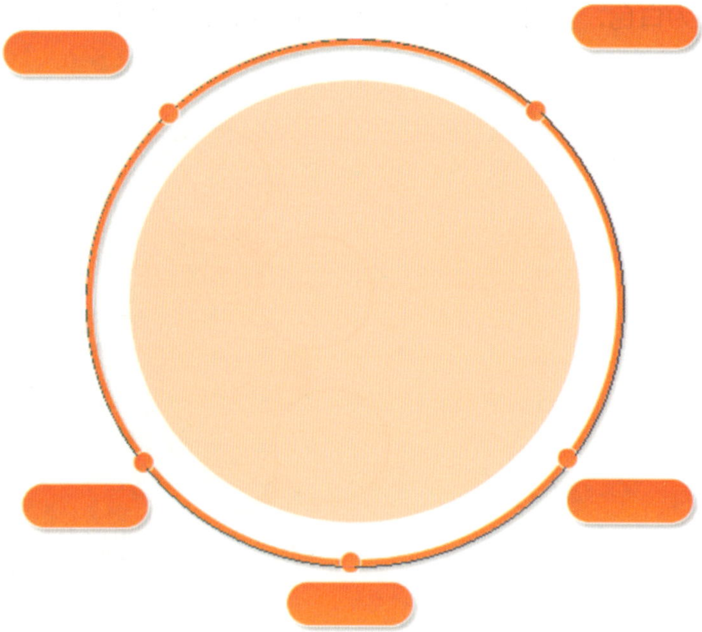

图 6-9 绘制图案

步骤 9：添加文字，字号 20 点，字体颜色 ee6504，特点描述文案，字号 25 点，字体颜色白色，主标题字体华文中宋，字号 100 点，双击图层渐变叠加，将前景色设置为 ee6504，背景色设置为 e69312，选择描边，2 像素，颜色为白色，移动到合适位置，选择素材图片，选中中心圆，创建剪贴蒙版，如图 6-10 所示。

图 6-10 添加产品图片及文字

步骤 10：产品信息大标题居右对齐，字体新宋体、字号 70 像素、色号 #404040 英文：字体微软雅黑、字号 30 点、色号 #404040。在文字下方使用直线工具，绘制出线，文字右方使用矩形工具，使用复制绘出三块长度、距离相等的长方形，与下方线条右边对齐，如图 6-11 所示。

图 6-11 产品信息主标题

步骤 11：小标题字号 45 像素，色号 #404040，大标题字号 28 像素，色号 #404040（两个标题左对齐），使用直线工具画出与标题线条长度相同的线条，按【Ctrl+J】复制，移到下方，如图 6-12 所示。

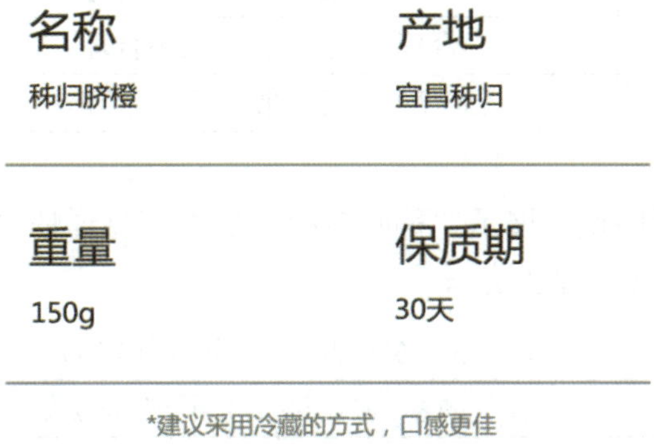

图 6-12 产品信息

步骤 12：使用圆角矩形工具绘制一个矩形，图层样式 Fx →渐变叠加→ #f55c03 → #e69706，标题“营养成分”字号 50 像素，描述文案字号 25 像素，如图 6-13 所示。

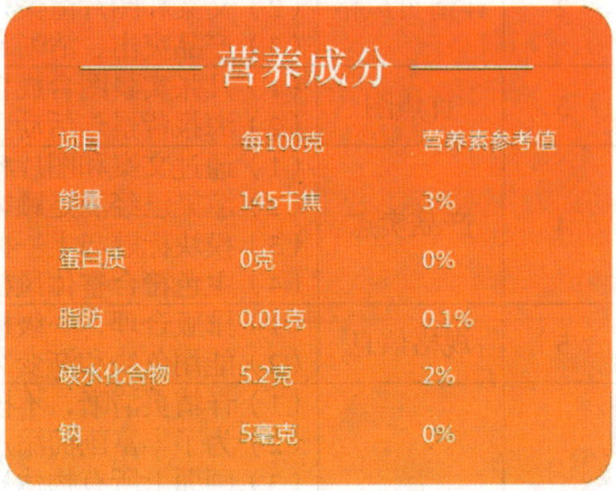

图 6-13 营养成分

6.1.4 质量检查及验收

（1）质量检查。

对制作出的“秭归脐橙”的农产品详情页检查校对，并将信息填入质量检查表，见表 6-4。

表 6-4 农产品详情页制作质量检查表

检查项目：农产品详情页制作			
检查序号	检查项目	根据完成情况勾选相应选项	改进措施
1	图片尺寸	□正确 □ 不正确	
2	文件名称	□正确 □ 不正确	
3	文件大小	□正确 □ 不正确	
4	文案整理	□准确 □一般 □不准确	
5	文案字体	□合理 □一般 □不合理	
6	文案字号	□合理 □一般 □不合理	
7	文案排版	□合理 □一般 □不合理	
8	产品抠图	□突出 □一般 □不突出	
9	版式设计	□合理 □一般 □不合理	
10	色彩搭配	□合理 □一般 □不合理	
11	模块选择	□合理 □一般 □不合理	

（2）交接验收。

根据任务工作情境进行解说，展示“秭归脐橙”的农产品详情页完成效果，逐项核对任务要求，完成交接验收，并填写验收表，见表 6-5 。

表 6-5 农产品详情页制作验收表

验收内容：农产品详情页制作验收				
序号	验收项目	验收要求	验收情况	整改措施
1	详情页定位	（1）定位明确，风格独特； （2）海报与投放位置周围氛围协调一致	□通过 □不通过	
2	详情页风格	（1）风格明确，符合活动的要求或者产品的属性； （2）文案和图片渲染意境； （3）产品突出、清晰、处理光影得当	□通过 □不通过	
3	首焦图	（1）几张实景图合成自然，光效合理； （2）海报背景与活动主题或活动产品相互映衬，做到突出主题	□通过 □不通过	
4	产品卖点	（1）通过文案和图片精准描述用户的需求点； （2）渲染已经满足顾客需求； （3）模块标题与上一标题保持一致； （4）主色符合整体风格	□通过 □不通过	
5	规格信息	（1）排版合理，一级标题、二级标题字号合适； （2）能用色块和渐变突出文案信息	□通过 □不通过	
6	尺寸大小	（1）详情页清晰，不模糊，画面有美感； （2）为了丰富画面添加一些装饰元素（非必需项）； （3）画面上所有物体光效自然、合理； （4）尺寸宽 750 像素，高度根据实际内容来定； （5）文件名规范，保存图片时需要保存两种格式：jpg 和 psd； （6）文件大小在规定范围内，小于 2MB	□通过 □不通过	

表 6–5 农产品详情页制作验收表（续表）

验收内容：农产品详情页制作验收				
序号	验收项目	验收要求	验收情况	整改措施
7	侵权行为	（1）图片素材无侵权行为； （2）字体无侵权行为	□通过 □不通过	
8	客户验收情况	□合格 □较好，有待改进 □不合格	客户签字	客户签字

小结

（1）让消费者了解产品外观的同时，从产品的属性出发关注卖点。

（2）详情设计要统一主色风格，大多数情况详情页主色取自产品本身，与产品高度关联。

（3）详情图的模块字体应统一，一级标题、二级标题的字体、字号应条例分明，环环相扣。

同步实训

【情景描述】

小余家的另一款爆款水果清江椪柑即将冬日上新，请以“冬日上新”为主题，制作清江椪柑的详情页，详情页应突出产地优势，结合“绿水青山就是金山银山”的理念，融入营销元素，整体风格清新、自然，突出产品特点，如图 6–14 所示。

图 6-14 清江椪柑详情页参考图

【实训内容】

根据某地农产品的属性，完成产品信息表，见表 6-6。

表 6-6 产品信息表

序号	项目	项目属性值	备注
1	产品编号		网店内产品的编号
2	产品名称		水果名称
3	所属产品分类		必填项
4	型号		产品代码
5	品牌		必填项
6	产地		必填项
7	包装方式		必填项
8	配送频次		必填项
9	特产品类		必填项
10	水果种类		必填项

表 6-6 产品信息表（续表）

序号	项目	项目属性值	备注
11	净含量		必填项
12	生鲜储存温度		必填项
13	单果重量		必填项
14	厂名		必填项
15	保质期		必填项
16	产品图片		必填项

分组整理和讨论“清江椪柑”详情页的制作要点，进行详情页主题、风格、文案、模块、构图、色彩以及附加价值等方面的构思，完成详情页制作计划表，见表 6-7。

表 6-7 详情页制作计划表

序号	项目	项目属性值	备注
1	产品编号		网店内产品的编号
2	产品名称		清江椪柑
3	详情模块		（1）详情页模块的选择； （2）详情页模块的逻辑； （3）详情页模块的顺序
4	详情风格		（1）详情风格明确，符合活动的要求和产品的属性； （2）与店铺风格协调、统一
5	详情文案		（1）主标题、副标题、利益点等文案明确； （2）分别注明字体及其大小； （3）活动主题或产品主要卖点醒目； （4）文案内容精练； （5）字体不要超过三种； （6）农产品的有机、健康的优点有无体现
6	图文布局		（1）画出草图； （2）注明何种构图方式
7	色彩		背景主色调与活动主题或活动产品相互映衬，做到主次分明
8	素材文件		（1）整理素材文件； （2）规范文件名
9	绘图		（1）尽量选择高清大图； （2）实景图合成时，过渡要自然合理； （3）文件大小不超过 2MB； （4）绘图中要创建一个新样式图形或者添加文字时都需要先新建图层； （5）把抠好的素材从一个文件插入另一个文件，需要选择转化为智能对象； （6）保存图片时需要保存两种格式：jpg 和 psd
10	细节处理		（1）产品清晰，不模糊，画面有美感； （2）为了丰富画面添加一些装饰元素（非必需项）； （3）画面上光影自然、合理
11	尺　寸		详情页（尺寸宽 750 像素，高度根据实际内容来定）
12	作图环境	Photoshop 软件	
13	作图地点	美工工作室	
14	作图时间		参照格式：2023-01-01

表 6-7 详情页制作计划表（续表）

序号	项目	项目属性值	备注
15	作图数量	1 张	
16	作图人员		
17	使用拍摄素材		拍摄产品素材图片 注明：数量、文件名
18	注意事项	（1）搜集参照素材时，不访问来历不明网站； （2）规避素材图片、字体的侵权行为	

以团队为单位，根据产品的特点进行创意设计，提升用户浏览时间，提高页面转化率。运用相关图形图像处理软件对拍摄的产品进行详情页的制作，突出产品卖点。

表 6-8 学生自我总结

<table>
<tr><th colspan="6">任务名称：美妆产品店铺首页制作总结</th></tr>
<tr><td colspan="6">团队名称：</td></tr>
<tr><td>姓名</td><td></td><td>学号</td><td></td><td>日期</td><td></td></tr>
<tr><td colspan="6">1. 任务描述
小余家的另一款爆款清江椪柑即将冬日上新，请以“冬日上新”为主题，制作清江椪柑的详情页，详情页应突出产地优势，结合“绿水青山就是金山银山”的理念，融入营销元素，整体风格清新、自然，突出产品特点</td></tr>
<tr><td colspan="6">2. 任务实施过程
请记录海报制作的具体过程。
（1）首焦图：
（2）产品产地：
（3）产品卖点：
（4）文案排版：</td></tr>
<tr><td colspan="6">3. 任务总结
请写出在详情页制作过程中遇到的困难和解决方法</td></tr>
</table>

任务 6.2 数码产品详情页视觉设计与制作

学习目标

【知识目标】

（1）了解详情页的模块排序逻辑。

（2）熟悉详情页的设计原则。

【技能目标】

（1）能使用图形图像处理软件将绘制背景纹路凸显产品。

（2）能对详情页的模块针对不同的逻辑进行排列。

（3）能使用图形图像处理软件对营销模块进行设计。

（4）能使用图形图像处理软件对产品规格的文案信息进行排版。

（5）能使用图形图像处理软件对适用人群的优势和价值进行归纳。

（6）能使用图形图像处理软件对店铺的支付方式、物流方式和售后服务进行排版。

【素养目标】

（1）详情页设计应符合《中华人民共和国电子商务法》《中华人民共和国广告法》的要求，真实、全面、准确地展现产品或服务信息，不得欺骗误导消费者。

（2）培养学生的营销思维，能制作符合逻辑设计产品详情页。

【思政目标】

（1）让学生在挖掘数码产品的技术创新点过程中，明白科技的重要性。

（2）在文案撰写中实事求是，不夸大功能，不误导消费者。

工作情景描述

小郭是某数码产品公司的电商旗舰店的视觉设计师，公司即将推出一款无线充电宝，公司主管运营的经理找到小郭，要求其设计时尚大气科技风格的产品详情页，并在详情页中体现产品展示、营销主题、产品规格、产品特点、适用人群等内容，体现产品的高科技和好品质。小郭经过市场调研和客户需求分析，决定使用淡蓝色的冷色调作为背景，着力细节刻画科技感，突出充电宝技术创新点和品质。

工作流程与活动

（1）明确任务和知识准备。

（2）制定计划。

（3）教学做一体化训练。

（4）质量检查及验收。

6.2.1 明确任务和知识准备

（1）详情页的模块排序。

详情页的内容通常是以模块组合的方式呈现给消费者，而这么多的模块和文案，如果不通过合理的排列，逻辑凌乱很容易导致产品转化率偏低。对一般的店铺或者品牌而言，一个完整有效的详情页应该是这种结构：一开始用首焦图抓住消费者的眼球，紧接着讲解功能让消费者了解产品，通过美图展示让消费者深陷其中，危害举例让消费者产生恐惧心理等等，从而让其意识到买产品很有必要，再紧接着趁热打铁给出详细使用说明或专家建议体现贴心的服务，最后给出一些口碑推荐或者品牌认证打消消费者的信任顾虑，再看看评价不错，价格合适，客户顺其自然就会下单。消费者更愿意看到易理解的详情描述页面，而详情页的设计师的作用就是利用消费者心理把详情页以文字结合图片的形式设计让消费者停留在页面的时间更长，从而激发消费者购买。

下面介绍三种常见的详情页的模块排序的逻辑。

①标品排序逻辑。

标品是指规格化的产品，可以有明确的型号等，比如笔记本、手机、电器、美妆品。非标品是指无法进行规格化分类的产品，比如服装、鞋子。日常的消费者对于产品本身有足够的认知和了解，标品的详情页通常就是产品的说明书，这类产品要想通过详情页的视觉营销战胜竞争对手非常不易。大多数消费者都熟悉标品逻辑，对产品有一定的了解，其排序只需便于阅读即可，一些模块可以根据产品类型进行取舍，如图 6-15 所示。

图 6-15 标品排序逻辑

②痛点解决逻辑。

详情页设计时，可以通过“问消费者是否遇到过类似问题——我的产品能解决你的问题”的逻辑来挑选模块进行排序。如图 6-16 所示，详情页提出了空调外机无法清理的痛点，和解决问题的方案“低温速热型系列”。

图 6-16 痛点解决逻辑

③消费者心理引导逻辑。

消费者心理引导逻辑以消费者心理为基础，在引导过程中添加对应模块，针对消费心理变化针对性营销。其排序逻辑如下。

吸引注意：产品首焦图、产品展示、买家痛点、情感营销等。

激发需求：规格信息、产品卖点、产品特点、细节展示等。

消除顾虑：产品对比、售后信息、资质证书、配送服务等。

促进成交：营销优惠、客户评价等。

下面以一个完整的案例分析消费者心理引导逻辑的排序方法。

首先，通过产品首焦图聚焦阳山水蜜桃的核心卖点——皮薄、多汁（图 6-17）。

图 6-17 首焦图效果

其次，通过产品的细节展示强化卖点，表现产品的品质激发需求（图 6-18）。

图 6-18 产品卖点效果

图 6-19 产品产地

接着，通过产地优势——火山遗址优质土壤和食品安全不添加催熟剂，让消费者对商家建立信任，从而进一步了解产品基本信息（图 6-19）。

最后，用售后承诺进一步打消消费者顾虑。用购买须知站在消费者的角度告知注意事项，通过情感营销给消费者一个选择的理由，从而促成成交（图 6-20）。

图 6-20 售后承诺

（2）详情页的营销方式。

消费者在浏览产品详情页时，特别是新品刚刚推出来，还没有多少评价的时候，会对产品抱有一丝疑虑，难以下单成为“第一个吃螃蟹的人”，这个时候就需要在详情页中利用一个模块适用多种多样的营销方式来为产品积累一定的基础销量。而为了让消费者快速捕捉到优惠信息，往往将营销模块放在整个详情页的第二或者第三个模块，以刺激消费者的购买欲望。详情页中的营销方式包含如下几种。

①产品的折扣或直降：以低价和折扣来吸引消费者。

②店铺的红包满减：以店铺的主题活动吸引消费者凑单购买，提升客单价（图 6-21）。

③满额赠品营销：以礼物、赠品给消费者利益，促使消费者下单（图 6-22）。

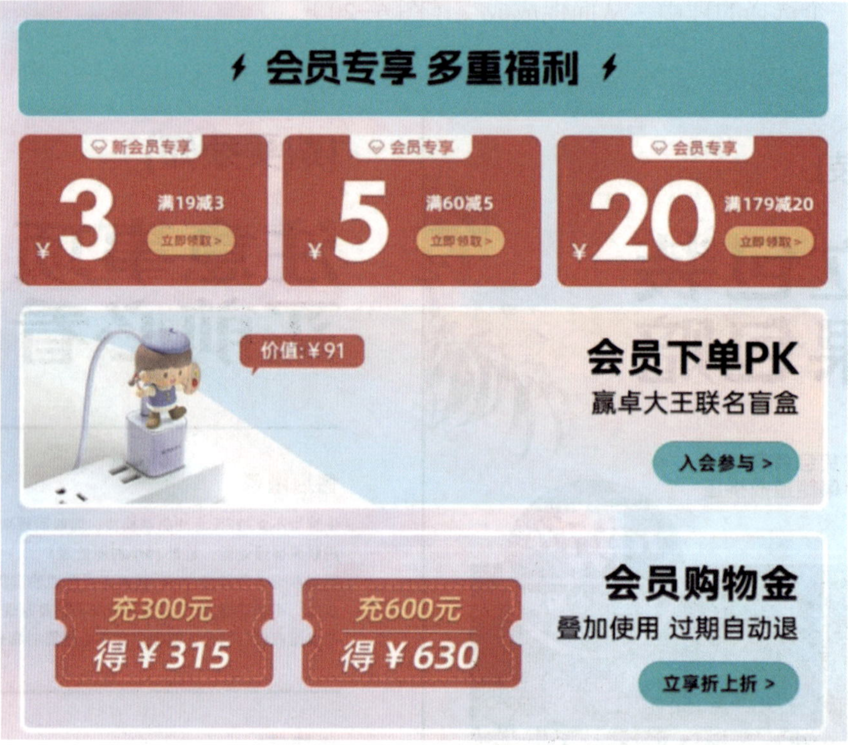

图 6- 21　店铺满减优惠

图 6-22　多种营销方式组合适用

6.2.2 制订计划

本任务要求设计时尚大气科技风格的产品详情页。在教学做一体化训练中，以无线充电宝为例，通过相应的工作流程、操作步骤，更好地掌握数码类产品典型的详情页制作方法。设计过程中注意事项如下。

（1）首焦图展示产品着力解决消费者问题。

（2）营销信息以开学季的好物甄选为主题，设计营销方案。

（3）产品排列以标品排序规则，提升页面易读性。

（4）挖掘适用人群的产品优势和产品价值。

（5）详情页图片大小宽度为 750 像素，高度根据实际内容来定。

（6）图片为 jpg 格式。

在产品详情页制作过程中，营销信息是促成交易的重中之重，详情页有逻辑的排序也会增加消费者的阅读体验。首先按要求填写详情页制作计划表，明确需要用到哪些素材和各环节的设计制作要点，见表 6–9。

表 6–9 数码产品详情页制作计划表

序号	项目	项目属性值	备注
1	产品编号		网店内产品的编号
2	产品名称		无线充电宝
3	详情模块		（1）详情页模块的选择； （2）详情页模块的逻辑； （3）详情页模块的顺序
4	详情风格		（1）详情风格明确，符合活动的要求和产品的属性； （2）与店铺风格协调、统一
5	详情文案		（1）主标题、副标题、利益点等文案明确； （2）分别注明字体及其大小； （3）活动主题或产品主要卖点醒目； （4）文案内容精练； （5）字体不要超过三种； （6）农产品的有机、健康的优点有无体现
6	图文布局		（1）画出草图； （2）注明何种构图方式
7	色彩		背景主色调与活动主题或活动产品相互映衬，做到主次分明
8	素材文件		（1）整理素材文件； （2）规范文件名
9	绘图		（1）尽量选择高清大图； （2）实景图合成时，过渡要自然合理； （3）文件大小不超过 2MB； （4）绘图中要创建一个新样式图形或者添加文字时都需要先新建图层； （5）把抠好的素材从一个文件插入另一个文件，需要选择转化为智能对象； （6）保存图片时需要保存两种格式：jpg 和 psd
10	细节处理		（1）产品清晰，不模糊，画面有美感； （2）为了丰富画面添加一些装饰元素（非必需项）； （3）画面上光影自然、合理

表 6-9　数码产品详情页制作计划表（续表）

序号	项目	项目属性值	备注
11	尺寸		详情页（尺寸宽 750 像素，高度根据实际内容来定）
12	作图环境	Photoshop 软件	
13	作图地点	美工工作室	
14	作图时间		参照格式：2023-01-01
15	作图数量	1 张	
16	作图人员		
17	使用拍摄素材		拍摄产品素材图片 注明：数量、文件名
18	注意事项	（1）搜集参照素材时，不访问来历不明网站； （2）规避素材图片、字体的侵权行为	

6.2.3　教学做一体化训练

数码类产品详情页需要结合产品的特点类型和店铺的营销方案进行制作，本任务根据计划表制作数码详情页中的产品首焦图、营销主题、产品规格、产品特点、适用人群五个模块（图 6-23）。

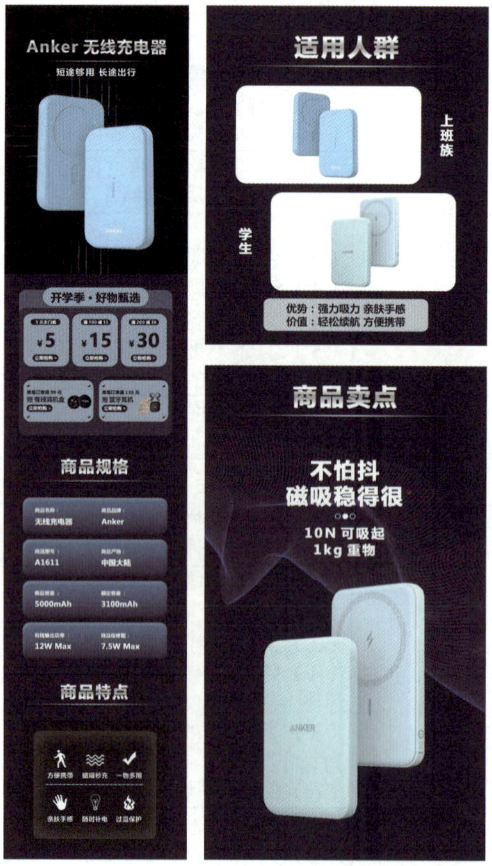

图 6-23　无线充电宝详情页

【具体步骤】

步骤 1：新建画布宽 750 像素，高 7000 像素，分辨率为 72 像素 / 英寸，背景为白色，颜色模式为 RGB 模式，名称为“数码详情页”。

步骤 2：新建画布 900 像素 ×900 像素制作首焦图背景，前景色 #000000、背景色 # ffffff，滤镜→渲染→云彩，滤镜→像素化→马赛克（单元格大小 30 方形），滤镜→风格化→查找边缘，滤镜→模糊→径向模糊（模糊方法→缩放），反相【Ctrl+I】，饱和度，将做好的背景图挪到“数码详情页”中，调整适当的大小，如图 6-24 所示。

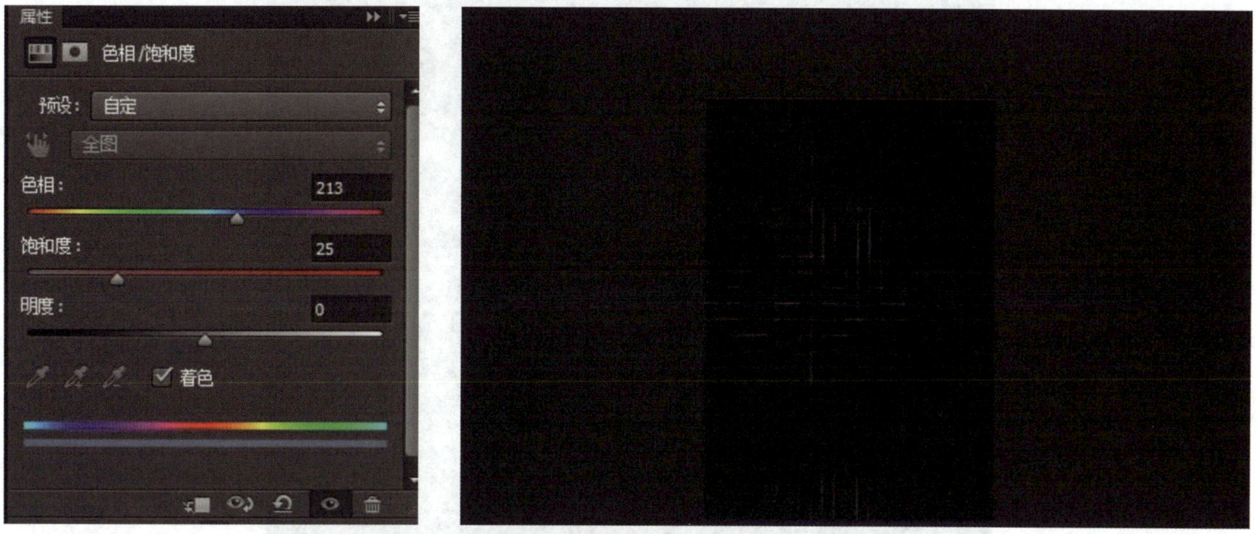

图 6-24 绘制首焦图背景

步骤 3：在新建的 900 像素 ×900 像素的画布中画出图 6-25 中一横一竖的图形，合并，编辑→定义图案。

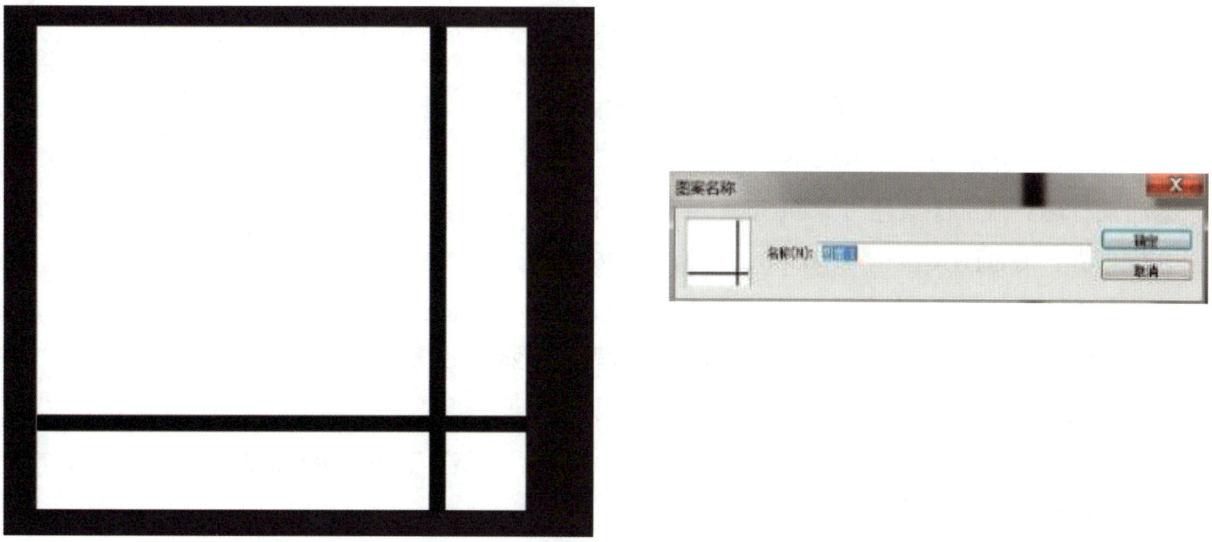

图 6-25 绘制左侧装饰墙板

步骤 4：在“数码详情页”中填充背景色为 # 13263e，新建图层，建立一个高度为 1100 至 3250 毫米的选区，图案→缩放为 4%→正片叠底→调低透明度至 20%，如图 6-26 所示。

图 6-26　绘制左侧装饰墙板的投影

步骤 5：新建图层，圆角矩形工具半径为 30 像素。

①底部颜色：#3e5c84、#1d3759。

②活动标题：底部图案色号 #a0b5d0、字号 45 像素、色号 #13263e。

③优惠券：底部图案浅色 #a0b5d0、深色 #13263e。

优惠活动：字号 16 像素、色号 #ffffff。

优惠价格：字号 35 像素 、数字 75 像素、色号 #13263e。

立即抢购：字号 18 像素、色号 #ffffff。

④满赠活动：字号 18 像素、25 像素，色号 #13263e，“赠”字色号 #1d3759。

立即抢购：字号 18 像素、色号 #ffffff。

具体如图 6–27 所示。

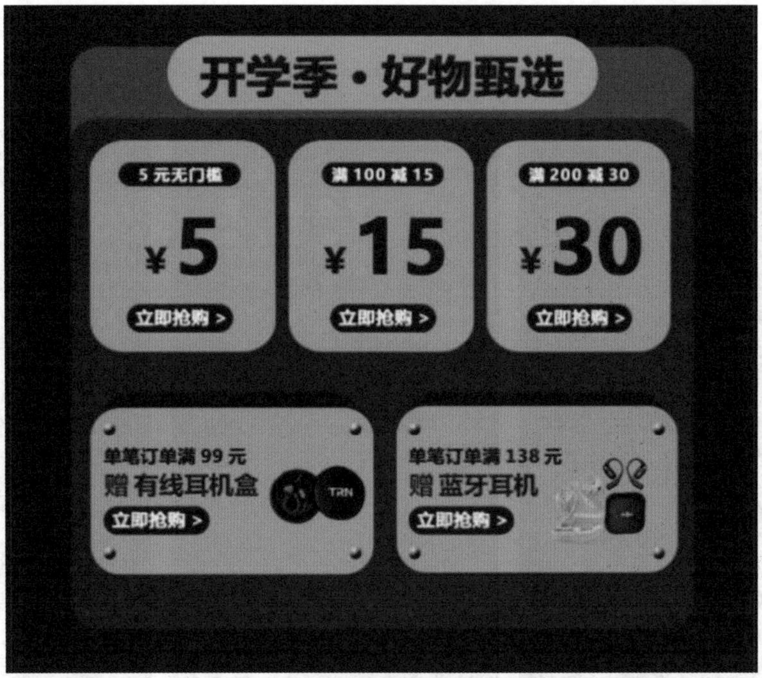

图 6–27 绘制左侧装饰墙板上的线条

步骤 6：新建图层，选择圆角矩形工具半径为 30 像素，按【Ctrl+J】复制形状，【Ctrl+T】缩小，在缩小的图层中滤镜→添加杂色→选择单色→数量为 3%，内发光（不透明度调整为 15%），如图 6–28 所示。

图 6–28 产品卖点

步骤 7：在之前建立的 900 像素 ×900 像素的画布中填充黑色，新建图层，将画笔大小调整至 3 像素，选择钢笔工具，绘制出任意曲线，将颜色调至白色，右键单击选择描边路径 点击模拟压力，对图案进行选区，编辑→自定义画笔预设，依照图 6-29 所示参数调整。

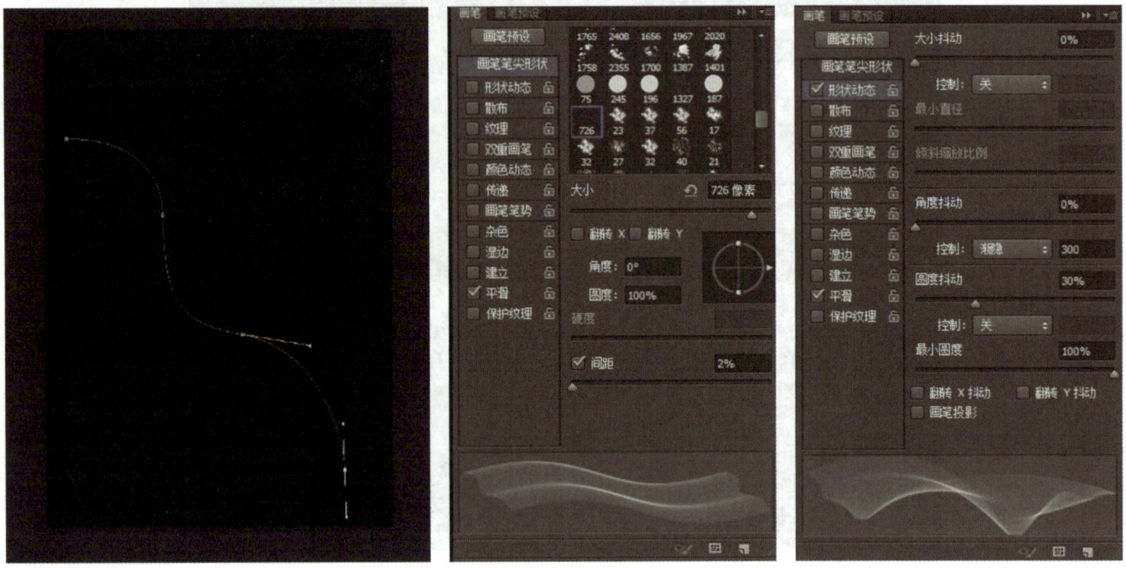

图 6-29　背景效果

步骤 8：在“数码详情页”中新建图层，将画笔调整至适当大小，取色 #0071ff，画出想要的效果，文字大标题 58 像素、小标题 35 像素，如图 6-30 所示。

图 6- 30　产品特点展示效果

步骤9：新建图层，选择圆角矩形工具。背景色号 #13263e、矩形色号 #ffffff，场景图片可直接放置矩形上方剪切蒙版。大标题字号65像素、“人群介绍”字号35像素、色号 #ffffff，“优势与价值”字号28像素、色号 #13263e，如图6-31所示。

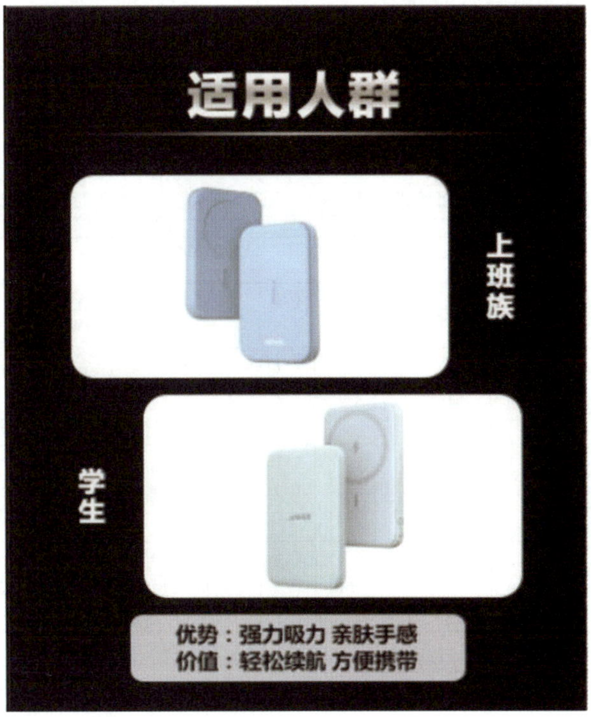

图6-31 适用人群

6.2.4 质量检查及验收

（1）质量检查。

对制作出的“无线充电宝”的数码类产品详情页检查校对，并将信息填入质量检查表，见表6-10。

表6-10 数码类产品详情页制作质量检查表

检查项目：数码类产品详情页制作			
检查序号	检查项目	根据完成情况勾选相应选项	改进措施
1	图片尺寸	□正确 □不正确	
2	文件名称	□正确 □不正确	
3	文件大小	□正确 □不正确	
4	文案整理	□准确 □一般 □不准确	
5	文案字体	□合理 □一般 □不合理	
6	文案字号	□合理 □一般 □不合理	
7	文案排版	□合理 □一般 □不合理	
8	产品抠图	□突出 □一般 □不突出	
9	版式设计	□合理 □一般 □不合理	
10	色彩搭配	□合理 □一般 □不合理	
11	模块选择	□合理 □一般 □不合理	

（2）交接验收。

根据任务工作情境进行解说，展示“无线充电宝”的数码类产品详情页完成效果，逐项核对任务要求，完成交接验收，并填写验收表，见表6-11。

表6-11 数码类产品详情页制作验收表

验收内容：数码类产品详情页制作验收				
序号	验收项目	验收要求	验收情况	整改措施
1	详情页定位	（1）定位明确，风格独特； （2）海报与投放位置周围氛围协调一致	□通过 □不通过	
2	详情页风格	（1）风格明确，符合活动的要求或者产品的属性； （2）文案和图片渲染意境； （3）产品突出、清晰、处理光影得当	□通过 □不通过	
3	首焦图	（1）几张实景图合成自然，光效合理； （2）海报背景与活动主题或活动产品相互映衬，做到突出主题	□通过 □不通过	
4	规格信息	（1）排版合理，一级标题、二级标题字号合适； （2）能用色块和渐变突出文案信息	□通过 □不通过	
5	产品特点	（1）通过文案和图片精准描述用户的需求点； （2）渲染已经满足顾客需求； （3）模块标题与上一标题保持一致； （4）主色调符合整体风格	□通过 □不通过	
6	适用人群	（1）根据产品找到用户画像； （2）延伸消费群体特点； （3）归纳产品核心价值和优势	□通过 □不通过	
7	尺寸大小	（1）详情页清晰，不模糊，画面有美感； （2）为了丰富画面添加一些装饰元素（非必需项）； （3）画面上所有物体光效自然、合理； （4）尺寸宽750像素，高度根据实际内容来定； （5）文件名规范，保存图片时需要保存两种格式：jpg和psd； （6）文件大小在规定范围内，小于2MB	□通过 □不通过	
8	侵权行为	（1）图片素材无侵权行为； （2）字体无侵权行为	□通过 □不通过	
9	客户验收情况	□合格 □较好，有待改进 □不合格	客户签字	客户签字

小结

（1）详情页的模块要合理排序，使消费者阅读更直观、易于理解，增加详情页的转化率。

（2）标品详情页按照常规页面展示的逻辑对各模块进行选择排序，比如产品首焦展示－营销活动－规格参数－产品特点－产品卖点－适用人群－售后与物流－产品评价，并非上述每个模块都必须放入，可以根据实际需要取舍。

（3）合理安排营销信息的位置：对于跳失率高的详情页，营销信息应放在前三板块；对于转化率高的详情页，营销信息应放在详情页底部。

同步实训

【情景描述】

完成无线充电宝的数码详情页的产品首焦图、营销主题、产品规格、产品特点、适用人群这几个模块后，请提取无线充电宝的卖点，制作产品卖点模块，围绕消费者诉求解决消费者当前顾虑的问题，重点突出产品的智能化，让消费者信任产品，最终促成购买。无线充电宝卖点参考图，如图 6-32 所示。

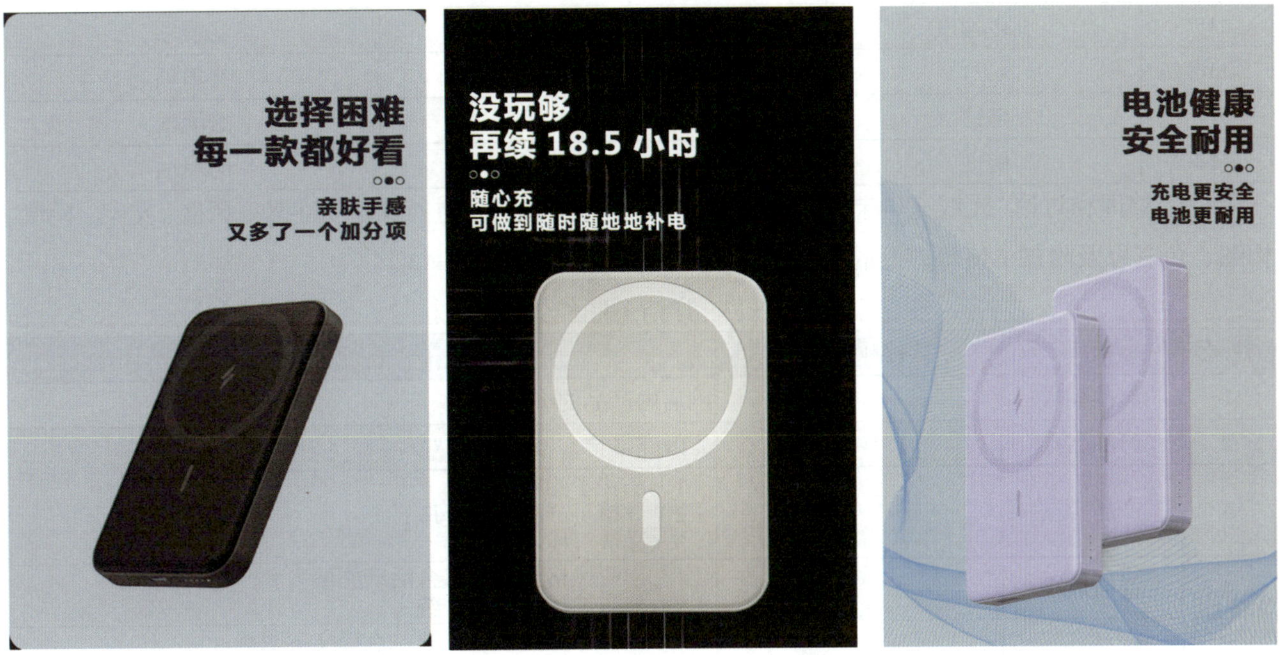

图 6-32 无线充电宝卖点参考图

【实训内容】

根据某无线充电宝产品的属性，完成产品信息表，见表 6-12。

表 6-12 产品信息表

序号	项目	项目属性值	备注
1	产品编号		网店内产品的编号
2	产品名称		充电宝名称
3	所属产品分类		必填项
4	型号		产品代码
5	品牌		必填项
6	产地		必填项
7	包装方式		必填项
8	配送频次		必填项
9	重量		必填项

表 6-12　产品信息表（续表）

序号	项目	项目属性值	备注
10	材质		必填项
11	容量		必填项
12	电流保护		必填项
13	尺寸		必填项
14	充电功率		必填项
15	充电速度		必填项
16	芯片		必填项
17	充电协议		必填项
18	磁性		必填项

分组整理和讨论“无线充电宝”详情页产品卖点的制作要点，进行详情页主题、风格、文案、模块、构图、色彩以及附加价值等方面的构思，完成详情页制作计划表 6-13。

表 6-13　详情页制作计划表

序号	项目	项目属性值	备注
1	产品编号		网店内产品的编号
2	产品名称		无线充电宝
3	产品卖点		（1）消费者的归类； （2）详情页产品卖点提取； （3）详情页模块的顺序
4	详情风格		（1）详情风格明确，符合活动的要求和产品的属性； （2）与店铺风格协调、统一
5	详情文案		（1）主标题、副标题、利益点等文案明确； （2）分别注明字体及其大小； （3）活动主题或产品主要卖点醒目； （4）文案内容精练； （5）字体不要超过三种
6	图文布局		（1）画出草图； （2）注明何种构图方式
7	色彩		背景主色调与活动主题或活动产品相互映衬，做到主次分明
8	素材文件		（1）整理素材文件； （2）规范文件名
9	绘图		（1）尽量选择高清大图； （2）实景图合成时，过渡要自然合理； （3）文件大小不超过 2MB； （4）绘图中要创建一个新样式图形或者添加文字时都需要先新建图层； （5）把抠好的素材从一个文件插入另一个文件，需要选择转化为智能对象； （6）保存图片时需要保存两种格式：jpg 和 psd
10	细节处理		（1）产品清晰，不模糊，画面有美感； （2）为了丰富画面添加一些装饰元素（非必需项）； （3）画面上光影自然、合理
11	尺寸		全屏产品海报（尺寸宽 750 像素，高度根据实际内容来定）
12	作图环境	Photoshop 软件	
13	作图地点	美工工作室	

表 6-13 详情页制作计划表（续表）

序号	项目	项目属性值	备注
14	作图时间		参照格式：2023-01-01
15	作图数量	1 张	
16	作图人员		
17	使用拍摄素材		拍摄产品素材图片 注明：数量、文件名
18	注意事项	（1）搜集参照素材时，不访问来历不明网站； （2）规避素材图片、字体的侵权行为	

以团队为单位，根据产品的特点进行卖点的提取，突出产品的智能化，提升用户浏览时间，提高页面转化率。运用相关图形图像处理软件对拍摄的产品进行详情页的制作，让消费者通过详情页更信任产品，最终促成购买。

表 6-14 学生自我总结

<table>
<tr><th colspan="6">任务名称：美妆产品店铺首页制作总结</th></tr>
<tr><td colspan="6">团队名称：</td></tr>
<tr><td>姓名</td><td></td><td>学号</td><td></td><td>日期</td><td></td></tr>
<tr><td colspan="6">1. 任务描述
本任务要求设计时尚大气科技风格的产品详情页。在教学做一体化训练中，以无线充电宝为例，通过相应的工作流程、操作步骤，更好地掌握数码类产品典型的详情页制作方法。在详情页中包含产品展示、营销主题、产品规格、产品特点、适用人群等内容，体现产品的高科技和好品质。熟练使用 Photoshop 软件制作产品详情页，能突出国产数码产品的智能化、高性能和创新技术</td></tr>
<tr><td colspan="6">2. 任务实施过程
请记录详情页制作的具体过程。
（1）产品首焦图：
（2）规格参数：
（3）营销活动：
（4）产品特点：
（5）产品卖点：
（6）适用人群：</td></tr>
<tr><td colspan="6">3. 任务总结
请写出在数码类产品的详情页制作过程中遇到的困难和解决方法</td></tr>
</table>

任务 6.3　美妆产品详情页视觉设计与制作

学习目标

【知识目标】

（1）了解详情页的首焦图的场景。

（2）了解详情页的布局类型。

（3）熟悉国潮风格产品详情页的设计元素。

【技能目标】

（1）能使用图形图像处理软件设计合适的首焦图场景。

（2）能根据详情页的模块选择合适的布局类型。

（3）能使用图形图像处理软件对国潮设计元素进行设计。

（4）能使用图形图像处理软件统一产品详情页整体风格。

（5）能根据文案要求对售后及评价模块进行归纳总结。

（6）能使用图形图像处理软件对店铺的支付方式、物流方式和售后服务进行排版。

【素养目标】

（1）培养学生的探索意识，深入研究传统文化的内涵，并与现代审美相结合。

（2）培养学生对品牌的认知，深挖同类产品的差异化。

【思政目标】

（1）详情页设计应符合版权要求，不得擅自使用无版权字体和图片。

（2）通过国潮风格详情页，学习中国传统文化元素，培养学生的民族自豪感。

（3）建立独立思考创作的习惯，将中国元素深化融入再潮流化表达。

工作情景描述

某国产美妆专营店，其主营业务为各类美妆护肤品。小王是该店的美工，店铺准备上新一款腮红，部门经理要求小王根据工厂提供的产品图片和资料，根据产品详情页的发布要求整理产品资料，提炼产品卖点，风格定位为“国潮”，设计与制作产品详情页，并完成此款腮红的发布。

工作流程与活动

（1）明确任务和知识准备。

（2）制订计划。

（3）教学做一体化训练。

（4）质量检查及验收。

6.3.1 明确任务和知识准备

（1）详情页的场景设计与搭建。

在详情页的设计过程中，不仅仅是对文案、卖点进行视觉提炼、视觉表达的过程，更是把一个产品的卖点、特色通过场景的搭建，让消费者置身于真实适用场景中，提升消费者视觉整体感受。而详情页的首焦图的场景设计对于整体而言重要程度非同一般。那么如何通过场景的设计与搭建让详情页更具有视觉冲击力呢？

①微渐变背景配合产品放大。

在详情页首焦图设计中，利用微渐变作为背景，可以塑造柔和的光影变化，给消费者呈现简洁大气的视觉感受，将产品局部放大可以让页面整体饱满，有内容，如图 6-33 所示。

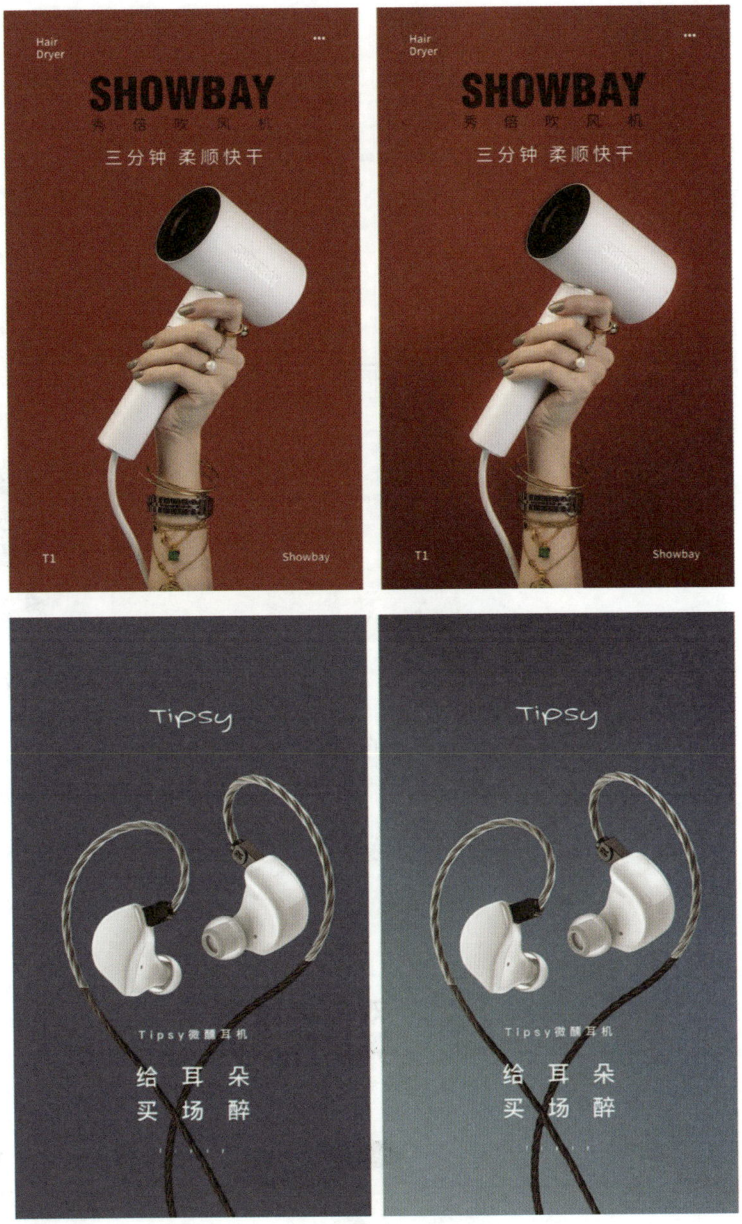

图 6-33 微渐变背景效果

但是将详情页中的背景变成纯色，整体视觉差距一目了然，那是因为背景中的渐变并非简单的颜色，而是体现光源方向的一种视觉表达，光从哪里照射，哪里就会更亮一些；另外正是因为有了这种光影的关系出现，才会给图片带来色彩、情感、明暗的视觉变化，否则整体单调且乏味。

②微立体与产品结合。

微立体可以理解为详情页以三维的形式呈现，通过各种形式的立体块的摆放与产品相结合。这类场景不要过于复杂，还是以产品为主，突出产品，也并非一定要借助三维软件，可以通过找参考的方式结合基本的透视理论完成，如图 6-34 所示。

图 6-34　微立体效果

利用简单的立体块搭建的场景，局限性很小，适用于很多产品，更百搭。这类场景的重点除了前面所说的光感外，还有材质、高光以及立体感的体现。高光就是指立体块面与面衔接处的高光，这类高光能体现出立体块的细节感以及立体感，如图 6-35 所示。

图 6-35　立体块搭建场景

（2）详情页的排版布局。

①左右布局。左右布局一般在 PC 端呈现的比较多，由于 PC 端屏幕更大，左右布局更能呈现产

品特点。但是目前流量主要来源于移动端，手机屏幕较小，不适合此类布局，如图 6–36 所示。

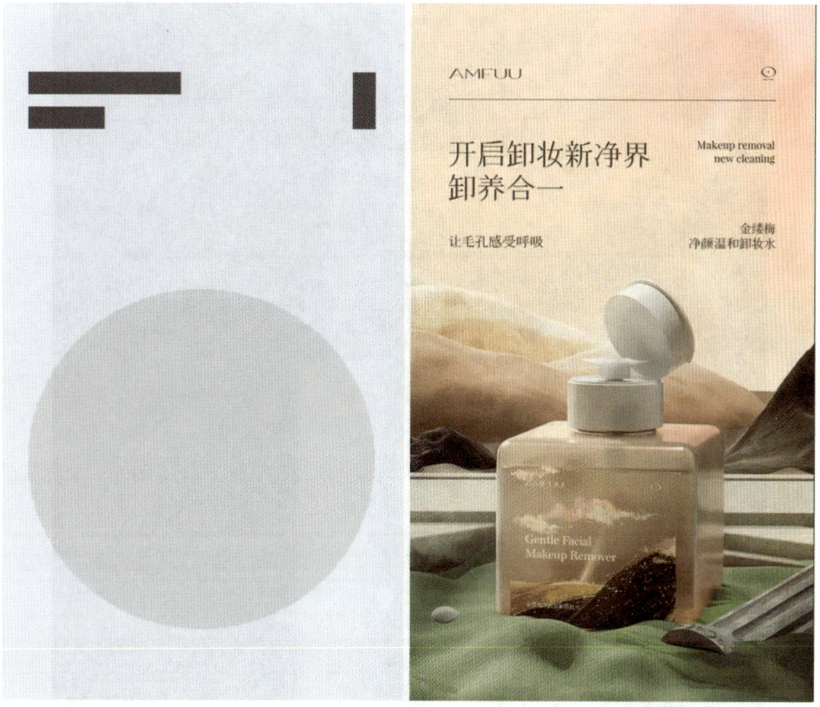

图 6–36 *左右布局*

②对角线布局。对角线布局在设计中，对角两端保持着一种微妙的相对平衡，是一种很灵活的排版。对角线布局，一般以左上文案为主，右下文案为辅，如图 6–37 所示。

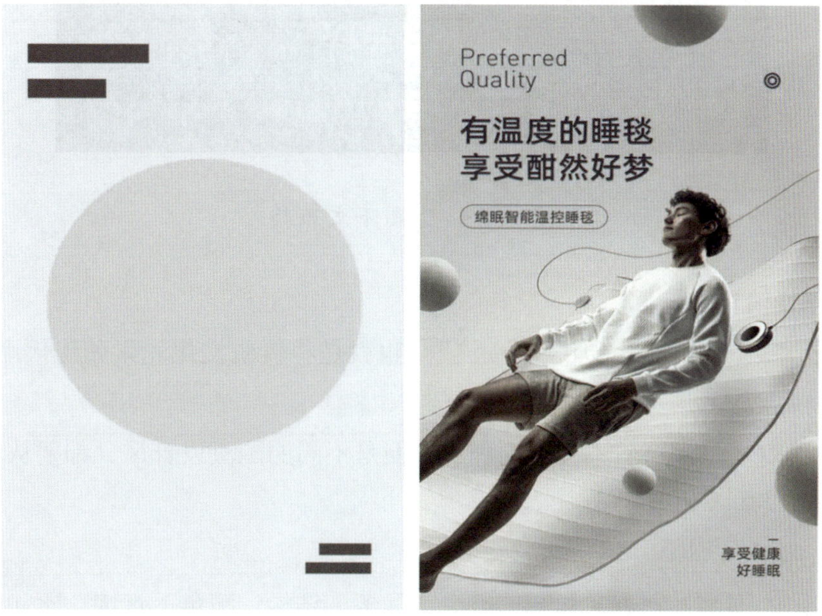

图 6–37 对角线布局

③上图下文布局。上图下文布局重点突出产品与场景，如图 6-38 所示。

图 6-38 上图下文布局

（3）国潮风格详情页的挖掘。

从字面上来看，“国潮”就是“国风 + 潮流”，也就是将传统文化元素和现代潮流审美进行融合，从而形成新国潮营销势力。

每个设计师心中对于国潮有着不一样的理解，但是不同的国潮设计风，都要从本质出发去挖掘，在国潮设计中我们可以加入如下设计元素。

①国画水墨元素。

首先回归到我国的国画，它讲究构图、留白、线条、结构、配色、意境。比如《千里江山图》中所运用的散点透视，让观者的每一眼都能看到一幅完整图（图 6-39）。

图 6-39 国画中的水墨元素

色彩上，中国画以墨为主，强调“墨分五色”“尚纯而戒驳”。墨分为焦墨、浓墨、重墨、淡墨、清墨五种，每一种墨色若运用得巧妙、适当，便会呈现丰富的变化。而把墨的质感融入产品原料本身，既能极大地凸显产品的用料又能展现中国画的形意结合，图 6-40 的海报就是将姜茶中的生姜元素融入山水画中，形式颇为巧妙。

图 6-40 姜茶海报

②宫廷纹饰元素。

将中国传统纹饰和意象融合到立体图像当中，无论是色彩、光影还是质感，都让人仿佛穿越回数百年前的紫禁城，享受一次无与伦比的宫廷盛宴。宫廷纹饰元素有窗格、祥云、古建筑等等（图 6-41）。

图 6-41　宫廷纹饰元素

③民国怀旧元素。

民国时期的书刊字体就是国内设计师们在传统汉字艺术的基础上，吸收了西文字体设计理念和技法，并使用复杂的纸型铅板印刷、照相铜锌版印刷等技术，发展出我们现在见到的美术字体（图 6-42）。

图 6-42　民国怀旧元素

民国时期的海报设计也深具时代特色。随着广告画的流行，国内商家也开始意识到了招贴设计的重要性，并开始借鉴西方招贴画的内容，加上中国已有的元素，一起做设计。当时这样的设计既可以帮助百姓点缀门面，也可以起到广告宣传的作用（图 6-43）。

图 6-43 民国海报

6.3.2 制订计划

本任务要求设计风格定位为以“国潮”为主题的美妆产品详情页。在教学做一体化训练中，以腮红为例，通过相应的工作流程、操作步骤，更好地掌握美妆类产品典型的详情页制作方法。设计过程中注意事项如下。

（1）首焦图场景的搭建能展现国潮风格。

（2）掌握梅花框、祥云、波浪、梅花等较典型的中式元素制作方法。

（3）用梅花框做产品卖点模块。

（4）用祥云制作修饰点缀元素。

（5）用杂色笔触和浪花造型作为背景底纹凸显国潮风格。

（6）制作产品评价模块和售后物流模块。

（7）详情页图片大小宽度为 750 像素，高度根据实际内容来定。

（8）图片为 jpg 格式。

在产品详情图制作过程中，售后及评价模块是促成成交的关键因素，能打消消费者的顾虑，通过版式风格的统一提高详情页的连贯性。首先需要按要求填写详情页制作计划表，明确需要用到哪些素材和各环节的设计制作要点，见表 6-15。

表 6-15　美妆类产品详情页制作计划表

序号	项目	项目属性值	备注
1	产品编号		网店内产品的编号
2	产品名称		腮红
3	详情模块		（1）详情页模块的选择； （2）详情页模块的逻辑； （3）详情页模块的顺序
4	详情风格		（1）详情风格明确，符合活动的要求和产品的属性； （2）与店铺风格协调、统一
5	详情文案		（1）主标题、副标题、利益点等文案明确； （2）分别注明字体及其大小； （3）活动主题或产品主要卖点醒目； （4）文案内容精练； （5）字体不要超过三种； （6）农产品的有机、健康的优点有无体现
6	图文布局		（1）画出草图； （2）注明何种构图方式
7	色彩		背景主色调与活动主题或活动产品相互映衬，做到主次分明
8	素材文件		（1）整理素材文件； （2）规范文件名
9	绘图		（1）尽量选择高清大图； （2）实景图合成时，过渡要自然合理； （3）文件大小不超过 2MB； （4）绘图中要创建一个新样式图形或者添加文字时都需要先新建图层； （5）把抠好的素材从一个文件插入另一个文件，需要选择转化为智能对象； （6）保存图片时需要保存两种格式：jpg 和 psd
10	细节处理		（1）产品清晰，不模糊，画面有美感； （2）为了丰富画面添加一些装饰元素（非必需项）； （3）画面上光影自然、合理
11	尺寸		全屏产品海报（尺寸宽 1920 像素，高度根据实际内容来定）
12	作图环境	Photoshop 软件	
13	作图地点	美工工作室	
14	作图时间		参照格式：2023-01-01
15	作图数量	1 张	
16	作图人员		
17	使用拍摄素材		拍摄产品素材图片 注明：数量、文件名
18	注意事项	（1）搜集参照素材时，不访问来历不明网站； （2）规避素材图片、字体的侵权行为	

6.3.3 教学做一体化训练

美妆类详情页需要结合产品的特点、国潮的风格进行制作，本任务根据计划表制作美妆类详情页的中的产品首焦图、产品卖点、产品评价、买家须知四个模块，如图 6-44 所示。

首焦图　　产品卖点　　产品评价、买家须知

图 6-44 美妆产品详情页

【具体步骤】

步骤 1：新建画布宽 950 像素，高 8000 像素，分辨率为 72 像素 / 英寸，背景为透明色，颜色模式为 RGB 模式，名称为“美妆详情”。

步骤 2：设置前景色为 941f18，选择椭圆工具，设置为“形状”模式，描边颜色为 98281d，按住【Shift】画一个深红色正圆框，如图 6-45 所示，单击确定。选择形状图层【Ctrl+Shift】中心缩放，【Ctrl+Shift+Alt+T】重复自由变换，如图 6-46 所示。

图 6-45　绘制底纹图案

图 6-46　绘制祥云底纹

步骤 3：将刚刚的底纹图案【Ctrl+J】复制一层，【Ctrl+T】自由变换，【Ctrl+Shift+Alt+T】重复自由变换，如图 6-47 所示。

图 6-47　绘制祥云底纹

步骤 4：创建参考线，选择椭圆工具，设置为“形状”模式，描边颜色为 edd29e，复制 3 个正圆图层，并使用移动工具将 3 个正圆进行合理的移动与摆放。双击图层叠加效果，斜面浮雕和图案叠加，如图 6–48 所示。

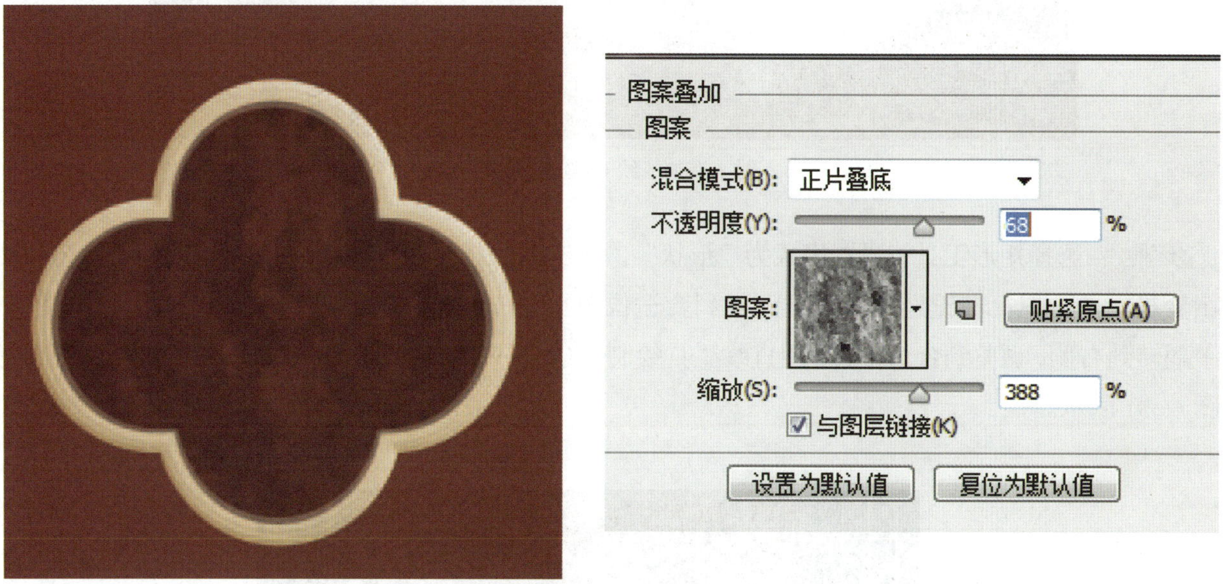

图 6–48　绘制祥云形状

步骤 5：绘制一个矩形，设置前景色为 590504，背景色为 a9352b，由上往下填充渐变效果，点击确定，【Ctrl+T】自由变换，单击鼠标右键选择斜切，如图 6–49 所示。

图 6–49　绘制矩形展台

步骤 6：选择椭圆工具，设置模式为“形状”，填充色为渐变色 #c72221–8f1010，描边色为 e0e5e5。选择矩形工具绘制矩形，与展台描边颜色一致，按【Ctrl+J】复制图层，【Ctrl+T】自由变换，如图 6–50 所示。

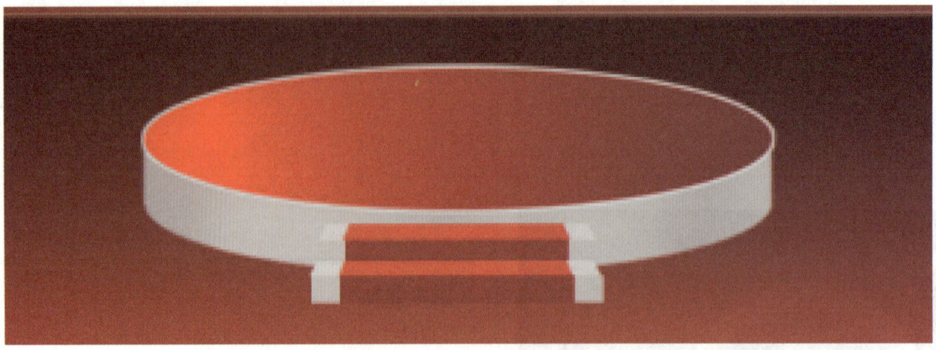

图 6-50　绘制圆形展台

步骤 7：选择矩形工具，设置模式为“形状”，双击图层选择图案叠加，然后选中图层【Ctrl+T】自由变换，单击鼠标右键选择斜切，调整到合适位置。【Ctrl+J】复制一层，【Ctrl+T】自由变换，水平翻转到右侧，调整到合适位置。用直线工具绘制一条直线，颜色填充为 eed2aa，双击图层斜面浮雕，如图 6-51 所示。

图 6-51　绘制两侧图案

步骤 8：新建一个圆角矩形，选择描边，填充颜色为 f9d9ab，选择钢笔工具，选中图层，添加锚点，切换成直接选择工具，【Delete】删除选中锚点，【Ctrl+T】自由变换成祥云图案到合适的位置，如图 6-52 所示。

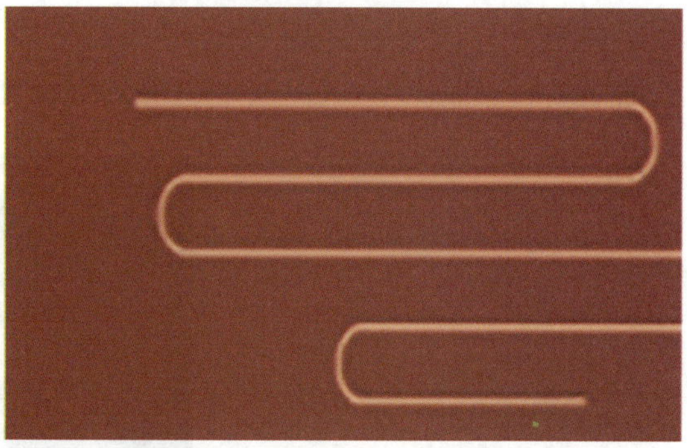

图 6-52 绘制两片祥云形状

图 6-53 绘制云彩底纹

步骤 9：创建水平、垂直参考线，绘制一个矩形选区，填充前景色为 11376d。填充背景色为白色，选择滤镜，云彩，新建图层再次选择滤镜，分层云彩，调整透明度到合适大小，如图 6-53 所示。

步骤 10：绘制一个圆角矩形，填充颜色为 96231b，选择描边 2 像素，填充颜色为 f9d9ab，【Ctrl+J】复制一层，【Ctrl+T】自由变换，如图 6-54 所示。

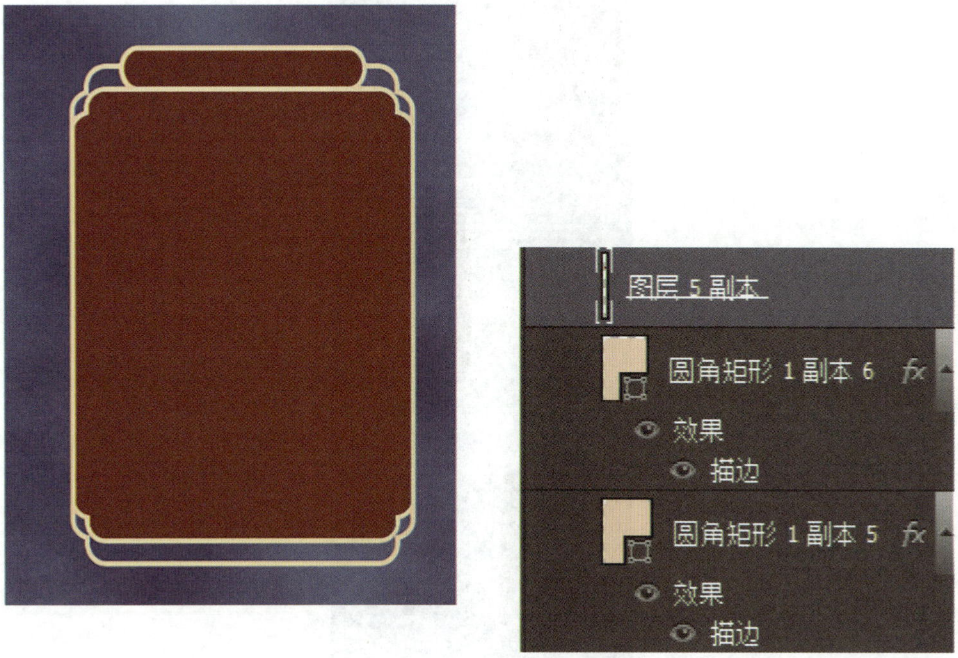

图 6-54 绘制圆角矩形形状

步骤 11：绘制椭圆工具，填充前景色为 12376c，选择描边颜色为 ffe4b9，【Ctrl+T】自由变换。同时选中 4 个圆形形状，按【Ctrl+G】，建“祥云图层 1”组，如图 6-55 所示。

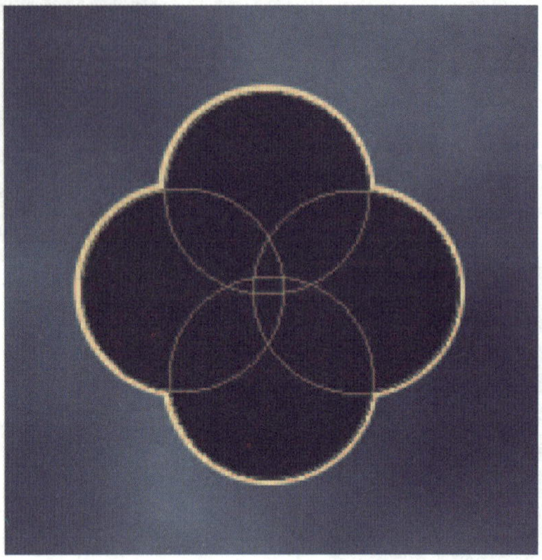

图 6-55　绘制“祥云图层 1”组

步骤 12：添加参考线，绘制矩形选框，颜色与步骤 11 一致。将矩形选框、祥云图层，分别复制摆到合适的位置，效果如图 6-56 所示。

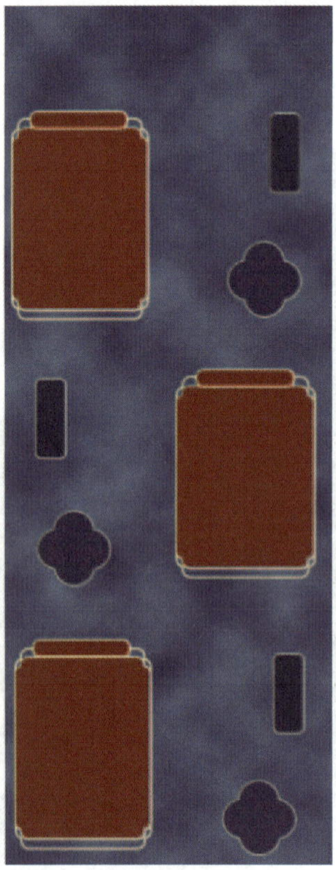

图 6-56　所有形状叠加后效果图

步骤 13：选择横排文字工具，字体选华文宋体，大小设为 60 点，颜色为 edd0a7。在适当位置输入“一抹修颜 全天好气色”，后排小字字体选华文宋体，大小设为 30 点，颜色为 edd0a7。并在“字符”面板中对文字属性进行设置，如图 6-57 所示。

图 6-57 输入主标题并设置文字属性

步骤 14：选择竖排文字工具，字体选华文宋体，大小设为 30 点，颜色为 edd0a7，在适当位置输入小字描述，如图 6-58 所示。

图 6-58 输入详细描述并设置文字属性

步骤 15：绘制矩形，选取，填充背景色为 8f1010，将前景色填充成白色，选择滤镜，云彩，新建图层，在此滤镜，分层云彩，效果选择滤色，如图 6-59 所示。

图 6-59 绘制红色云彩背景

步骤 16：选择横排文字工具，字体选华文宋体，大小设为 55 点，颜色为 edd0a7。在适当位置输入“月销量达 3000 件”，素材如图 6-60 所示。

图 6-60 设置好评板块主标题

步骤 17：拖入产品评价，摆放至合适位置，选择横排文字工具，字体选华文宋体，大小设为 40 点，颜色为 8f1010。在适当位置输入“好评如潮”，最后拖入产品素材至右下角，添加投影，素材如图 6- 61 所示。

图 6-61 输入副标题并设置文字属性

步骤 18：绘制一个矩形选框，填充前景色为 22325f，背景色为 335180，从左至右渐变填充，设置描边 5 像素，效果如图 6-62 所示。

图 6-62 绘制矩形选框

步骤 19：选择自定义形状工具，颜色填充为 edd0a7，素材选择如图 6-63 所示。

图 6-63 绘制图标

步骤 20：选择横排文字工具，大字体选微软雅黑，大小设为 30 点，小字体选微软雅黑，大小设置为 25 点；颜色均为 edd0a7，效果如图 6-64 所示。

最终效果图如图 6-65、图 6-66 所示。

图 6-64　编辑文字

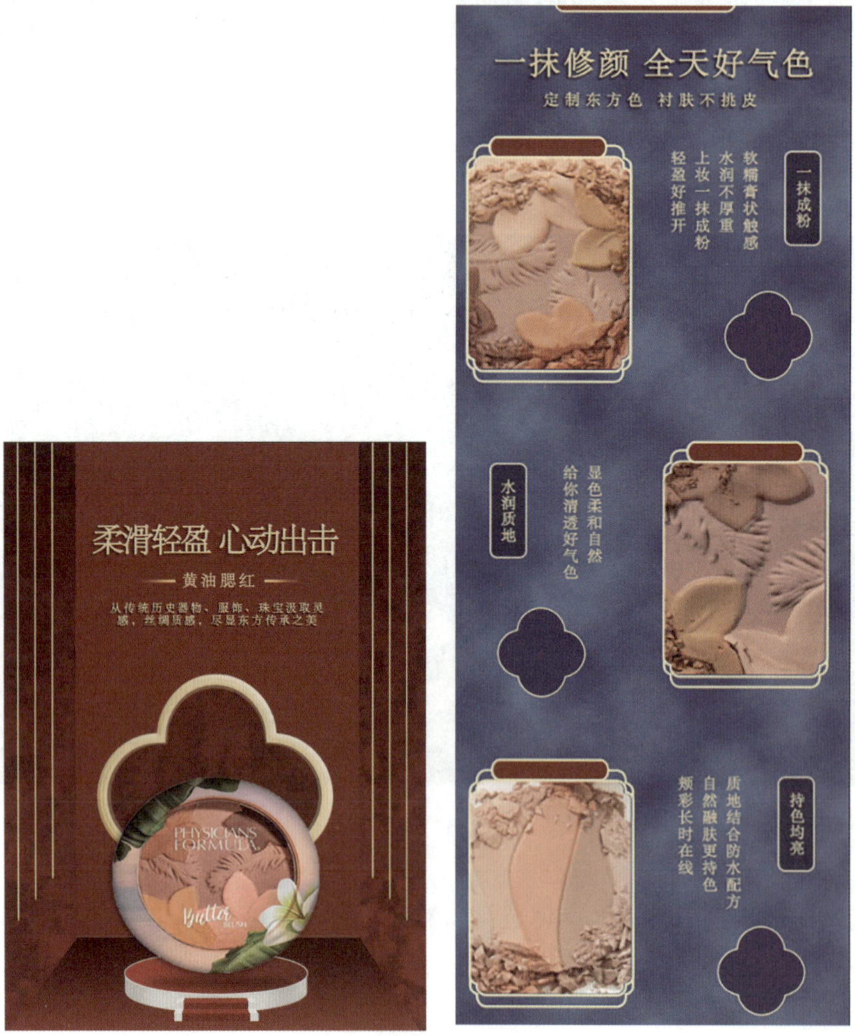

图 6-65　首焦图和产品最终效果图

图 6-66 产品评价、买家须知最终效果图

6.3.4 质量检查及验收

（1）质量检查。

对制作出的“国潮风格”的美妆类产品详情页进行检查校对，并将信息填入质量检查表，见表6-16。

表 6-16　美妆类产品详情页制作质量检查表

检查项目：美妆类产品详情页制作			
检查序号	检查项目	根据完成情况勾选相应选项	改进措施
1	图片尺寸	□正确　□ 不正确	
2	文件名称	□正确　□ 不正确	
3	文件大小	□正确　□ 不正确	
4	文案整理	□准确　□一般　□不准确	
5	文案字体	□合理　□一般　□不合理	
6	文案字号	□合理　□一般　□不合理	
7	文案排版	□合理　□一般　□不合理	
8	产品抠图	□突出　□一般　□不突出	
9	场景搭建	□合理　□一般　□不合理	
10	国潮元素	□突出　□一般　□不突出	
11	版式设计	□合理　□一般　□不合理	
12	细节光影	□自然　□一般　□不自然	
13	色彩搭配	□合理　□一般　□不合理	
14	模块选择	□合理　□一般　□不合理	

（2）交接验收。

根据任务工作情境进行解说，展示“腮红”美妆类产品详情页完成效果，逐项核对任务要求，完成交接验收，并填写验收表，见表 6-17。

表 6-17　美妆类产品详情页制作验收表

验收内容：美妆类产品详情页制作验收				
序号	验收项目	验收要求	验收情况	整改措施
1	详情页定位	（1）定位明确，风格独特； （2）海报与投放位置周围氛围协调一致	□通过 □不通过	
2	详情页风格	（1）风格明确，符合活动的要求或者产品的属性； （2）文案和图片渲染意境； （3）产品突出、清晰，光影处理得当	□通过 □不通过	
3	首焦图	（1）窗框金属材质凸显； （2）展台有层次感； （3）海报背景与活动主题或活动产品相互映衬，做到突出主题	□通过 □不通过	
4	产品评价	（1）突出好评； （2）与详情页页边距一致	□通过 □不通过	
5	买家须知	（1）排版合理，一级标题、二级标题字号合适； （2）图标与标题具有关联性	□通过 □不通过	
6	产品卖点	（1）通过文案和图片精准描述用户的需求点； （2）渲染已经满足顾客需求； （3）模块标题与上一标题保持一致； （4）整体符合国潮风格	□通过 □不通过	

表 6-17 美妆类产品详情页制作验收表（续表）

验收内容：美妆类产品详情页制作验收				
序号	验收项目	验收要求	验收情况	整改措施
7	尺寸大小	（1）详情页清晰，不模糊，画面有美感； （2）为了丰富画面添加一些装饰元素（非必需项）； （3）画面上所有物体光效自然、合理； （4）尺寸宽 750 像素，高度根据实际内容来定； （5）文件名规范，保存图片时需要保存两种格式：jpg 和 psd； （6）文件大小在规定范围内，小于 2MB	□通过 □不通过	
8	侵权行为	（1）图片素材无侵权行为； （2）字体无侵权行为	□通过 □不通过	
9	客户验收情况	□合格 □较好，有待改进 □不合格	客户签字	客户签字

小结

（1）详情页首焦图的场景搭建需要分析素材的透视关系，根据透视关系制作对应的场景，利用形状和钢笔工具添加色块，并通过滤镜或者素材，适用剪贴蒙版将不同材质的图片贴在对应的形状图层上。

（2）国潮风格一般使用红绿配色，象征吉祥，并大量运用梅花窗描边处理；通过祥云和海浪装饰提升详情页的宫廷质感，用衬线字体突出国潮复古气质和历史底蕴。

（3）在碎片化的时间下，消费者缺乏耐心去等待客服的回复，这会导致消费者没有看明白就默默离开。对于产品的常见问题，可以以买家须知的方式呈现出来，提升消费者的阅读时效，打消消费者购物顾虑。

同步实训

【情景描述】

完成腮红的美妆类详情页的产品首焦图、产品卖点、产品评价、买家须知这几个模块后，请提取产品的规格，完成详情页的产品特点、腮红颜色、适用人群（图 6-67）三个板块，拓展完整美妆类详情页（图 6-68），围绕消费者诉求解决消费者当前顾虑的问题，重点突出产品的国潮风格，让消费者信任产品，最终促成购买。

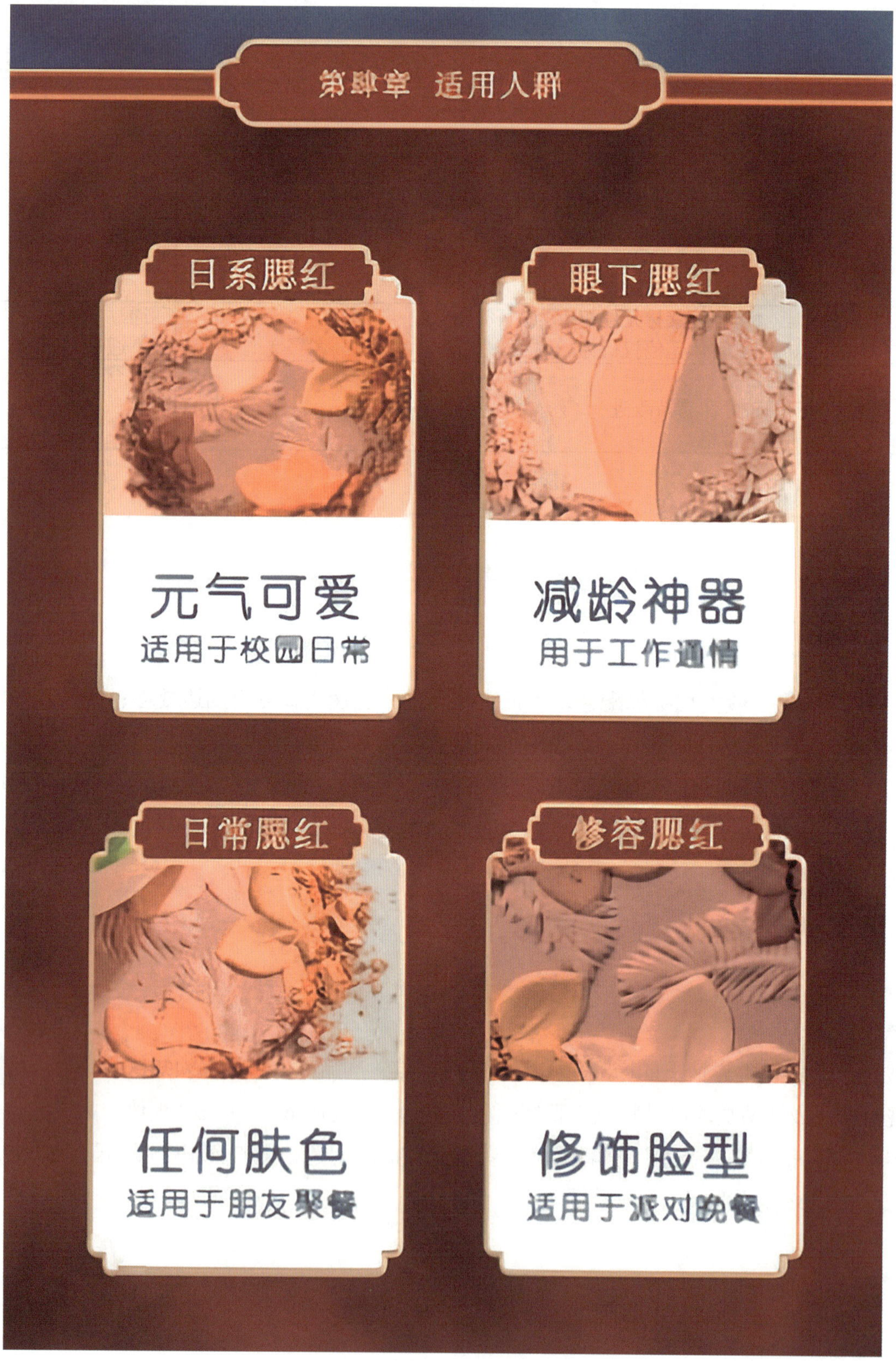

图 6-67 美妆详情页适用人群参考图

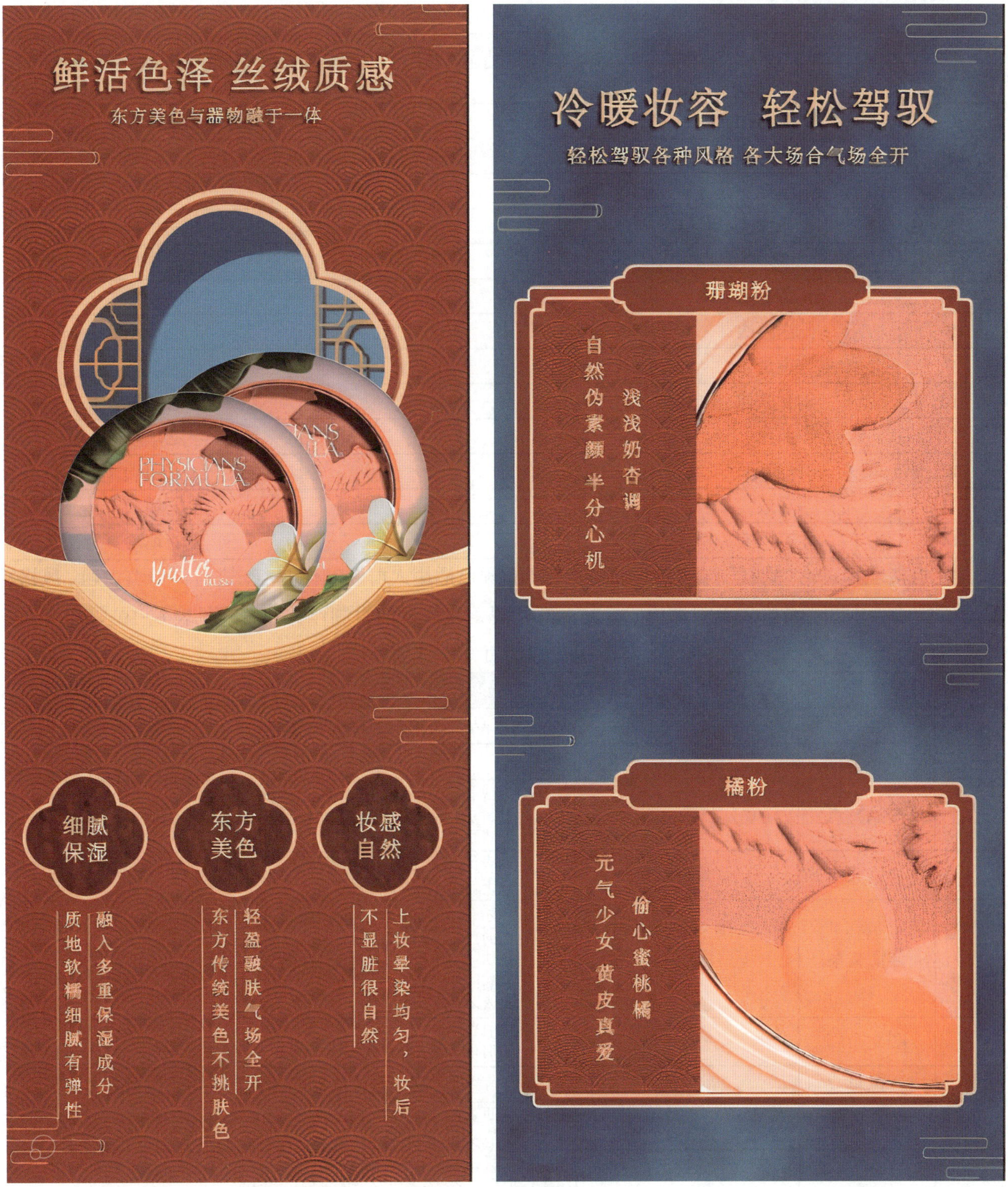

图 6-68 美妆详情页参考图

【实训内容】

根据某国产腮红产品的属性，完成产品信息表，见表 6-18。

表 6-18　产品信息表

序号	项目	项目属性值	备注
1	产品编号		网店内产品的编号
2	产品名称		腮红产品
3	所属产品分类		必填项
4	型号		产品代码
5	品牌		必填项
6	产地		必填项
7	包装方式		必填项
8	配送频次		必填项
9	重量		必填项
10	适合肤质		必填项
11	颜色		必填项
12	保质期		必填项
13	功效		必填项
14	生产厂家		必填项

分组整理和讨论“腮红”详情页产品特点、产品颜色适用人群的制作要点，进行详情页主题、风格、文案、模块、构图、色彩以及附加价值等方面的构思，完成详情页制作计划表，见表 6-19。

表 6-19　详情页制作计划表

序号	项目	项目属性值	备注
1	产品编号		网店内产品的编号
2	产品名称		腮红
3	产品特点		（1）消费者的诉求归纳； （2）详情页产品卖点提取； （3）详情页模块的顺序
4	详情风格		（1）详情风格明确，符合活动的要求和产品的属性； （2）与店铺风格协调、统一
5	详情文案		（1）主标题、副标题、利益点等文案明确； （2）分别注明字体及其大小； （3）活动主题或产品主要卖点醒目； （4）文案内容精练； （5）字体不要超过三种；
6	图文布局		（1）画出草图； （2）注明何种构图方式
7	色彩		背景主色调与活动主题或活动产品相互映衬，做到主次分明
8	素材文件		（1）整理素材文件； （2）规范文件名
9	绘图		（1）尽量选择高清大图； （2）实景图合成时，过渡要自然合理； （3）文件大小不超过 2MB； （4）绘图中要创建一个新样式图形或者添加文字时都需要先新建图层； （5）把抠好的素材从一个文件插入另一个文件，需要选择转化为智能对象； （6）保存图片时需要保存两种格式：jpg 和 psd

表 6-19 详情页制作计划表（续表）

序号	项目	项目属性值	备注
10	细节处理		（1）产品清晰，不模糊，画面有美感； （2）为了丰富画面添加一些装饰元素（非必需项）； （3）画面上光影自然、合理
11	尺寸		详情页面（尺寸宽 750 像素，高度根据实际内容来定）
12	作图环境	Photoshop 软件	
13	作图地点	美工工作室	
14	作图时间		参照格式：2023-01-01
15	作图数量	1 张	
16	作图人员		
17	使用拍摄素材		拍摄产品素材图片 注明：数量、文件名
18	注意事项	（1）搜集参照素材时，不访问来历不明网站； （2）规避素材图片、字体的侵权行为	

以团队为单位，对产品的特点进行提取，突出产品的场景化，打造连贯的国潮风格，提升用户浏览时间与页面转化率。运用相关图形图像处理软件对拍摄的产品进行详情页的制作，让消费者通过详情页更信任产品，最终促成购买。

表 6-20 学生自我总结

<table>
<tr><th colspan="6">任务名称：美妆产品店铺首页制作总结</th></tr>
<tr><td colspan="6">团队名称：</td></tr>
<tr><td>姓名</td><td></td><td>学号</td><td></td><td>日期</td><td></td></tr>
<tr><td colspan="6">1. 任务描述
本任务要求根据工厂提供的产品图片和资料，根据产品详情页的发布要求整理产品资料，提炼产品卖点，风格定位为“国潮”为主，设计与制作产品详情页，并完成此款腮红的发布。在教学做一体化训练中，以腮红为例，通过相应的工作流程、操作步骤，更好地掌握美妆类产品典型的详情页制作方法，并在详情页中包含产品首焦图、产品特点、产品卖点、产品颜色、适用人群、买家须知、产品评价等内容，体现国货优势，凸显国潮风格。
熟练使用 Photoshop 软件制作产品详情页，能熟练运用中国传统文化素材，将国潮元素融入详情页的各个模块中实现整体表达</td></tr>
<tr><td colspan="6">2. 任务实施过程
请记录详情页制作的具体过程。
（1）产品首焦图：
（2）产品特点：
（3）产品卖点：
（4）产品颜色：
（5）适用人群：
（6）买家须知：
（7）产品评价：</td></tr>
<tr><td colspan="6">3. 任务总结
请写出在美妆类产品的详情页制作过程中遇到的困难和解决方法</td></tr>
</table>

参考文献

[1] 马可欣 . 信息流背景下的电商品牌视觉设计同质化现象研究 [D]. 鲁迅美术学院，2023.

[2] 崔书铭 . 社交媒体背景下新国货品牌的视觉设计策略研究 [D]. 南京林业大学，2023.

[3] 闫寒 . 网店美工与视觉设计 [M]. 人民邮电出版社，2019.

[4] 段建，张瀛，张磊 . 网店美工 [M]. 人民邮电出版社，2023.

[5] 张庆凯 . 网店美工装修设计实用教程 [M]. 人民邮电出版社，2021.

[6] 赵爱香，王爱芳，刘海明 .Photoshop 美工基础与网店装修 [M]. 人民邮电出版社，2019.

[7] 吴婷 . 这么设计能热卖：融入运营思维的电商设计进阶宝典 [M]. 清华大学出版社，2020.

[8] 阿里巴巴商学院 . 新电商精英系列教程：网店美工 [M]. 电子工业出版社，2019.